变局之下

迟云飞 著

晚清十大风云人物启示录

中国大百科全书出版社

图书在版编目（CIP）数据

变局之下 ：晚清十大风云人物启示录 / 迟云飞著
. -- 北京 ：中国大百科全书出版社，2022.5
ISBN 978-7-5202-1105-5

Ⅰ. ①变… Ⅱ. ①迟… Ⅲ. ①历史人物—生平事迹—中国—清后期 Ⅳ. ①K820.52

中国版本图书馆CIP数据核字(2022)第061124号

出 版 人	刘祚臣
策 划 人	曾　辉　赵　易
责任编辑	帖慧祯
责任印刷	魏　婷
封面设计	末末美书
出版发行	中国大百科全书出版社
地　　址	北京阜成门北大街 17 号
邮　　编	100037
电　　话	010-88390969
网　　址	http://www.ecph.com.cn
印　　刷	中煤（北京）印务有限公司
开　　本	880 毫米 ×1230 毫米　1/32
印　　张	13.5
字　　数	265 千字
印　　次	2022 年 5 月第 1 版　2022 年 5 月第 1 次印刷
书　　号	978-7-5202-1105-5
定　　价	88.00 元

自　序

本书是我在首都师范大学历史学院长期授课的讲义。每轮上课，大约选六个近代中国人物讲授，介绍这些人物生平的同时，加上自己的理解和研究。每讲一次，都要加以修改，积而久之，就成了这部小书。之所以选择这些人物，一是因为他们在历史上的巨大影响，一是我对这些人物有较深入的了解，一定程度上能够讲出自己的心得。

即使今天环境史乃至自然史纳入了历史学家的视野，但历史仍然主要是人的活动构成的。而探寻人物的活动、思想及其对历史变动所带来的影响，是历史学家、历史爱好者乃至大众共同关心的话题。近代中国，在“欧风美雨”的冲击之下，是个社会大动荡、大变革的时代，用李鸿章的话说，是数千年未有之变局。本书所介绍的十位人物，就在这变局之中展开他们的活动和生涯，而在晚清民初，他们都是叱咤风云的角色。可以说，他们的活动，他们的彷徨和犹豫，他们的徘徊和挣扎，他们的奋斗和牺牲，也包括他们中一些人的颟顸、保守、鄙陋和野心，都深深影响了晚清民初中国政治的走向，甚至一定程度上造就了我们的今天。

在开设讲座之初，我就给自己定下互相关联的两方面任务，并希望传达给听我课的学生：一是通过人物观察近代中国的变化；二是通过观察近代中国的变化来理解人物的思想、言行、作为。现在把讲义修改成书，宗旨仍然是这两个。所以，我不但关注人物的生平，还关注发生在他们身上那些有趣的故事，更希望深入分析其思想和活动，以及他们给中国带来的影响，考察他们以及他们所代表的社会阶层的特质。在阅读和备课、撰写讲稿的过程中，曾国藩的夫子气和毅力，李鸿章的敏锐和勇于任事，张之洞的清廉但狡黠，慈禧太后、袁世凯为权力的不择手段，张謇的诚实，梁启超的才华，陈天华的激情，宋教仁的执着，都给我留下了十分深刻的印象。我也希望把他们的这些特点告诉读者，更希望读者通过本书，可以了解那段纷纭复杂历史的多面性，可供历史爱好者发思古之幽情，可为今天的现实提供借鉴。当然由于我功力学识有限，这两者都不一定能达到。

这里还要强调一下我对这些人物的基本认知，就是矛盾。近代中国本是充满矛盾的时代，精英阶层更是矛盾。本书讨论的，多是较为趋新的精英，但他们身上也体现了突出的矛盾特征。他们既努力变革，推动国家的发展，又因袭了历史的重负。进取、彷徨、保守，在一个人身上都有充分的体现。又主要是精英阶层的矛盾及复杂性，导致我们国家有时进取、发展、朝着人类文明进步的方向迈进，有时保守、停滞、背离人类文明的发展方向。而我们后人对他们的认知和了解，也充满困惑和矛盾。其缘由，固然与认识人、理解历史本就困难，与本人的能力学识不足等有关，更在于我们还没有脱离他们的时代。他们面临的问题，他们的困惑和矛盾，他们的作为、功绩、失误甚至罪孽，今天还是现在进行时。我们研究他们，颇有在庐山之中看庐山的感觉，而唯其如此，唯其关联我们的生活，近代的历史和人物才更有魅力，更激发让人探讨的欲望。

胡适在为张孝若写的其父张謇的传记的序中说："近代中国历史上有几个重要人物，很可以做新体传记的资料。远一点的如洪秀全、胡林翼、曾国藩、郭嵩焘、李鸿章、俞樾；近一点的如孙文、袁世凯、严复、张之洞、张謇、盛宣怀、康有为、梁启超——这些人关系一国的生命，都应该有写生传神的大手笔来记载他们的生平，用绣花针的细密功夫来搜求考证他们的事实，用大刀阔斧的远大识见来评判他们在历史上的地位。"[1] 胡适所列的十四人，有七人列入本书。在撰写和修改本书的过程中，我努力坚持两个原则，一是有一定深度，让读者通过人物理解近代中国，理解近代中国所发生的变革；二是通俗易懂，雅俗共赏。可惜由于自己能力有限，这两条做得都不够好。胡适所说的"大手笔""远大见识"，我虽无法做到，但确是努力的方向。

因为是在讲义的基础上修改而成，本书的撰写和修改过程几近二十年。最初并没有想出书，故所引史料大多没有完整注释，也可能借鉴同行的成果而未予严格说明。修改成书的时候，为核对资料、注释费了很多功夫，引用同行成果也尽量核对注出。若有疏漏，还望读者和同行海涵。

1　张孝若：《南通张季直先生传记》卷首，中华书局 1930 年印行，台北文海出版社影印。

本书作为讲义时曾于2018年获得首都师范大学教材建设支持，感谢当时历史学院教学指导委员会诸位老师，感谢当时负责本科教学的历史学院副院长董增刚老师、行政副院长寇志刚老师，感谢中国首师大教学指导委员会诸位老师及当时的教务处长方敏老师。感谢中国大百科全书出版社曾辉先生的时常督促，使我能够努力完成书稿的修改工作。编辑帖慧祯、于淑敏、赵易也付出了辛勤劳动，在此一并致谢。

2021年暑期序于北京花园村之陋室

目 录

05 袁世凯

从改革旗帜到帝制祸首

06 张謇

奋斗一生为强国的状元实业家

07 梁启超

不失赤子之心的启蒙者

08 孙中山

打破旧世界的革命先行者

09 陈天华

追求民族主义的新知识人

10 宋教仁

划破夜空的政治流星

曾国藩

儒家变革者

——从经世致用到效法西洋

他本是文官，以匡时救世宰相自许，却因军功而位极人臣；他本要驱除西来异教，扫荡异端邪说，却主动学习西方技艺，更主动派出第一批官派留学生；他挽救了大清王朝，却又促使清王朝衰落……

他就是曾国藩。

一般人都知道，是曾国藩率领湘军打败了太平天国，挽救了清王朝，成为所谓“同治中兴”名臣。但是历史绝不只是如此简单。晚清曾国藩的崛起，不仅是他一个人的事，而是导致了一群人、一个集团、一种政治势力的兴起。而这一政治势力的崛起对晚清政治甚至民国以后的政治都有极为重要的影响。不仅如此，曾国藩那一代人的活动及其思想转折，还意味中国知识人或中国的社会精英安身立命的信念及追求的重大转折。晚清政治的很多事情，都可以从曾国藩那里找到它的源头。我们只要知道蒋介石终生推崇曾国藩，毛泽东青年时代也极为崇拜曾国藩，就知道曾国藩的影响了。而近代以来湖南人才之盛，冠绝神州，曾国藩和湘军的崛起也是源头。所以，曾国藩绝对是个值得重视的人物。

曾国藩，1811 年出生于湖南湘乡县（其出生地今属双峰县，属娄底市；原湘乡归湘潭市管辖），字伯涵，号涤生。

曾国藩的祖上是一个小康之家。他的祖父曾玉屏，据说年轻时游手好闲，中年后一改旧习，艰苦经营，使家业蒸蒸日上。当然，曾玉屏恐怕也只是湘乡那个偏僻地方的小财主。曾玉屏早年荒废了学业，自己没有机会参加科举考试，于是将希望寄托在长子曾麟书也就是曾国藩的父亲身上，但是曾麟书屡试不中，直到四十三岁才考中秀才。在这样的情况下，两代人都把希望寄托在曾国藩身上。曾国藩二十二岁（1833）考中秀才，二十三岁考中举人。1838 年，也就是鸦片战争爆发前的两年，二十七岁的曾国藩考中了进士，从此开始了他的坎坷仕途。

一、湖湘文化与曾国藩及湘系势力的崛起

每个人的禀赋、性情及其抱负，都要受他青少年时期周围环境的影响。这里面，有他的父母、亲友、老师、区域文化环境……曾国藩也不例外。

这里我们要谈的是湖湘文化环境的影响。

湖南省东南西三面，都是大山，北面虽与湖北接壤，许多地方却又被洞庭湖和长江隔开。湖南境内也是群山连绵，平地少见。农田被山河分割成一个个小块。这与华北平原、长江下游平原及东北平原大不一样。曾国藩在一首小诗里生动地描写了他家乡的环境：

高嵋山下是侬家，岁岁年年斗物华。老柏有情还忆我，夭桃无语自开花。

几回南国思红豆，曾记西风浣碧纱。最是故园难忘处，待莺

亭畔路三叉。[1]

清代湖南的经济发展

三面环山，一面又阻于水，这样的地理环境，在古代落后的交通条件下，与外界的联系是很不方便的。因此，古代的湖南原是个闭塞、落后的地方，与周围的省份比如江西和湖北相比，湖南的开发要晚一些，文化也比较落后。

然而，到了清中叶以后，情形发生了较大变化。由于洞庭湖区土地资源的开发，大量的土地被开垦，使粮食生产大大增加，不但本地区食用有余，还大量向外省销售。过去民间流传“苏湖熟，天下足”的谚语，苏指江苏苏州，湖指浙江湖州，都在江南太湖流域，是所谓“鱼米之乡”。清中叶又增加了“湖广熟，天下足”，这则谚语甚至出现在康熙帝的上谕里。清初湖南没有设省，湖广总督兼辖湖南与湖北，到清中叶，湖南才分省设巡抚，但湖广总督一直兼辖湖南。因此所谓“湖广”不是指湖南和广东，而是指两湖。“湖广熟”，主要是指洞庭湖周围和江汉平原农业丰收。不但农业，湖南的手工业和采矿业也在迅速发展。“湘绣”天下闻名，现在湖南的湘绣研究所还是外国旅游者来长沙时经常参观之地。湖南多有色金属矿，清代开始开采，小铁矿、小煤窑也很多。湖南的经济迅速发展，使其缩小了与先进地区的差距。随着经济的进步，湖南的文化也在迅速发展，湖南的读书人开始崭露头角。命运好像在向曾国藩招手。

1 《岁暮杂感十首》，《曾国藩全集·诗文》，岳麓书社 1986 年版，第 76 页。

湖南人倔强勇悍的性格

人们常说，北方人剽悍，南方人文弱。但同是南方，又自不同。自江西的赣江流域往西，其民风与江南（江浙）大不一样。相对而言，这些地方的人民比之江南人民要勇悍粗犷得多。湖南多山，山区的民众性情多朴实剽悍。湖南又开发较晚，居民多为移民，加上与当地苗、瑶、侗、土家等少数民族联姻融合，养成了勇悍、坚韧、好胜、刻苦的性格，也颇有偏狭、任性、蛮干的民风。历代史书和方志中对湖南人的这种性格记述非常之多，如“劲直任气”“其俗好勇”“刚劲勇悍”等，不胜枚举。大凡湖南人认定一件事，就会拼命去做，成败利钝在所不计，甚至掉了脑袋也在所不惜。

近代政治家兼学者章士钊曾说：

> 湖南人有特性，特性者何？曰：好持其理之所自信，而行其心之所能安；势之顺逆，人之毁誉，不遑顾也。[1]

另一位清末民初的革命家宋教仁说：

> 湖南之民族，坚强忍耐，富于敢死排外性质之民族也。[2]

1　章士钊:《刘霖生先生七十寿序》,载饶怀民编《刘揆一集》,湖南人民出版社2008年版,第326页。

2　宋教仁:《呜呼湖南与端方》,载郭汉民编《宋教仁集》,湖南人民出版社2008年版,第11页。

这种民风对曾国藩和他的兄弟们的影响几乎随处可见。曾国藩的祖父曾玉屏勤劳、刻苦、粗豪、急躁、敢斗，就是典型的湖南人的性格。曾国藩常说的好汉打脱牙和血吞，然后徐图自强，曾国藩之弟曾国荃作战的蛮横，都与湖南的民风有关。但是，湖南民风的勇悍蛮横又与北方人不同。北方人身材高大，勇武剽悍，但是直率朴实，少有心计，而湖南人不同，湖南人勇悍却又很有城府。政治家、军事家既要勇敢又需要用心机、谋略，湖南人正好有这种性格。当然，这种性格在文化不发达、无天下国家观念的时候，只能用于私斗，而不能用于大事。湖南人敢斗、能吃苦的这种性格，很适合做军人。

湖南人的性格，决定了他们可能天生就是好军人，如果一个湖南人还有文化、有机谋，那他可能天生就是个军事家。

讲理学又讲经世的湖南读书人

湖南读书人治学的经世特点至少可以追溯到宋代。在宋代，对湖南读书人影响深远的是一位来自外乡的张栻先生和历史悠久的岳麓书院。

岳麓书院创建于北宋初，经过几代学者的苦心经营，成为宋代有名的四大书院之一。南宋时期，张栻先生主讲岳麓书院。张栻生于四川绵竹，他的父亲张浚是与岳飞同时的著名将领，主张抗金、志在收复中原，曾任宰相。张栻二十七岁拜讲学于湖南衡山的著名学者胡宏为师，学成后长期主持岳麓书院，对岳麓书院的发展有着非常大的影响。理学兴于宋，湖南学者在理学中自成一派，后世学者称之为“湖湘学派”。湖湘学派的创始人为胡宏，但集大成者是张栻。当时张栻与朱熹、吕祖谦并称“东南三贤”。

儒家讲究正心诚意与修身齐家治国平天下，大略来说，其中前半讲的是自我道德修养，或者叫内圣的功夫，后半讲的是经世，也可以叫作外王的功夫，也有人把它区分为义理和事功。在传统儒家，这两种功夫是不可分的。比如孔老夫子，既是学者和教育家，又有自己的政治抱负，他不辞辛苦地率弟子周游列国，其目的之一就是游说各国国君，希望能够施展自己的治国才干和政治抱负。但是，到了宋明的许多理学家那里，却只强调做内省的功夫，只讲内圣，把治国平天下的功夫抛弃了。可是湖湘学派有个特点，就是这两种功夫都要讲，一样也不能丢。胡宏和张栻都强调不仅要研求性理，而且一定要讲求实际，凡事身体力行。岳麓书院的学生，就是经世和力行的具体实践者。在南宋和金的征战中，不少岳麓书院培养的学生成为著名将领。南宋末年，元兵大举南下进攻长沙，湖南安抚使李芾率军民坚守。岳麓书院与潭州州学、湘西书院的学生数百人荷戈登城，参加保卫战，这场悲壮惨烈的战斗持续了半年之久，最后城破，这些学生全部殉难，湖湘学派也因之中绝。

湖湘学派虽然因为它的传人殉难而中断，但是义理和经世并重的传统并未中断，一直是湖南读书人的传统。元朝建立并稳定统治以后，恢复了岳麓书院，义理和经世并重的传统就由岳麓书院代代相传。并且，因为湖南民风的影响，湖南读书人也有一种豪侠、敢斗、敢拼、重义而轻生命的性格。

湖南读书人虽有这样的特点，但是因为湖南文化落后，宋以后直到明末清初的王船山以前，湖南读书人在全国还没有多大的影响。

清代前期，考据学盛行。考据学又称汉学，从事考据学的学者整理、考订古代典籍和史事，对文化学术的发展做出了很大的贡献。但是考据学有两个非常大的弱点，一是脱离政治，脱离现实，一是流于烦琐。如果少部分读书人做这种功夫，并没有什么不好，但如果大家都去做这一门学问，不去研究现实，那就大大的不妙。但是湖南读书人的学风截然不同。他们仍是一面研究理学，一面讲求经世致用。换句话说，就是一面做内省也即自身道德修养的功夫，一面研究治国所需要的政治、军事、财政等各方面的知识，对考据学不大感兴趣。

因为考据学的弱点，到了嘉庆、道光年间已走向衰落，而讲求经世致用的、研究实际学问的经世派渐渐兴起。初时经世派知识分子著名的有湖南陶澍、贺长龄、魏源，福建林则徐，浙江龚自珍，安徽姚莹、包世臣，而以湖南籍和安徽籍为多。湖南除上述三人外，比较著名的还有汤鹏和贺长龄之弟贺熙龄等。对社会思潮有广泛影响的是魏源。对当时读书人风气影响很大的《皇朝经世文编》，就是贺长龄邀魏源编辑的。这一代经世派的核心，是既任高官又有学问与操守的陶澍和林则徐。

曾国藩就是在这种学风、气氛下成长的。而曾国藩与其他湘军领袖胡林翼、左宗棠等，正是陶澍、林则徐的后辈，他们继承了前辈讲求实际、研究实际学问、敢于任事的精神。

我们不妨说，曾、胡、左等既是陶澍等第一代经世派的继承人，也是在陶澍等人的培养、熏陶和影响下成长的。最初陶澍等人是他们的榜样和模范，但是由于他们面临新的时代和新的问题，所以曾、左、胡的影响远远超过了他们的前辈。

这两代经世派，笔者以为也可分作两种情况。一类是陶澍、林则徐、曾国藩、左宗棠、胡林翼等为代表的理学经世派，他们长于政务，但思想仍受理学的束缚。另一类以魏源为代表。魏源学术上宗今文经学，长于议论，他高倡“变古愈尽，便民愈甚”，又说“天下无数百年不弊之法，无穷极不变之法，无不除弊而能兴利之法，无不易简而能变通之法”。[1] 这种大胆透彻的议论，理学经世派一般不会有。今文经世大胆疾呼变，可以在更大程度上摆脱传统观念的束缚，而理学经世偏于重视实际实用，较难突破传统观念的束缚。不过，今文经世派如魏源和浙江人龚自珍，都属思想家类型，长于议论而短于政务，所以他们的官做得都不大。

这两代湖南经世派都非常有抱负，他们很多人生活在普通民众中间，深知民间疾苦，了解社会弊病，可能比扯旗造反的洪秀全更清楚。当然，他们更愿意在现行的体制之内解决这些弊病和问题，而不是像洪秀全那样，一旦科举不中，光宗耀祖的梦做不成，就揭竿造反，自己做皇帝。

湖南偏僻而在清代才获得较大发展；湖南人强悍好斗；湖南读书人讲求义理，注重经世致用。

曾国藩就是在这种环境的熏陶下成长的。

1 《默觚》《筹鹾篇》《魏源集》，中华书局 1983 年版，第 48、432 页。

二、曾国藩的学问、思想与精神追求

曾国藩的学问基础和思想基本是在他担任京官期间形成的。曾国藩1838年二十七岁考中进士后，在京任职十四年，当过礼、兵、工、刑、吏五部的侍郎。在中进士以前，他用功的主要是科举、八股这敲门砖，学问上并没有下多少功夫。门敲开（中进士）以后，八股立即被抛弃，曾国藩真正的读书时代才开始。这十四年中，曾国藩一面完成本职工作，一面刻苦读书，研究实际问题和理学。可以说，这十四年是他后来事业的准备期。

理学和经世，是曾国藩思想和学问的核心，具体来说，有下面几个特点：

第一，“诚”。这是曾国藩理学的核心。

曾国藩任职京师不久，曾于1841年向理学家、湖南同乡前辈唐鉴问学。唐鉴认为：“为学只有三门：曰义理、曰考核、曰文章。考核之学，多求粗而遗精，管窥而蠡测。文章之学，非精于义理者不能至。经济之学，即在义理之内。”[1] 义理就是理学，考核就是考据学，文章自然是如何作文。唐鉴认为最重要的是义理，经济之学，即经国济世之学，也就是前面说的经世致用的学问，也包含在义理之中。受此影响，曾国藩认真钻研理学。他一度学习理学家也是师兄的倭仁，每日静坐，并检出自己不合圣教的言行思想，在修身日记中痛自刻责。在给诸弟的信中，他写道：

---

1 《曾国藩全集·日记一》，岳麓书社1987年版，第92页。

读经以研寻义理为本。

自西汉以至于今，识字之儒约有三途，曰义理之学，曰考据之学，曰词章之学，各执一途，互相诋毁。兄之私意，以为义理之学最大，义理明则躬行有要，而经济有本，词章之学亦所以发挥义理者也。[1]

在曾国藩的内心，义理的核心是个“诚”字。致贺长龄的信中，曾国藩写道：

窃以为天地之所以不息，国之所以立，贤人之德业之所以可大、可久，皆诚为之也。故曰：“诚者，物之终始，不诚无物。”[2]

宋明理学极端地强调内心的修养，使人努力做道德完美无瑕的圣贤，晚清以来已渐遭国人批评。但理学实际上还有另外一面，即对圣道、信念和传统秩序的忠诚。这是曾国藩百折不挠、与太平天国对抗到底的精神动力。另一方面，理学的修养也让曾国藩保持一种信念，这种信念在乱世时使人仍有一种敬畏之心，不至于沦落到不讲任何原则、唯以升官捞钱为目的。换句话说，即使圣贤做不到，至少要做正人君子。孟子所谓达则兼济天下，穷则独善其身，始终是曾国藩恪守的准

1 《曾国藩全集·家书一》，岳麓书社 1985 年版，第 55 页。

2 《复贺长龄》，《曾国藩全集·书信一》，岳麓书社 2011 年版，第 5 页。

则。中国读书人没有西方人那样对宗教（基督教）的虔诚信仰，对于曾国藩来说，理学在某种意义上起到了精神信仰的作用。

湘军战胜太平天国以后，曾国藩写《湘乡昭忠祠记》，他认为湘军的胜利就是因为“忠诚”：

> 当其负羽远征，乖离骨肉；或苦战而授命，或邂逅而戕生……老母寡妇，望祭宵哭；可谓极人世之至悲。然而前者覆亡，后者继往，蹈百死而不辞，困厄无所遇而不悔者，何哉？……亦由前此死义数君子者为之倡，忠诚所感，气机鼓动，而不能自已也。君子之道，莫大乎以忠诚为天下倡。世之乱也，上下纵于亡等之欲，奸伪相吞，变诈相角，自图其安而予人以至危，畏难避害，曾不肯捐丝粟之力以拯天下。得忠诚者起而矫之，克己而爱人，去伪而崇拙；躬履诸艰而不责人以同患；浩然捐生如远游之还乡而无所顾悸。由是众人效其所为，亦皆以苟活为羞，以避事为耻。呜呼！吾乡数君子所以鼓舞群伦，历九州而戡大乱，非拙且诚者之效与[1]？

第二，讲求经世致用。

同是钻研理学，曾国藩与半是师兄半是老师的大学士倭仁相比取向大不一样，提倡“实”，叫笃实践履也好，叫经世致用也好，大体都是这个意思。曾国藩的这个取向，与他自己的追求有关系，与前面

1 《曾国藩全集·诗文》，岳麓书社 1986 年版，第 304 页。

所说的湖湘文化的影响也有关系。

在前引给贺长龄谈“诚”的同一封信中，曾国藩说：“今日而言治术，则莫若综核名实；今日而言学术，则莫若取笃实践履之士。物穷则变，救浮华者莫如质。积玩之后，振之以猛，意在斯乎？”[1]一讲“诚”，一讲“综核名实”“笃实践履”，这正是曾国藩一生学问和行事的核心。

曾国藩认为，“天下之大事宜考究者凡十四宗：曰官制、曰财用、曰盐政、曰漕务、曰钱法、曰冠礼、曰婚礼、曰丧礼、曰祭礼、曰兵制、曰兵法、曰刑律、曰地舆、曰河渠。”[2]在任京官的十四年中，他对这些事务都下功夫研究过。这些学问，包括了我们今天说的官制、财政、经济、军事、司法、地理、水利等多方面内容，也是一个政治家和国家领导人应该懂得的知识。

第三，对各派思想和学问兼收并蓄，而不是局限一家。

清代学人常有所谓门户之见，治理学的人看不起汉学，认为无关圣道宏旨且太过琐碎，前面介绍的唐鉴先生即有此看法；治汉学的人则认为理学空疏。曾国藩不同，他信奉理学，但绝不拘泥于理学。在问学唐鉴之前，他曾倾心清代有名的文章家姚鼐，下功夫学过姚鼐为代表的桐城派文体。后来接触古文经学家刘传莹，受刘的影响，对考据学也有了新的见解，即取汉宋二者之长。他在致好友刘蓉的信中说：

1 《复贺长龄》，《曾国藩全集·书信一》，岳麓书社 1986 年版，第 5 页。

2 《求阙斋日记类钞》卷上，《曾文正公全集》，光绪二年传忠书局刻本，第 50 页。按，岳麓书社新版《曾国藩全集》似未收。

“有汉学、宋学之分，断断相角非一朝矣。仆窃不自揆，谬欲兼取二者之长……于汉宋二家构讼之端，皆不能左袒以附一哄。于诸儒崇道贬文之说,尤不敢雷同而苟随。”[1]《曾国藩年谱》也说曾国藩“平生以宋儒义理为主，而于训诂词章二途，亦研精覃思，不遗余力。处功名之际,则师老庄之谦抑;持身型家,则尚禹墨之俭勤”[2]。就是说,道家、墨家的思想和主张，曾国藩都兼收并蓄。

第四是关心民众疾苦，关注社会问题。

在京师任职期间，曾国藩所上奏折不多，但从现今能看到的几篇奏折中，就可以知道曾国藩关注的是什么事情，发现曾国藩日后成功的端倪。这几篇奏折及其内容如下。

《应诏陈言疏》，1850 年 4 月也就是咸丰帝刚继位时上，讲的是用人之道。曾国藩向新皇帝献策说,现在最缺的就是人才。对于人才,曾国藩认为“有转移之道,有培养之方,有考察之法”[3]。所谓转移之道,就是皇帝以身作则，用心好学，转移风气；所谓培养之方，就是让各衙门的主管官员负起培养人才的责任来；所谓考察之法，就是要从多个角度考察官员的能力，特别是要重视敢于批评高级官员甚至是皇帝的人。他批评官场的弊病，说“京官之办事通病有二，曰退缩，曰琐屑。外官之办事通病有二，曰敷衍，曰颟顸”。可谓一针见血。所提出的办法也切实可行。曾国藩后来办湘军，提拔了无数人才，是他对

1 《致刘蓉》,《曾国藩全集·书信一》,岳麓书社 1987 年版,第 8–9 页。

2 黎庶昌:《曾国藩年谱》,岳麓书社 1986 年版,第 251 页。

3 《曾国藩全集·奏稿一》,岳麓书社 1987 年版,第 6 页。

此早有研究。

《议汰兵疏》，1851 年 4 月上。道光年间，清政府有军队百万之多，但作战能力已大大下降，不但对外抵抗侵略不行，甚至对内镇压反叛也已不中用。曾国藩针对这种情况提出自己的建议，认为兵不在多而在精，现在无用之冗兵应该裁撤。他说："但使七十一镇之中有十余镇可为腹心，五十余万之中有十余万可为长城，则缓急之际，隐然可恃。"[1]

《敬呈圣德三端预防流弊疏》，1851 年 5 月上。批评即位不久的咸丰帝关注琐碎小事而忽略大事；偏重虚文（诗文小楷之类）而不注重实际军国政事和实际考察人才；骄矜而听不进意见。相当尖锐。

《备陈民间疾苦疏》，1852 年上。强调得民心得天下，失民心失天下。陈说民间三大疾苦：银价太昂，钱粮难纳[2]；盗贼太众，良民难安；冤狱太多，民气难伸。

上这几封奏折的时候，曾国藩三十九岁到四十一岁，正是年富力强又比较成熟的年纪，他上奏向咸丰帝陈说的，都是他关注并经过认真思考的问题。当然，治国能力、魄力、视野都欠缺的咸丰帝并没有重视曾国藩的奏折和建议。

1852 年，曾国藩被派为江西科举考试的正考官。但是还没有开考，他的母亲病逝，于是他按照当时的规定回籍守制。曾国藩没有想到，

1 《曾国藩全集·奏稿一》，岳麓书社 1987 年版，第 22 页。

2 指民众向官府缴纳的税太重。当时市面上流通的主要是制钱，但缴纳税（钱粮）要折算为银，银贵钱贱，民众受累。

从此他彻底离开了京师。这之前，曾国藩只是京师一个按部就班处理日常事务的官员，这以后创办湘军，他必须独自处理各种各样的复杂事物。而京师十四年的历练和学习研究，已为他完全开创一番新事业做好了准备。

三、改革军制战胜太平天国

洪秀全与曾国藩的比较

曾国藩与太平天国领袖洪秀全有相同又不同的人生道路。

在曾国藩生活的那个时代，像他那样贫寒的出身，又降生在一个偏远闭塞的山村里，要爬到社会的顶层，要施展自己的抱负，只有一条路，那就是考科举。由秀才而举人，由举人而进士，考中进士后做官，然后博得个封妻荫子，耀祖光宗。

然而，这条路实在是太难了，每次考中进士的读书人只有两三百人，而正常的会试每三年才举行一次。这对于有四万万人口，有成百万读书人的大国来说，实在是太少太少了。因此，真正能通过这条路爬上去的人很少很少，它的可能性是千分之零点几，甚至还达不到这样的比例。

但是，至少平常年份，贫家子弟只有这样一条出人头地的路。

曾国藩的死对头洪秀全生于1814年，比曾国藩小三岁。洪秀全的家庭背景与曾国藩非常相似。如果曾国藩的家庭算个小地主的话，广东花县（今广州花都区）洪秀全的家庭可以算个自食其力的中等农户，因此他的家庭有能力供洪秀全读书。当曾国藩在科举的路上奋斗时，洪秀全也在这条路上艰难奋斗。洪秀全十三岁就开始考科举，但是屡战屡败，最后连个最低等级的秀才都没有考上。[1] 考试失败而愤世嫉俗的洪秀全，终于走上了扯旗造反的路。当然，对洪秀全来说，考不中科举有他的原因，从保存到现今的洪秀全的诗文来看，洪秀全虽然在他的村里算是出类拔萃的人物，四书五经也可能读得很熟，但他的文笔实在不算好，尤其是他晚年的一些作品，甚至文字都不通顺。

曾国藩也是十三岁开始考科举，其间也经历不少艰辛，但曾国藩总算幸运，二十七岁中了进士。

我们完全可以想象，如果洪秀全考科举能够成功，那么历史可能完全是另外一个样子。

在这里，我们比较一下中国近现代史上一种有趣的思想文化现象，那就是曾国藩和洪秀全对改造社会采取的方式。曾国藩和洪秀全都一定程度了解社会的弊病，曾国藩可能比洪秀全了解得还多些，因为曾国藩可以了解到官场的弊病。但是怎么样解决这些弊病，二人采取截然不同的办法。洪秀全的办法是将现存的秩序彻底推倒重来，而曾国藩却更愿意在现实社会的基础上逐步改进。因此，我们常称洪秀全这样的人是革命者，称曾国藩这样的人物是改良主义者。像他们这样取向不同甚至对立的思想家和政治家还有很多，比如晚清民初的孙中山和康有为是一对；新文化运动的代表人物鲁迅和胡适又是一对。毛泽

1　今人多以为最低级的秀才不难，其实秀才也要经过县考、府考、院考三大关，每一关又有数场考试，可谓过五关斩六将，取中很不容易。

东和邓小平也有不同的想法。对于社会弊病和问题，毛泽东特别喜欢一切推倒重来，而邓小平更愿意一步一步改善。而对改变弊病以后结果的期待，这两种人也不同。洪秀全、孙中山等人认为经过他们的大手笔改过之后，社会的一切将变得十分美好，甚至不再有社会问题和弊病。而曾国藩、康有为、胡适、邓小平之类的人物则更现实一些，他们更倾向于社会弊病是不可能一下子彻底消除的，只能逐步改善。

1851 年，洪秀全、杨秀清在广西揭竿造反，清政府军队虽然大兵压境，但太平天国却越打越强，清军大多是尾随追踪，有的甚至连尾随都不敢。太平军出广西，经湖南，攻下湖北省城武昌。1853 年，太平天国终于占领江宁（今南京），定都于此，成为与大清朝抗衡的政权。

清朝军队的无能

说到曾国藩组建湘军，我们必须先介绍清朝的军队。

到曾国藩组建湘军时，清朝的军队主体是八旗和绿营。

八旗军由旗人组成，清初八旗军纵横海内，勇悍善战，所以满族能由一个人口很少的民族征服整个中原。但是到了道光年间，由于长时间没参加战争，清朝又不许旗人从事生产活动，所以旗人失去往日勇武剽悍的特质，八旗军失去了战斗力。

绿营兵由汉人组成，是一种世兵制，父死子继，世代为兵。清朝初中期绿营也曾立下赫赫战功。但到曾国藩的时代，绿营的体制不能适应大规模作战的需要。绿营兵驻地极为分散，相当多的士兵承担警察职能甚至各种各样的杂役；官不知兵，兵不知官；正规的军事训练很少，至于大规模的军事演习，更是没有。如果用我们今天的军队来比，那就是绿营并不是野战军，而是警察、保安和武警部队的混合体。临到战争，军队从各处零散抽调拼凑而来，最高指挥官也是由中央临时指派。第一次鸦片战争时，清朝的军队就是从十多个省调往前线的，远的有贵州、云南、四川，甚至有西北的甘肃和东北的黑龙江。最高指挥官不知道哪部分军队善攻，哪部分军队善守，哪部分军队战斗力强，哪部分军队战斗力弱，所以只能凭感觉、瞎指挥。失败则不相救，事后互相推诿；胜则争功，惟恐后人。这种状况不是偶然的，不仅清朝，历朝历代多半如此，这是为防止军人威胁中央统治而采取的措施，可以说是君主专制制度与生俱来的痼疾。按照绿营的体制，对付小规模的造反、骚乱和土匪确实实用甚至很有效，但是对付强大的外敌却全然不行，甚至对付组织坚强、战斗力也强如太平天国这样的造反者，也会完全失灵。

对于清军的腐败，曾国藩任京官时就有清醒的认识，所以他上过《议汰兵疏》，呼吁整顿军队，淘汰弱兵，练精兵。对于清王朝来说，任何人指挥八旗、绿营，都很难达到清初的战斗力，必须有大的改变——或者彻底改变现有军队，或者干脆另创一支军队。比起创建一支新的军队，彻底改变绿营更难，所以曾国藩走的是创建新军队之路。

湘军的建立与组织特点

1853 年 1 月，咸丰帝命在籍丁忧的曾国藩办理团练，于是曾国藩开始创办湘军。

第一是民兵变正规军。

不了解曾国藩和湘军史实的人，以为是皇帝特命曾国藩在湖南创办一支军队，此实大错特错。事实上咸丰帝给曾的谕旨是：

> 前任丁忧侍郎曾国藩，籍隶湘乡，闻其在籍，其于湖南地方人情自必熟悉，着该抚（湖南巡抚）传旨，令其帮同办理本省团练乡民、搜查土匪诸事务。伊必尽力，不负委任。[1]

就是说，咸丰帝只是让曾国藩办小规模的团练勇营，能够震慑乘机骚乱的土匪即可，最多也只是配合正规军作战而已。这样的团练大臣，咸丰帝曾任命四十三个。按照咸丰帝的想法，这些团练是勇营，用今天的话来说，就是民兵。所以，虽然当时各地的团练有些起了相当大的作用，但没有一支能成大气候。曾国藩的诀窍在于他除了能培养、选拔人才外，还借咸丰帝的谕旨，组建了一支军队，并对军队体制进行了大的改革，改革的核心就是设法克服绿营的种种弱点和弊病，用儒生为将，以乡农为兵，组成一支与绿营完全不同的军队。

第二是自行招募，兵为将有。

湘军及后起的淮军一改绿营的世兵体制，实行招募制，统领由大帅（曾国藩、胡林翼、左宗棠、李鸿章等）选派，营官由统领选派，营官以下依此类推。因为士兵和下级军官有私人关系，下级军官和上级军官有私人关系，打起仗来，士兵死命保护招募他来军的军官，下级军官完全听命招募或提拔他的上级军官，全军听命于大帅，而曾国

1 《曾国藩全集·奏稿一》，岳麓书社 1987 年版，第 39 页。

藩更是全军的核心。如果哪支部队打仗不行，极可能被就地解散。湘淮军克服了绿营缺少训练、将不知兵、兵不知将、败不相救等弱点，战斗力大大提高，能够与太平军抗衡。

第三是儒生为将，乡农为兵。

绿营将领多腐败无用，曾国藩建军，完全是另起炉灶，除个别人外，不用绿营将领。他选用有操守、有勇悍精神、又熟悉用兵韬略的读书人为将领，以忠义、气节、保卫孔孟圣教号召，所以称儒生为将。与曾国藩一起号称“中兴名臣”的胡林翼、李鸿章、左宗棠、罗泽南、江忠源、彭玉麟、李续宾、李续宜等，都是曾国藩一手提拔起来的读书人。

曾国藩挑选士兵也有严格的标准，他喜欢招朴实的山乡农民为兵，城市的不要、油滑的不要、当过兵的不要，吸食鸦片烟的更不要。这样，士兵不但勇悍敢战，还遵守纪律。为了训练军队特别是士兵，曾国藩还亲自写了通俗易懂的《水师得胜歌》《陆军得胜歌》《爱民歌》。其中《爱民歌》专门告诫士兵要爱护百姓，决不许扰民，可谓苦口婆心。

湘军还有一些特点

精兵原则：绝不养冗兵，不养多余的兵；严格训练，不练好不出战；严格纪律，败逃者整支军队遣散或更严重的处分。精兵原则既出于曾国藩的理念，也因湘军财政困难，只能养少量的精兵，这与太平天国及清军绿营人数众多、冗兵冗官形成鲜明对照。

战略战术：准备周全，未胜先防败；常预置重兵，围点打援。但湘军一般不善运动战。

曾国藩的作用有三条：确定建军原则，建立湘军；提拔人才并以忠义血性相号召；制定总的战略方针。曾国藩长于总体战略，这一点，在湘军中恐怕无人能比。他制定并坚持的攻打太平天国的军事战略是：自上游节节攻下游，先稳定湖南、湖北，再沿长江而下，逐步逼近金陵；另一方面控制水道（长江、鄱阳湖等），所以湘军一开始就办有水师，并逐步获得长江水道的“制江权”。这也与湘军能够获得的财政支持有限有关。1860 年以后曾国藩任两江总督，后又节制四省军事（除两江总督所辖江苏、江西、安徽外，再加上浙江），财政状况改善，才改为浙江、上海、金陵三路进兵。

太平天国也不乏优秀的战将，如前期的韦昌辉、石达开、秦日纲，后期的李秀成、陈玉成、杨辅清等，比之湘军的许多将领并不逊色。但是，太平天国缺少有远见的政治家，缺少能总揽全局的如曾国藩、胡林翼、左宗棠、李鸿章这样的军事统帅，这是湘军和太平天国最大的差异。所以，曾国藩尽管多次挫败，但经过十年苦战，终于战胜太平天国，成就了他的“功业”。

湘军与太平天国作战的过程就不详细叙述了，但笔者觉得介绍此过程中曾国藩遇到的挫折，还是有助于读者了解曾国藩的行事特点。

不了解湘军和太平天国作战史的朋友，可能以为湘军作战很容易，湘军崛起以后，很快就平灭了太平天国。其实不然。曾国藩从 1853 年组织湘军，到 1864 年攻占太平天国首都天京，整整十一年！

湘军初起时还算顺利，与太平军初战虽互有胜负，但迫使太平军放弃湘潭，随即攻占岳州（今岳阳），更进克武昌、汉阳。之后攻占湖北东部的扼守长江的田家镇，进迫江西九江。但此后即陷入与太平天国僵持中，曾国藩信任的大将塔齐布 1855 年病死，罗泽南 1856 年中炮而死，曾国藩坐困南昌。

但曾国藩的主要困难还不是与太平军作战，而是来自清廷的不信任和地方官的刁难。

曾国藩在《湖口县楚军水师昭忠祠记》中写道：“方其战争之际，炮震肉飞，血瀑石壁。士饥将困，窘若拘囚；群疑众侮，积泪涨江，以求夺此一关而不可得。”[1] 一句“群疑众侮，积泪涨江”，其在江西艰难困苦之状，可谓跃然纸上。

对待这些困难、刁难和逆境，曾国藩的做法是忍耐但绝不屈服，他的口头禅是“好汉打脱牙和血吞”，然后“徐图自强”[2]。

直到 1860 年，太平天国再破江南大营，主持江南战事的两江总督何桂清一路奔逃，清军丢了常州、丢了无锡，再丢江苏省城苏州[3]，江苏巡抚徐有壬自杀。放眼东南半壁，再也找不出一支可以进攻金陵、消灭太平天国的力量，甚至抗衡太平天国都已困难。此时除了用曾国藩和湘军外，咸丰帝别无选择，这才命曾国藩署理两江总督，稍后正式补授为两江总督，并为钦差大臣，督办江南军务。此后曾国藩得以从容部署，四年后攻灭太平天国。

1 《湖口县楚军水师昭忠祠记》，《曾国藩全集·诗文》，岳麓书社 1986 年版，第 259 页。

2 语见曾国藩致其弟曾国荃家书：“困心横虑，正是磨炼英雄，玉汝于成，李申夫尝谓余怄气从不说出，一味忍耐，徐图自强，因引谚曰‘好汉打脱牙和血吞’。此二语是余生平咬牙立志之诀。”见《曾国藩全集·家书》，岳麓书社 1985 年版，第 1309 页。李申夫即李榕，曾国藩幕僚。

3 清代两江总督驻金陵，江苏巡抚驻苏州。

四、自强新政创始人

1860 年，曾国藩出任两江总督。两江总督管理江苏、安徽、江西三省，是最有权势的地方大员之一，地位仅次于直隶总督。这以后，除了平灭太平天国，他考虑和关注的问题，比以前更广更深了。

他首先遇到的，就是漂洋过海来的西方人。

也是这一年，英法联军攻破京师，咸丰帝出走后病死在热河。这次外侮的冲击比第一次鸦片战争还要大，也逼使湘淮军领袖认真思考如何对待列强侵入的问题。

曾国藩四大弟子之一的薛福成曾在其《庸盦笔记》中记述过一件胡林翼的逸闻：

> 楚军（即湘军）之围安庆也，文忠（胡林翼）曾往视师，策马登龙山，瞻眄形势。喜曰："此处俯视安庆，如在釜底，贼虽强，不足平也。"既复驰至江滨，忽见二洋船鼓轮西上，迅如奔马，疾如飘风。文忠变色不语，勒马回营，中途呕血，几至坠马。文忠前已得疾，自是益笃。不数月，薨于军中。盖粤贼之必灭，文忠已有成算，及见洋人之势方炽，则膏肓之症著手为难，虽欲不忧而不可得矣。[1]

作为湖北巡抚、湘军的统帅之一，胡林翼几乎每天都在生死相搏

1 《荩臣忧国》,《庸盦笔记》,江苏古籍出版社 2000 年版,第 14 页。

的残酷战争中度过，怎会见到两艘洋船就受到如此打击？显然，他是感受到一个比太平天国更强大的对手，而这个对手对中国的威胁和挑战，比太平天国更加强烈、更为严重！他一下子还想不出用什么办法来应付。

曾国藩和胡林翼不仅为莫逆之交，而且思想、情趣都非常相近，胡林翼的这种苦痛、这种对时局的敏锐、担忧，曾国藩也感受到了。英法联军之役以后，按照《天津条约》，汉口、九江开辟为通商口岸，外国轮船时常来往。湘军攻占安庆后，作为两江总督的曾国藩进驻安庆,免不了要和这些洋人交涉。1861 年 11 月 4 日,在与英国人交涉后，曾国藩晚上翻来覆去睡不着，在当天的日记里写道：

> 睡时已三更二点矣，四更成寐，五更复醒。念夷人纵横中原，无以御之，为之忧悸。[1]

要知道，曾国藩此时还在与太平天国进行殊死战斗，鹿死谁手还未最终分晓，而让他辗转反侧无法入睡的，竟然不是太平军，而是漂洋过海来的西洋人！攻灭太平天国以至捻军后，曾国藩的心情没有丝毫轻松，就因为这些比太平天国和捻军还要厉害的对手。他在给友人的信中说：

> 内患虽平，外忧未艾。彼狡焉者，虽隔数万里而不啻近逼卧

1 《曾国藩全集·日记一》,岳麓书社 1987 年版,第 669 页。

榻，非得后起英俊，宏济时艰，世变正未可知。[1]

痛苦之余，曾国藩、左宗棠、李鸿章几乎同时做出了一致的选择，那就是魏源所说的“师夷长技以制夷”，学习西方的先进技术以强国。

然而，当时的官场主流不是办洋务，不是大胆“师夷长技”，而是坚决反对“用夷变夏”。遇到中外矛盾和冲突，一般官员和士大夫大都主张强硬对待，然而事到临头，却又束手无策。第二次鸦片战争的失败与此有密切关系。即使第二次鸦片战争失败后，对于西方国家，多数士大夫仍视之为蛮夷戎狄，不但认为不必学，甚至都觉得没有必要了解。所谓抱残守缺、夜郎自大、盲目排外，都可以用来形容当时的士大夫——八股熏陶出来的士人。曾国藩的师兄倭仁，就是这一类人的代表。而曾深入研究并且服膺保守的理学的曾国藩，何以能达到这种认识，我们需要分析一下原因。一是经世致用理念，一是兼收并蓄精神。曾国藩的确是信奉理学，但不是拘泥理学的腐儒，主张经世致用。经世派讲求实用，实事求是，相对容易克服“不能用夷变夏”的陈腐观念，从而把学习西方的长技作为变弱为强的首选办法。主张兼收并蓄的人比较容易克服儒家正统观念，因为既然对儒家以外的道家、墨家等学说都能吸收，那么自然也能吸收他们所能认识到的西方有用的学问。这里需要指出的是，兼收并蓄本来就是经世派的一贯做法，所谓两者是一而二、二而一的事。

谈及曾国藩与自强新政，有舆论的和实际的两方面。先说舆论。

1 《曾国藩全集·书信十》，岳麓书社 2011 年版，第 522 页。

1860年，正是英法联军火烧圆明园那一年，议和之后，俄国驻华使臣提出两件事：一是愿出动海军帮助清政府打太平军。一是说他先前在上海时，有美国商人及中国广东商人愿意买米由海路运到天津，以补充京师之需。因为太平天国占领的恰是中国最富庶的地区，又截断了运河通道，京师需要的粮食等物资通过运河运输，有不小的困难，海路运输可缓解困难。清廷将此事征求曾国藩等地方官的意见。曾国藩回奏说：借夷兵应暂缓，美商、粤商运米至天津可行。不过，曾国藩想得更远，他在奏折中说：

> 此次款议虽成，中国岂可一日而忘备？……如能将此两事妥为经画，无论目前资夷力以助剿、济运，得纾一时之忧。将来师夷智以造炮制船，尤可期永远之利。[1]

1861年8月，又在讨论购买外洋船炮时上奏说：

> 购买外洋船炮，则为今日救时第一要务。凡恃己之所有夸人所无者，世之常情也；忽于所习见，震于所罕见者，亦世之常情也。轮船之速，洋炮之远，在英、法则夸其所独有，在中华则震于所罕见。若能陆续购买，据为己物，在中华则见惯不惊，在英法亦渐失其所恃……购成之后，访募覃思之士，智巧之匠，始而演习，

1 《遵旨复奏借俄兵助剿发逆并代运南漕折》，《曾国藩全集·奏稿二》，岳麓书社1987年版，第1272页。

继而试造，不过一二年，火轮船必为中外官民通行之物，可以剿发逆（即太平天国），可以勤远略。[1]

1862年6月3日，曾国藩与幕僚谈如何对待外国人时写道：

眉生（李鸿裔）言及夷务，余以欲制夷人，不宜在关税之多寡、礼节之恭倨上着眼……欲求自强之道，总以修政事、求贤才为急务，以学作炸炮、学造轮舟等具为下手工夫。但使彼之所长，我皆有之，顺则报德有其具，逆则报怨亦有其具。[2]

“修政事、求贤才”，其实还是中国传统政治的思路，但学习制造大炮、轮船这类“师夷长技”的做法，确是新思路。“彼之所长，我皆有之”，其实就是“自强”的注脚。

要知道，曾国藩是位饱读诗书、深入研究理学且颇有些老夫子气的人，提出这种“师夷长技”的主张，实在不容易。更重要的是，他以自身的影响和功业逐渐带动知识人关注世界，走上追求国家富强之路。

在实际工作方面，曾国藩直接参与的自强新政措施有：

1. 安庆内军械所

1861年湘军攻占安庆后，曾国藩马上设立安庆内军械所。安庆

1 《复陈购买外洋船炮折》，《曾国藩全集·奏稿三》，岳麓书社1987年版，第1603页。

2 《曾国藩全集·日记二》，岳麓书社2011年版，第288–289页。

内军械所如今已写入中学历史教科书，所以很多人都知道，但大家可能不知道，主持技术的是当时最优秀的中国科技人才李善兰、徐寿、华蘅芳等。因为当时湘军还在与太平天国做殊死博战，曾国藩财政非常困难，没有钱去买外国先进机器，所以安庆内军械所还是手工生产，但已经能仿造枪、子弹和大炮。曾国藩特别注重造船。1862 年 7 月，安庆内军械所华蘅芳、徐寿等造成一台蒸汽机，这可能是中国人自己制造的第一台蒸汽机（曾国藩日记作"火轮船之机"）。在没有图纸、没有生产经验、没有机床等大机器的情况下，制造蒸汽机是极不容易的。曾国藩曾亲自观看试演，他在日记里做了详细记述，并写道："窃喜洋人之智巧，我中国人亦能为之。彼不能傲我以其所不知矣。"[1] 安庆内军械所还制造过小轮船，曾国藩曾亲自乘坐。

2. 江南制造局

这里要说近代中国的一位传奇人物——容闳。容闳（1828—1912）是广东人，他的家在离澳门仅有十几里的南屏村（今属珠海特区）。容闳幼年入基督教会办的马礼逊学校，1847 年到美国留学。1854 年，容闳带着耶鲁大学的毕业证书回到了祖国。满腔热情的容闳一心要用所学的知识报效祖国。1863 年，当湘军全力围困金陵城时，驻安庆的曾国藩知道有容闳这样一个特殊人才，便请容闳到安庆见面。

曾国藩最关心的是拥有与西方列强一样的洋枪洋炮，一样的能够纵横大洋的轮船，以便将来发生冲突时中国能够有所凭借。而这坚船利炮，除了购买之外，还须自己制造，所以曾国藩请容闳到美国去购

1 《曾国藩全集·日记二》，岳麓书社 2011 年版，第 306 页。

买能够制造枪炮的机器设备，并叫他带上六万八千两银子。

容闳于 1864 年春抵达美国，正赶上美国内战，所以购买机器比原来设想的多花了些时间，1865 年才将机器运回国。这时太平天国已经灭亡，有了时间和精力的江苏巡抚李鸿章正在筹办江南制造局，曾国藩就命容闳将买回的机器交给制造局。可以说，江南制造局是李鸿章和曾国藩共同创建的。

江南制造局是当时中国建立的规模最大的机器工厂，中国从此有了属于自己的大机器工业。

曾国藩对造船更感兴趣。当李鸿章（时任江苏巡抚）奉命率兵攻打捻军时，江南制造局暂由两江总督曾国藩监管。在曾国藩的主持下，江南制造局修建了轮船厂和船坞。1868 年 8 月，江南制造局的第一艘轮船造成下水，曾国藩亲自为船取了名叫“恬吉”，取的是“四海波恬，厂务安吉”之意（后改名“惠吉”）。9 月 28 日，轮船驶到金陵，曾国藩在彭玉麟的陪同下，亲自乘坐验看这艘轮船，显然，这艘轮船的性能远远超过安庆内军械所试制的小轮船，所以曾国藩非常高兴。

江南制造局所造的这第一艘轮船，在当时的世界上还不算是先进的。但这是个开端，今天中国最大的造船企业之一江南造船集团，就是由当年江南制造局的造船部分发展而来的。

3. 设翻译馆

曾国藩主持江南制造局期间所做的第二件事是设翻译馆。

翻译馆聘请英国人伟烈亚力、傅兰雅，美国人林乐知、玛高温等人翻译西方科技书籍，由中国懂得科技的华蘅芳、华世方兄弟，徐寿、徐建寅父子等与他们一道工作。当时的翻译方法很特别，聘请的西方人士多为传教士，他们的中文写作不大高明，而华蘅芳、徐寿等人的西文也不算好，于是便由聘请的西方人逐句讲明西文的原意，再由中国科学家写成中文；或者由西方人写成不太通顺的中文，再由中国科学家润色。翻译馆的最初工作阶段大体上是这样做的。这几位外国译员后来都很有名。傅兰雅是位对中国非常友好的人士，他最初想先译《大英百科全书》，以便把西方的知识系统地介绍给中国人，但是当时制造局迫切需要的是武器制造方面的书，于是先译成《汽机发轫》《汽机问答》《运规约指》《泰西采煤图说》四种。

翻译西书决不是件容易的事，当时中国科学不发达，大多数科技名词在中国语言中还没有，再加上文化背景和社会发展阶段的差异，有时为了一句话甚至一个词的翻译，翻译人员往往要绞尽脑汁才能找到恰当的表达方式。当时科技工作者们创造的科技词汇和用语，有不少为后来所通用。晚清时期，江南制造局翻译馆共译书一百六十种，可以说是中国的翻译中心，为现代科学技术在中国的传播做出了巨大的贡献。后来的维新人士康有为、梁启超、谭嗣同等都读过不少制造局翻译的书，对他们的维新思想的形成产生了不小的影响。

江南制造局、福州船政局、金陵机器局、天津机器局四大骨干企业是中国历史上第一批机器工厂。西方已经持续了一个多世纪的工业革命，终于通过自强新政，通过曾国藩、李鸿章、左宗棠等人，延伸到了古老的中国。

4. 派留美幼童

容闳自买回一批机器设备后，便以候补同知的资格在江苏当译员，但他最大的愿望和兴趣是教育兴国。1870 年，容闳通过丁日昌向曾国藩提出派人到美国学习，曾国藩欣然赞同。1871 年，曾国藩与已任直隶总督的李鸿章联衔将此事正式上奏，并请任命陈兰彬、容闳为留学生正副监督，由于恭亲王奕訢的支持，得到清廷的允准。

按照曾国藩和李鸿章、丁日昌、容闳等拟订的计划，准备在四年内每年派三十名共一百二十人幼童到美国。幼童到美国后，先学习中小学基础课程，待达到相当程度后，再入大学。

1872 年 8 月 11 日，第一批三十名幼童，在上海登上前往美国的远洋轮船，远赴美国留学。如此大规模派人到国外留学，在中国历史上还是第一次。这时曾国藩去世已经五个月。

1881 年 6 月，因为保守人士的反对，清廷决定将留美学生全部撤回。由此可见中国走向世界的步伐是多么的艰难。这时，留学生在美国学习正好十个年头，距曾国藩去世也是十个年头。

尽管很多留美学生没有大学毕业，但也有不少人在中国历史上发挥了相当大的作用，其中唐绍仪当了民国第一任内阁总理，詹天佑为中国的铁路建设做出了卓越贡献，梁敦彦当过外务部大臣，唐国安任清华大学校长，蔡绍基任国立北洋大学（今天津大学）校长，邝国华任江南造船所所长，蔡廷干将中国的唐诗译成英文介绍到欧美，等等。

曾国藩及其自强新政也有很大的弱点，即只看到西方强的表面，看不到也不愿去研究西方几百年来发生变化的深层次原因。所以，自强新政只限于浅层次：建工厂，没有鼓励民营企业，也没有考虑建立现代工业体系；设新学校，多为技术、军事和语言类的专科学校，没有考虑普及现代教育；军队装备洋枪洋炮，却忽略了军队体制、人才和现代战争的规律。这一方面是因为曾国藩等接触西方时间还短，另一方面也是因为受经世致用理念的局限。经世致用理念，就是直接研究对国计民生有用的东西，而更深层次的研究，则不愿意去做。例如，在古代，知识分子鄙薄科学技术，没有人愿意去研究科学技术，认为科学技术是工匠层面的事情。因为那时科技与国家大政关系不大，至少是表面上关系不大。古代中国之所以没有发展出近代科技，与此有一定关系。20 世纪以后，大家知道科技有用（很多人仅仅从“有用”层面理解科技），于是全都学习科技，而人文社会科学又受冷落。

五、曾国藩与晚清人才

当太平天国纵横天下、罕逢敌手之时，清廷曾任命几十个团练大臣以对抗太平军。这些团练大臣中虽然也有人能够始终坚持与太平军作战，但真正成气候的只有曾国藩一人。推其原因，除了对兵制进行了大刀阔斧的改革、创建湘军外，最重要的是曾国藩能识人用人。

1850 年 4 月曾国藩上的《应诏陈言疏》中，就强调，“今日所当讲求者，惟在用人一端耳”，他又告诉年轻的咸丰帝识人、用人、培养人才的方法。说明当时他对此已有相当独到的见解和经验。创建湘军后，曾国藩时时强调人才的重要性。1857 年，他给正带兵打仗的弟弟曾国荃的信中强调："带勇之法，以体察人才为第一，整顿营规、讲求战守次之。"[1] 这类事情不胜枚举。

学界已有多人探讨过曾国藩关于人才的思想和观念，但笔者认为，关键是平日的讲求和研究。

由于平日留心和讲求，曾国藩有一种能力，便是与人交往一次便可知这人的能力与将来的造诣。其中著名的是对李鸿章的评论。早在曾国藩任职京师时，李鸿章就拜其为师，当时曾国藩便知李鸿章日后必能成器。曾国藩对一些人的评论也颇有其思想。

郭嵩焘为曾国藩年轻时就结识的挚友，曾国藩的评价是："筠公（郭嵩焘）芬芳悱恻，然著述之才，非繁剧之才。"[2] 大意是说郭嵩焘是屈原、贾谊一类的文人学者、思想家，不善于处理纷繁复杂的官场关系，也不善于处理政务，不太适合做官。后来郭嵩焘果然仕途坎坷，更因主张学习西方被骂为"汉奸"，高官中只有李鸿章能够理解他（其时曾国藩已去世）。但甲午战争以后，国人逐渐重视郭嵩焘的主张和思想的价值。20 世纪 80 年代以后，郭嵩焘的著作被编入钟叔河先生主持的在当时影响很大的《走向世界丛书》，郭嵩焘也被史学家列入为数不多的 19 世纪后半期的早期启蒙思想家之一。

江忠源，湖南新宁人，据薛福成记述，曾国藩在京任职时，进京考试的江忠源拜访曾国藩，曾国藩曾评论："此人必立名天下，然当

1 《曾国藩全集·家书一》，岳麓书社 1985 年版，第 359 页。

2 1862 年 4 月 22 日《复李鸿章》，《曾国藩全集·书信四》，岳麓书社 2011 年版，第 169 页。

以节烈死。”[1] 后来江忠源果然与太平军作战时战死，清廷给他“忠烈”的谥号。当然，这个故事传得有点神秘化了。

前面曾说到容闳见曾国藩，还有故事。曾国藩一见，认为容闳可以带兵打仗，但容闳志在教育救国。曾国藩对初次见面的容闳完全信任，一下子就交给他六万八千两银子，这在当时可不是个小数目，须知曾国藩时时都为湘军欠饷发愁。容闳回国后，曾国藩奏请给了他“同知”的官衔，后来容闳又带幼童留美，他大概是近代中国第一位任政府官职的“海归”。

曾国藩对人才的要求有他的特点：除了有能力外，特别重视操守，重气节，他说选拔的人要“不怕死，不要钱，不要官”。

曾国藩的幕府就是一个人才培养学校。许多人才从他的幕府出来，走上政治、军事舞台，成为晚清有影响的人物。

薛福成评论：“曾国藩知人之鉴，超轶古今。或邂逅于风尘之中，一见以为伟器；或物色于形迹之表，确然许为异材。平日持议，常谓天下至大，事变至殷，决非一手一足所能维持。故其振拔幽滞，宏奖人杰，尤属不遗余力。”[2]

号称同治中兴名臣的曾国藩、胡林翼、左宗棠、李鸿章，其他三人都出自曾国藩的提拔。胡林翼，官至湖北巡抚，治理残破的湖北，成为湘军的坚强后盾，并在曾国藩困顿之时，全力支持曾国藩。胡林翼去世时，官职虽只巡抚，清廷却给予“文忠”的谥号，与林则徐、

1 薛福成：《江忠烈公殉难庐州》，《庸盦笔记》，江苏古籍出版社 2000 年版，第 4 页。

2 薛福成：《庸庵文编》卷一，上海古籍出版社 1985 年版。

李鸿章的谥号相同，可见胡林翼的影响和在清廷心中的分量。左宗棠，官至军机大臣，一生最大的事功是在千难万险中平定西北。他向来自负，但他给曾国藩的挽联写道："谋国之忠，知人之明，自愧不如元辅"，他只比曾国藩小一岁，署名写作"晚生左宗棠"[1]。

除以上诸人外，湘军出身的显赫人物还有：刘长佑，官至直隶总督；李瀚章（李鸿章之兄），官至两广总督；曾国荃，官至两江总督；刘坤一，官至两江总督；沈葆桢（林则徐外甥及女婿），官至两江总督；刘锦棠，新疆建省后第一任巡抚。据罗尔纲先生在《湘军新志》中统计，湘军出身官至督抚者二十六人，其中总督十三人，巡抚十三人。

曾国藩的幕府里有各种各样的人才，比如近代中国著名科学家徐寿、华蘅芳、李善兰，都曾在曾国藩幕府任职。在安庆内军械所、江南制造局翻译馆等新政事务中，他们发挥了重要作用，他们是近代中国科学的奠基者。

六、曾国藩的影响

曾国藩去世于1872年。笔者于2017年12月5日用"曾国藩"作为关键词搜索中国国家图书馆藏书，得二五〇二条，可见其为人们关注的程度。可见他的影响至今不衰。

曾国藩的直接影响，自然是镇压太平天国、挽救清朝，兴办近代化事业，但是深入分析，他的影响并不只此。

1 《左宗棠全集》第十三册，刘泱泱、岑生平等校点，岳麓书社2009年版，第432页。

1. 经世求变的近代儒宗

马克思曾称文艺复兴时的伟大诗人但丁是中世纪的最后一位诗人，也是新时代的第一位诗人。模仿这句话，我们可以说，曾国藩是旧时代的最后一位儒家，也是步入新时代——大动荡、大转变时代的第一位儒家。

在曾国藩等一代经世儒家人物的倡导下，儒家又经历了一次重大的变化。第一，他们恢复了儒家兼收并蓄的传统，不再囿于一说。第二，他们恢复了儒家入世的精神，也就是经世致用的精神。这恐怕是儒家自汉、宋两次大变之后的又一次大变。正是在这种变化的基础上，曾国藩才能将西方的技术和科学（与兵工、强国有关的科学，并非整个科学体系）引进中国，从而带来了儒家更大的变化。这种变化，部分是外来压力刺激的结果，部分是经世致用学派发展的必然趋向。在此基础上，第三，中国知识人的生命追求由传统的修齐治平、纲常伦理逐渐转变为追求国家富强。这带来了以后中国一系列的变革，曾国藩、李鸿章、左宗棠只是一个开端。

但他们追求国家富强和自强，也有致命的弱点即比较急功近利，不愿探求西方国家富强背后的真正原因。

2. 军制大变、兵为将有

曾国藩对军制的第一大影响是湘淮军、其他勇营及仿效湘淮军的练军取代了绿营，用今天的话说，就是民兵成为正规军并取代了正规军。

曾国藩对军制的第二大影响，是造成了军队中的私人隶属关系。

绿营兵是世代为兵，将领全由朝廷任命，兵权完全控制在朝廷手中。士兵与将官之间，下级将官与上级将官之间，不会发生私人隶属关系，当然这也是绿营兵败不相救的原因之一。湘淮军克服了绿营缺少训练、将不知兵、兵不知将、败不相救等弱点，战斗力大大提高，能够与太平军抗衡，但同时也造成了军队中的私人隶属关系。所以太平天国史专家罗尔纲先生把这种现象称为“晚清兵为将有的起源”[1]。

3. 内轻外重局面形成、满汉对比变化

中国自秦以后废分封，实行中央集权制，但历来有中央和地方权限的分割问题。地方权限过大，特别是地方长官同时拥有用人权、财政权、军权时，就会对中央造成威胁，如唐末的藩镇割据。但假如中央给地方的权限过小，中央统得过死，地方就会缺少灵活性，而遇到意外的变故发生特别西北和北面的少数民族攻击中央王朝时，地方官难以统一调动人力、物力、军力去应付，因此往往在战争中失败，比如宋代。给地方权大些也好，小些也好，都是为了皇帝一家一姓的利益，所以这些问题，可以说是君主专制本身带来的，左不行，右也不行。在君主专制下，这是无法根本解决的问题。

清代前期，中央政府充分掌握和控御地方的财权、军权、用人权，但是自湘淮军崛起后，财权、军权、用人权都有相当程度的下移，地方督抚权力增大。另一方面，清前期无论在中央还是地方，满人都拥有绝对的地位。湘淮军崛起的结果，形成了新的统治框架，也就是汉

1 罗尔纲:《湘军兵志》中，中华书局 1984 年版。这一说法罗先生在 20 世纪 30 年代即已提出。

族精英和满族权贵共同领导国家，满族权贵握有中央政权，汉族精英服从满族权贵的领导，但要拥有一定的地方权力、一定的实力，或者说在政权中给予汉族精英一定的权力，实质的权力，从而形成了一种微妙的平衡或权力格局。这种平衡和格局轻易不能打破，一旦破坏，社会心理就会发生变化，就可能引起严重的不可预见的后果。

4. 湖湘文化的传承

清中叶以后，湖南经济有了较大的发展，而人才也逐渐兴盛，但湖南人才真正崛起而执天下之牛耳，曾国藩和湘军的影响实为最大的原因。

那么，曾国藩给湖湘文化留下了什么影响呢？

第一，湖南人特别是读书人更加关心政治，关心国家的前途命运，所谓身无分文，心忧天下，就是这种状况的写照。同时湖南读书人更充溢着以天下为己任的精神，大有天下兴亡一身担的气概。清末中国面临被瓜分的危机，湘潭人杨度在《湖南少年歌》中写道：

> 中国如今是希腊，湖南当作斯巴达；中国将为德意志，湖南当作普鲁士，诸君诸君慎如此，莫言事急空流涕。若道中华国果亡，除非湖南人尽死！[1]

第二，曾国藩等强化的湖南人特别是读书人重政治、以天下为己任的习性和精神，造成了近代以来湖南人才极盛的状况。完全可以这

1 刘晴波:《杨度集》,湖南人民出版社 2013 版,第 95 页。

样说，自湘军出征以来，湖南人才辈出，为诸省之冠。著名史学家谭其骧曾说："清季以来，湖南人才辈出，功业之盛，举世无出其右。"[1]

曾、胡、左如果是近代史上湖南第一代人才的话，维新运动时谭嗣同、唐才常、熊希龄为第二代；辛亥革命时黄兴、宋教仁、陈天华、蔡锷、杨度等是第三代；到中国共产党人达到鼎盛，有毛泽东、刘少奇、胡耀邦、彭德怀等。

中华人民共和国成立后，在第一届中央人民政府的五十二名领导人中，湖南籍有十人。1955年中国人民解放军授军衔时，十大元帅中，湖南籍有三人（彭德怀、贺龙、罗荣桓）；十位大将中，湖南籍六人。所谓"惟楚有才，于斯为盛"，真切地反映了近代湖南人才的盛况。

5. 青年毛泽东"独服曾文正"

在青年毛泽东求学、生活中，处处可见曾国藩的影响，最著名的是他给朋友信中的一段话：

> 今之论人者，称袁世凯、孙文、康有为而三。孙、袁吾不论，独康似略有本源矣。然细观之，其本源究不能指其实在何处……愚意所谓本源者，倡学而已矣。惟学如基础，今人无学，故基础不厚，时惧倾圮。愚于近人，独服曾文正，观其收拾洪杨一役，完满无缺。使以今人易其位，其能如彼之完满乎？[2]

1 谭其骧：《中国内地移民史——湖南篇》，载燕京大学历史学会编《史学年报》第1卷第4期。

2 毛泽东：《致黎锦熙信》，《毛泽东早期文稿》，湖南出版社1990年版，第85页。

笔者以为，毛泽东受曾国藩影响的主要有三个方面：一是农家子弟也可立志做一番大事业，这大事业，既可救世，也可实现自己的人生价值。农家子弟当自强不息，为此目标而奋斗。二是笃实践履的作风。三是追求大本大源，也就是哲学伦理道德的最终探求。

七、盖棺论不定——后人的评价

对曾国藩的评价，学界及社会争论很大。毫无疑问，曾国藩是镇压太平天国的头号人物，所以，如何评价太平天国，就成了评价曾国藩的关键。尤其在20世纪50年代到“文化大革命”结束这段时期，太平天国被认为是中国历史上农民起义的最高峰，几乎不容有丝毫质疑。改革开放以来，不少人看到太平天国的腐败，看到它的政权实际上与旧有的君主专制体制并没有什么实质区别，所以认为太平天国与清朝政府是并立的两个专制政权，太平天国和清朝并无好坏之分，那么镇压它的曾国藩也就说不上正义和非正义了。近来还有一种说法，号称新儒家代表人物的冯友兰先生认为太平天国要以神权政治取代中国历来的世俗政治，是要把中国引向大倒退。照此种看法，曾国藩应该是保卫中国文化的有功之臣了。[1]

对曾国藩生平做的另一件大事的评价，即兴办新式企业、派留学生、学习西洋科学技术，学术界虽然有过争论，但现在大体趋于一致，

1 冯友兰：《中国哲学史新编》第六册《自序》，人民出版社1989年版。

基本上给予肯定，用语便是“开风气之先”。

下面笔者要介绍的是近代以来人们对曾国藩的评价。

曾国藩去世后，清廷给予很高的待遇，谥予“文正”，据说清代只有八人得到过“文正”谥号。清亡后，由遗老们纂著的《清史稿》说他是“中兴以来，一人而已”。

晚清革命思潮兴起，不少革命党人对曾国藩有所批评。章太炎的评论是“誉之则为圣相，谳之则为元凶”，又直指其为“民贼”。[1]又说曾氏兄弟刊刻王船山著作，是镇压太平天国之后的悔过之举。陈天华在《警世钟》里写道：“恨的是曾国藩，只晓得替满人杀同胞，不晓得替中国争权利。”[2]但也有人对曾评价很高，如黄兴说：“曾某之志，虽与我不同，然治己之严，吾直宜奉以为法。”[3]

民国以后，反满的思潮和需要已成过去，对曾国藩的评价又一变。

1916年，梁启超在他辑录的《曾文正公佳言钞》书的序中，把曾国藩当做精神楷模：

> 曾文正者，岂惟近代，盖有史以来不一二睹之大人也已。岂惟我国，抑全世界不一二睹之大人也已……立德立功立言三并不朽，所成就震古烁今。[4]

1 《检论卷八·杂志》，《章太炎全集》第二册，上海人民出版社1984年版，第583页。

2 《警世钟》，载刘晴波、彭国兴编《陈天华集》，湖南人民出版社2008年版，第53页。

3 天忏生、冬山：《轶事》，见黄蔡二公事略编辑处编《黄克强先生荣哀录》，新民印书社1918年印行，第23页。

4 《曾文正公嘉言钞序》，《饮冰室合集》第四册，文集之三十四，中华书局1989年影印，第1页。

曾文正者，近日排满家所最唾骂者也，而吾则愈更事而愈崇拜其人。吾以为使曾文正生今日而犹壮年，则中国必由其手而获救矣……吾党不欲澄清天下则已，苟有此志，则吾谓曾文正集，不可不日三复也。[1]

我们前面已经说过青年毛泽东受过曾国藩的影响及其对曾的评价，而蒋介石一生都尊崇曾国藩。他认为曾国藩之所以成功，在于道德和毅力：

满清之所以中兴，太平天国之所以失败者，盖非人才消长之故，而实德业隆替之征也。彼洪、杨、石、李、陈、韦之才略，岂不给比于曾、胡、左、李之清臣？然而曾氏标榜道德，力体躬行，以为一世倡，其结果竟能变易风俗，挽回颓靡。吾姑不问其当时应变之手段，思想之新旧，成败之过程如何，而其苦心毅力，自立立人，自达达人之道，盖已足为吾人之师资矣。[2]

1949年以后，中国两岸分隔。台湾地区对曾国藩评价仍然很高。而大陆将太平天国定性为农民起义，并且是中国历史上农民起义的最高峰。因此，镇压太平天国的曾国藩自然是被批判的对象。1978年

1 《新民说·论私德》,《饮冰室合集》第六册，专集之四，中华书局1989年影印，第134页。

2 《增补曾胡治兵语录序》,1924年，见秦孝仪编《总统蒋公思想言论总集》卷三十五《文录》,中国国民党“中央”党史委员会1984年印行，第100-101页。

以后，大陆学界逐渐给予曾国藩较多的肯定，而社会更是掀起持久不衰的曾国藩热。20世纪80年代，湖南岳麓书社开始出版《曾国藩全集》，曾被海外舆论认为是大陆思想解放的标志之一。稍后，唐浩明出版了三卷本的小说《曾国藩》。因为唐先生是《曾国藩全集》的编辑，对曾国藩十分了解，又以学者的眼光解读曾国藩，不似某些流行作家生编乱造，所以他的书至今畅销不衰。

李鸿章

中国近代化[1]的先驱

1 此讲的“近代化”与文中的“现代化”，意思相同。

李鸿章，字渐甫，号少荃，也作少泉，1823年生于安徽庐州府（今合肥市）合肥县。合肥位于安徽中部，但当时安徽的省会是长江边的安庆。

中国近代史上，安徽诞生了三位极有影响的标志性人物，即李鸿章、陈独秀、胡适。这三位缺了哪一位，恐怕中国近代史都要重写。陈独秀和胡适不属于本讲的讨论范围，笔者不赘言。如果没有李鸿章，恐怕中国的近代化或现代化，以及晚清的政治史、军事史、外交史都要重写。本讲就从几个侧面介绍李鸿章的一生作为和思想。

1860年，即清咸丰十年，太平天国的势力仍然十分强盛。而英国于1842年逼迫中国签订《南京条约》，打开了中国的大门之后并不满足，英国与其他列强要求中国更大规模开放，要求各国能派公使驻京以与清政府直接交涉。在清政府没有满足他们要求的情况下，1860年英法联军攻陷了北京。用李鸿章的话说，中国面临“数千年未有之变局”。如何应对这种变局，是中国政治家必须面对的问题。李鸿章正是此时走上政治舞台的，而应对这个变局就成了李鸿章一生的事业。

一、从曾国藩幕成长

前面说过，曾国藩的崛起，不是他一个人的事，而是一种势力的崛起，而他又带起了一批人才。这两者都在李鸿章身上得到体现。还要读者注意的是，李鸿章是进士出身，但他上升到清政府中非常显赫的地位，并为他后来的政治活动包括自强新政改革奠定基础，主要还是军功。

李鸿章少时天分很高，求取功名之心很强烈，当然也很骄傲。见过李鸿章的人都说，他长身玉立，器宇轩昂，用现代语言来说，就是潇洒、有风度、很帅。他考科举比较顺利。1844 年考中举人，这年他二十一岁，正所谓少年得志、意气风发。这之前一年他进京时，写了一首诗：

> 丈夫只手把吴钩，意气高于百尺楼。
> 一万年来谁著史，三千里外欲封侯。[1]

由此可见他少年时的抱负和自我感觉。而且，“吴钩”泛指武器，似暗示李鸿章将来要从军功起家。

李鸿章不同于曾国藩出身于贫寒之家，李鸿章的家庭虽不富裕，却是地地道道的进士之家。李鸿章之父李文安，1838 年考中进士，与曾国藩同时考中，那个时代叫作“同年”，“同年”之间往往有一种亲密关系。李鸿章 1843 年进京之时，曾国藩的学问文章在京师已经有相当的名气，由于李鸿章之父与曾国藩的同年关系，李鸿章便拜

1 《入都》，国家清史编纂委员会文献丛刊《李鸿章全集》第三十七册，《诗文》，安徽教育出版社 2008 年版，第 69 页。

曾国藩为师，向曾国藩请教义理经世之学，是曾国藩的第一个学生。[1]而曾国藩一见李鸿章，就认为他有才干、有能力，经过培养历练之后，将来一定会大有作为。

一个人拥有一定的潜力，是干事业的基础，但他能否干成大事，还需要一定的机遇，尤其在缺少公平竞争的传统社会里，机遇有时甚至是决定性的。拜曾国藩为师并得到曾国藩的赏识，就是李鸿章的机遇。

1847 年李鸿章顺利考中进士，这一年，他只有二十四岁。他在北京当了几年京官后，1850 年任翰林院编修。有趣的是，当时他的父亲李文安也在京师任官。翰林院的官，权势不大，但算是天子近臣，也有相当的地位和声望。

1853 年，太平军自武汉顺流东下，占领了安庆。咸丰帝命工部左侍郎吕贤基赴安徽办团练，与太平军对抗，李鸿章奉命随同帮办。此时李鸿章年刚而立，满腹经纶，又血气方刚，非常想借此机会建一番大事业。不料在安徽的几个带兵大臣都不是成大事的材料，吕贤基书生带兵，调度无方，不久兵败身死。湘军统帅之一的江忠源又刚到安徽巡抚任，就遇太平军围攻，也兵败身死。其他领兵大员则多是带兵打仗无能，互相倾轧有余。李鸿章辗转数年，虽也记了几次功，但成就不大，很不得志。在此期间，李鸿章的父亲李文安也奉命带兵与太平天国对抗，却病死于军中。

曾国藩早知道自己这位学生的才干和潜力。1853 年当江忠源出

1 曾国藩去世后，李鸿章挽联有“师事近三十年，薪尽火传，筑室忝为门生长”句。

任安徽巡抚时，曾国藩就让江忠源到安徽后与李鸿章联络。他在给江忠源的信中说："李少泉编修，大有用之才，阁下若有征伐之事，可携之同往。"[1] 后来李瀚章又向曾国藩推荐李鸿章。李瀚章何许人？他是李鸿章的亲兄，自曾国藩创办湘军起就在曾国藩幕府任职，担任总理后路粮台，相当于湘军的后勤部长，是曾国藩的得力亲信之一。于是曾国藩多次致函邀李鸿章来帮忙。曾国藩写给李瀚章的信中说："令弟少荃，自乙、丙（1845、1846 年）之际，仆即知其才可大用。"[2] 就是说，早在李鸿章考上进士之前，曾国藩就已发现李鸿章的才干。

李鸿章于 1859 年 1 月 13 日（咸丰八年十二月初十）抵达江西建昌曾国藩大营。当时湘军在三河之役遭到重创，曾国藩的亲弟曾国华和湘军大将李续宾殒命，正为此事悲伤的曾国藩听说门生李鸿章即来，"为之欣喜"（曾国藩日记语）。李鸿章到曾国藩大营的当天下午，曾国藩便与之"久谈"，晚上又与李鸿章以及后来成为著名学者的王闿运谈至三更。次日，又与李鸿章谈江南大营统帅和春及继江忠源任安徽巡抚的福济[3] 的情况。此后数日，曾国藩天天与李鸿章叙谈，并且不是一般的闲谈，如 1859 年 1 月 16 日曾国藩日记记他们所谈内容为"论江南北各路军务"。也就是说，谈的是重大战略。李鸿章到曾国藩大营刚好一个月，曾国藩便命他赴淮北招募训练骑兵，以便将来对付常与太平军联合作战的捻军。事情虽因淮北局势动荡而没有办成，但

1 《曾国藩全集·书信一》，岳麓书社 2011 年版，第 297 页。

2 《曾国藩全集·书信一》，岳麓书社 2011 年版，第 301 页。

3 李鸿章曾在福济幕数年，不得志。时福济已调京。

充分显示了曾国藩对李鸿章的器重。

但曾国藩对李鸿章也提出严格要求，据与曾国藩、李鸿章关系都很亲密的薛福成记述：

> 傅相（李鸿章）入居（曾国藩）幕中，文正（曾国藩）每日黎明必召幕僚会食，而江南北风气与湖南不同，日食稍晏，傅相欲遂不往，一日以头痛辞。顷之差弁陆续而至，顷之巡捕又来曰："必待幕僚到齐乃食。"傅相披衣踉跄而往，文正终食无言，食毕，舍箸，正色谓傅相曰："少荃，既入我幕，我有言相告，此处所尚，惟一诚字而已。"遂无他言而散，傅相为之悚然。[1]

李鸿章有才气，不拘小节，当时又年轻，贪个懒床是完全可能的。此事后来李鸿章也对别人说过。曾国藩的孙婿吴永，曾做过李鸿章的下属，他在《庚子西狩丛谈》中记述李鸿章亲自讲述在曾国藩幕时的事情：

> 文正公你太丈人，是我老师……我老师实在厉害。从前我在他大营中从他办事，他每天一早起来，六点钟就吃早饭，我贪睡总赶不上，他偏要等我一同上桌。我没法，只得勉强赶起，胡乱盥洗，朦朣前去过卯，真受不了。迨日久勉强惯了，习以为常，

1 《李傅相入曾文正公幕府》，薛福成《庸盦笔记》，江苏古籍出版社 2000 年版，第 11 页。括号内注释文字为著者加。

也渐觉不甚吃苦。所以我后来自己办事，亦能起早，才知道受益不尽，这都是我老师造就出来的。

李鸿章还说：

在营中时，我老师总要等我辈大家同时吃饭；饭罢后，即围坐谈论，证经论史，娓娓不倦，都是于学问经济有益实用的话。吃一顿饭，胜过上一回课。他老人家又最爱讲笑话，讲得大家肚子都笑疼了，个个东歪西倒的。他自家偏一些不笑，以五个指头作把，只管捋须，穆然端坐，若无其事。[1]

经过曾国藩大营的熏陶和军旅生活的锻炼，李鸿章果然形成了严谨的生活习惯。吴永记述他亲见李鸿章的起居工作习惯道：

公（李鸿章）每日起居饮食，均有常度。早间六七钟起，稍进餐点，即检阅公事；或随意看《通鉴》数页，临王圣教[2]一纸。午间饭量颇佳，饭后更进浓粥一碗、鸡汁一杯。少停，更服铁水一盅，即脱去长袍，短衣负手，出廊下散步；非严寒冰雪，不御长衣。予即于屋内伺之，看其沿廊下从彼端至此端，往复约数十

1 吴永：《庚子西狩丛谈》卷四，1928年印行，引自台北文海出版社影印本，第130–131页。

2 指集王羲之字之《圣教序》。

次。一家人伺门外，大声报曰："够矣！"即牵帘而入，瞑坐皮椅上，更进铁酒一盅……凡历数十百日，皆一无更变。[1]

曾国藩让李鸿章负责文书，稍后命其批稿、起草奏稿。李鸿章有才气，所处理的文牍令曾国藩非常满意。据薛福成记述，数月后曾国藩对人说：

少荃天资于公牍最相近，所拟奏咨函批，皆有大过人处，将来建树非凡，或竟青出于蓝，亦未可知。

李鸿章则对人说：

从前历佐诸帅，茫无指归，至此如识南针，获益非浅。[2]

曾国藩的幕府，实际上等于一个不挂牌的人才培养学校，很多人都像李鸿章一样，在这里得到历练，得到提高，然后走向全国承担军政重任。李鸿章来到曾国藩幕不到半年，曾国藩便让他与曾国藩的弟弟曾国荃同去攻打景德镇。曾国藩不是叫他带兵打仗，也不是叫他一般地做参谋，而是交给他一项极为特殊的任务，曾国藩在信中如此说："阁下此行，其着意在察看楚军各营气象，其得处安在？其失处安在？

1 吴永：《庚子西狩丛谈》卷四，1928年印行，引自台北文海出版社影印本，第128页。

2 均见薛福成《庸盦笔记》，江苏古籍出版社2000年版，第11页。

将领中果有任重致远者否？规模法制尚有须更改者否？一一悉心体察。”曾国藩让他做的，全是大政方针，是关乎全局的问题，是把他当作大才来历练的。信中还嘱咐说：“阁下闳才远志，自是匡济令器，然大易之道，重时与位，皆有大力者冥冥主持，毫不得以人力与于其间。”[1]一方面肯定李鸿章的才干，一方面又叫他不必急于马上出人头地，而是耐心等待时机。

一个人成就一生的事业，个人天分和才干自然是必不可少的，但也要有相当的机会和客观环境影响。如果世上没有伯乐，那么就会有很多千里马被埋没。何况千里马既需要人发现，也需要有人加以训练，才能成为真正的千里马。对于李鸿章来说，曾国藩就是他的伯乐，就是那个善于识马、养马、驯马的人。李鸿章是个有才干的人，但如果他继续在安徽游荡而不是到曾国藩幕，他可能一辈子也做不了什么大事。而经过在曾国藩幕府的历练，他的事业才真正开始了。

二、“用沪平吴”——淮军之兴起

1860年，太平军用计彻底打垮遏制天京（金陵）的清军江南大营，并一直打到上海附近。一直与湘军集团分庭抗礼的两江总督何桂清因此失势。原本咸丰帝对曾国藩不太信任，甚至希望湘军苦战击破太平军主力，然后江南大营攻破金陵收功。可是这一次江南大营被彻底击溃后，放眼东南半壁，再也找不出一支可以进攻金陵、消灭太平天国

1 《曾国藩全集·书信二》，岳麓书社2011年版，第177页。

的力量，甚至抗衡太平天国都已十分困难。除了用湘军和曾国藩外，咸丰帝别无选择，于是任命曾国藩为两江总督。

曾国藩既担任两江总督，富庶的苏南地区包括上海就是他的辖地，可这一带已在江南大营破后被太平天国李秀成乘势占去，太平军曾几次试图攻占上海。1861 年底，太平军又攻占杭州，上海实已成为孤岛。

鸦片战争以前，上海本是普通县城，自开辟为通商口岸以后，很快就繁荣起来，并且迅速超过广州成为中国对外贸易的中心。1853 年太平军占领金陵时，以及后来占领苏州、常州、杭州时，都有大批富商、绅士逃往上海避难，这样更加速了上海的繁荣。上海再也不是江苏省的一个普通县城，其重要性大大增加了。

但此时上海已是孤城、危城。江苏巡抚薛焕手里虽有五万兵力，却都是些残兵败卒，薛焕又根本不懂用兵，占据上海巨大的财力物力，却无所作为，任凭太平军在江浙横冲直撞，甚至守不住上海，幸好有西洋人帮忙，才使上海没有丢。事实上，如果不能像曾国藩那样对军制做重大的变革，换了别人也是无能为力。因此，上海的官绅特别希望已任两江总督的曾国藩能派兵到上海来。1861 年 11 月 6 日，有金匮（今属无锡）知县华翼纶自上海来曾国藩两江总督府（临时设安庆）请兵，并告诉曾国藩，上海每月可筹饷达银六十万两，又说上海绅商愿意助饷,盼曾国藩早日派兵到上海。过了十二天,也就是 11 月 18 日，上海绅士的代表户部主事钱鼎铭和江苏巡抚薛焕的使者又到安庆。钱鼎铭带来上海绅士的公函，说上海及东南一带，只有上海、江苏镇江、浙江湖州三地没有被太平军占领，但也难以持久。曾国藩最后答应派兵救援上海。但是派哪支兵去？曾国藩最初打算让其弟曾国荃带一万兵前往，但是性情蛮横的曾国荃表示，一定要啃金陵（既太平天国天京）这块硬骨头，不愿援上海。曾国藩只好另想办法。

曾国藩早就认为，淮北一带民风朴实强悍，若加以适当训练，可成劲旅。更深一层，他认为湘军当时已有暮气，必要时要有一支可以代替湘军的军队，这支军队既要与他关系密切，又要能打仗，缓急可恃。现在，他决定从淮北另募一军援上海。由谁来招募、训练和统率这支军队呢？当然最合适的人选是李鸿章。李鸿章生于合肥，原来就在淮北带过兵打过仗，又与曾国藩关系密切。但是长期以来曾国藩一直依赖李鸿章为其起草奏折等重要文件，兼为幕府心腹高参，最重要的事情常与这位见识超出一般幕僚的门生商量。若李鸿章离开总督府，将给曾国藩的工作带来一定困难。但此时情势紧急，曾国藩也顾不得这些了。

李鸿章不负曾国藩所望，两个月就组织起一支新军。但他成军的办法，不是像湘军那样从头招募，而是利用淮北一带旧有的与太平军作战的团练。这些团练首领有张树声、刘铭传、潘鼎新、吴长庆及已参加湘军的李鸿章原在淮北的部将张遇春。李鸿章把这些原属于地方武装的团练按湘军的营制改编，从此中国又出现了一支新的军队——淮军。曾国藩恐怕淮军新成军，人数少又多新兵，于是又拨八营湘军给李鸿章。其中最有名的是程学启的两营。程学启原是太平天国陈玉成的部将，在安庆大战时投降了湘军，一直由曾国荃指挥，其人勇悍善战，成为李鸿章的得力干将（后来战死）。这样李鸿章所部达到了六千五百人。

淮军的体制，大都仿效湘军，但也有三点与湘军有别：一为将领，湘军将领多以书生担任，淮军将领则十分庞杂，读书人不多。二为士兵，湘军专招朴实乡农，而淮军因为仓促成军，士兵中团练甚至降卒都很多，后来还大量收编原清军防军。三为武器，最初成军时，淮军武器与湘军并无不同，也是以冷兵器为主，但李鸿章一到上海，马上认识到西洋先进武器的优越性，不遗余力地更换装备，大量应用新武器，使淮军战斗力迅速提高，并且营制也因为使用新武器而有所改变。在使用新武器上，后来湘军又反过来模仿淮军。[1]

1862 年 4 月至 6 月，淮军乘雇用的外国轮船到达上海。曾国藩从此开辟了一个新的战场，李鸿章也由此开始了真正的政治生涯。4 月 25 日，由曾国藩保荐，清廷命李鸿章署理江苏巡抚，此时李鸿章到上海只有十七天。此前他的职位，只是一位未上任的道员，如果按今日的官阶比，等于从地级市市长直接升任省委书记，且是大省的书记（那时上海属于江苏）。原巡抚薛焕只担任通商大臣，不久清廷再将薛焕调京，命李鸿章兼任通商大臣。这一年，李鸿章才四十虚岁。

然而，因为江苏正当太平天国的兵锋，江苏巡抚一职并不好当，李鸿章之前的几任就没有好的结果：杨文定，1853 年被革职逮问，遣戍军台后病死；许乃钊，1854 年被革职；吉尔杭阿，1856 年兵败身死；赵德辙，1858 年被免职；徐有壬，1860 年太平军攻苏州时被杀。

1 关于淮军组建的情况，参见王尔敏《淮军志》（中华书局 1987 年版）及苑书义《李鸿章传》（人民出版社 1991 年版）。

李鸿章面临的形势是：上海周围都被太平军占领，太平军时时企图攻占上海；上海的财政大权被江苏布政使吴煦掌握，原江苏巡抚薛焕都无权过问；外国人聚集上海，又挟第二次鸦片战争战胜之威，对外交涉极为重要而又棘手，在此之前李鸿章与大多数中国官员一样没有与西方列强打交道的经验。当然，还有上海任职的都是与湘系集团没有渊源的其他派系的人物，盘根错节，新到上海的李鸿章其实只是光杆司令。怎样解决这些问题，能否坐稳江苏巡抚这把交椅，是对李鸿章的严峻考验。

其实，这些问题的关键是能否在军事上站住脚。而这又谈何容易！李鸿章面对的太平军常达十万，太平军统帅忠王李秀成（恰与李鸿章同龄）又身经百战、能征善战。李鸿章带到上海的淮军只有六千五百人，而前任江苏巡抚薛焕拥有五万军队都毫无建树。所以李鸿章面临的困难可想而知。据说淮军刚到上海时，因为服装土气，士兵"皆芒鞋短衣布帕"，被沪上人士及外国人笑为乞丐[1]，与薛焕衣着光鲜的部队形成鲜明的对照。李鸿章的策略是不轻易向太平军进攻，而是做周密准备。1862 年 5 月，号称十万太平军进攻上海，6 月，李鸿章亲自督战，终于击败太平军。新组的淮军虽土气兵员又少，但兵将作战极为勇悍。此役击杀太平军三千，从此稳定了上海一带的战局，也使上海的外国人对李鸿章和淮军刮目相看。1863 年开始，李鸿章转入反攻，以后攻下苏州、无锡、常州，重新控制了江南地区。薛福成称这个过

1 徐宗亮：《归庐谈往录》（《近代中国史料丛刊》第七十五辑），卷一《录上》，台北文海出版社 1972 年影印本，第 14 页。

程为“用沪平吴”。与此同时，李鸿章也将淮军大大扩充。除了部分兵员回安徽招募外，他主要是整编原江苏巡抚薛焕的军队和收编太平天国的降军。薛焕原有军队五万人，涣散而无战斗力，李鸿章汰弱留强，裁去三万人，留下两万人，用淮军的军制重新编制，将其编入淮军。1864 年 10 月，也就是李鸿章到上海两年多后，淮军已达到七万人。不仅数量增加了，李鸿章还利用在上海的有利条件，用洋枪、洋炮装备淮军，使淮军战斗力迅速增强，为后来取代湘军准备了条件。

对于江苏及上海的大权，李鸿章采取渐进的办法。在此以前，曾国藩已推荐湘系的陈士杰担任江苏按察使。李鸿章又请与他同年中进士的好友郭嵩焘（也是曾国藩的好友）来管财政。江苏布政使吴煦原本握财政大权，次年，李鸿章以办理洋枪队不善将其弹劾罢职。这样，江苏的权力完全落入李鸿章的控制之中。

湘军攻破太平天国的首都天京后，太平天国只剩残余势力，曾国藩为避清廷猜疑，遣散很多湘军主力，但李鸿章部淮军仍保留，史称“裁湘留淮”。此后淮军实力逐渐超过湘军。

前面说过，李鸿章 1862 年当上江苏巡抚。太平天国平灭后，1865 年，在曾国藩奉命率军攻打造反的捻军时，李鸿章一度署理两江总督。不久，曾国藩镇压捻军无功，李鸿章接替他的老师督师，终于剿灭捻军，成就了所谓“同治中兴”之业。

1870 年，李鸿章接替他的老师曾国藩任直隶总督，四十七岁的李鸿章成为地方大员之首，他担任这个职务直到 1895 年。

三、自强新政第一人

从平灭太平天国起，直到甲午战败，李鸿章做的最重要的事是举办自强新政。

19 世纪后半期，世界上的国家大体分为三类：一类是欧美强国，大都完成了工业革命，并且携其坚船利炮向整个世界进行征服、侵略活动；一类是已经沦为西方殖民地的国家，如印度、非洲大部地区，这些国家在还没有重新获得独立之前，实际不成为国家；一类是像中国、日本这样勉强维持表面独立的国家，而这些国家如果不奋起努力，其命运可能就是亡国。应对的方法，从中国传统文化中寻求药方是不行的，传统文化中没有面临这种形势的药方。正确的药方也是唯一的药方就是向西方人学习，向历来被中国人视为蛮夷戎狄的西方人学习。当鸦片战争中西方冲突的时候，中国实际上已经整整落后了一个时代，可是中国士大夫见不及此，仍做着天朝上国的梦，非常麻木。开始改变这种做法，向西方人学习，开启中国现代化进程的，是李鸿章等人和他们举办的自强新政，中国大陆今天称之为洋务运动，海外则多称自强运动，或自强新政。

李鸿章是自强新政的核心人物。

李鸿章的自强新政主要包括三个方面：一是创办近代企业；二是建立新式的陆军海军；三是举办新式教育。因为李鸿章主办的“自强”措施已广为人知，这里只做简单介绍。

先说近代企业。

1865 年，也就是平灭太平天国后次年，任江苏巡抚的李鸿章就创办了江南制造局，是和曾国藩一起创办的，而由李鸿章一手管理。这是中国当时最大的军工企业，有十三个分厂，两千多名员工。江南制造局可以造枪、造炮、造弹药，还可以造轮船、炼钢。20 世纪初，清政府将江南制造局的造船部分改名为江南船坞，向市场化发展，获得了很大成功，第一次世界大战时能造万吨轮并向发达国家出口。江南制造局就是现在的上海江南造船集团的前身，目前是中国最大的造船企业之一，可以造军用、民用及科学考察等各种船舰。

同一年，李鸿章创办了金陵机器局，也是大型军工企业，但规模比江南制造局小。

19 世纪 60 年代到 80 年代末，中国创办的军工企业最大的有四个，而这四大骨干军工企业中有两个是李鸿章创办的。后来另一个骨干军工企业天津机器局也归李鸿章负责，一个人掌管三个骨干军工企业（另一个是左宗棠创办的福州船政局）。这些企业与过去手工业最大的不同就是用大机器动力生产，中国从此进入了机器工业生产时代。我们读西方历史，有所谓工业革命时代，但中国史不怎么提。如果说中国历史上有工业革命，那是从自强新政、从李鸿章等人创办新式企业开始的。

19 世纪 70 年代以后，李鸿章发现，西洋不但是枪炮轮船厉害，在坚船利炮的背后是发达的工业，工业为军工企业提供了财政支持。所以他们又提出了“求富”的口号，并创办民用企业。

1872 年，李鸿章创办轮船招商局，这是中国第一家大规模的轮船航运企业。中国的航运业开始由传统的帆船、人力划桨船过渡到现代的机器动力船。现在总部设在香港的招商局集团（中央国企）的前身就是李鸿章创办的轮船招商局。招商局集团官网这样介绍：

> 招商局是中国民族工商业的先驱，创立于1872年洋务运动时期。招商局是中国近代第一家股份制公司，曾组建了中国近代第一支商船队，开办了中国第一家银行、第一家保险公司等，开创了中国近代民族航运业，带动了其他许多近代产业的发展，在中国近现代经济史和社会发展史上具有重要地位。招商局1978年即投身改革开放，并于1979年开始独资开发了在海内外产生广泛影响的中国第一个对外开放的工业区——蛇口工业区，并相继创办了中国境内第一家完全由企业法人持股的股份制商业银行——招商银行，中国第一家股份制保险公司——平安保险等，为中国改革开放事业探索提供了有益的经验。[1]

1876年，李鸿章创办开平煤矿，1881年开始产煤。过去中国的土煤窑靠人工挖煤，没有排水和通风设备，所以煤矿规模小，不能往深采掘，产量也低。开平煤矿采用机器生产，后来还修建运煤的铁路，规模远非旧式小煤窑能比。在当时新式企业中，开平煤矿是盈利较多的。现在开滦（集团）有限责任公司的前身就是开平煤矿，已发展成包括煤炭业、现代物流、金融服务、文化旅游、装备制造、热电、建

1 http://www.cmhk.com/main/a/2019/c08/a37659_38316.shtml.

筑施工等多业并举的大型企业集团[1]，唐山也在此基础上发展成为重工业城市。

1880年，李鸿章在天津设电报总局，这是中国现代电讯业的开端。到甲午战争前，各省省会已基本开通了电报线路。从此大城市之间信息瞬间可至，国人“家书抵万金”的时代一去不复返。

1878年，李鸿章筹建上海机器织布局，1889年正式投产。虽然产生很多问题，但这是中国现代纺织业的开始。

李鸿章也积极修建铁路，但遇到保守官员的强烈反对。1881年，开平煤矿修建了中国自己办的第一条铁路，甲午战争前，这条铁路经过天津修到了山海关。

李鸿章创办的民用企业，涉及水陆交通、采矿、电讯、纺织。这是中国第一批现代企业，为后来中国的经济发展奠定了一定的基础。

不少人以为，甲午战前，日本的军事工业和整体工业远超中国，这是甲午战争日胜中败的根本原因。其实这可能是误解。甲午战争前，日本的铁路里程确实远超中国，但至少军工企业的规模和制造能力未必超过中国。

甲午战争前，日本也有四大骨干军工企业，即东京炮兵工厂、大阪炮兵工厂、横须贺海军工厂、筑地海军造兵厂。中国除江南制造局、福州船政局、天津机器局、金陵机器局四大骨干企业外，规模较大的湖北枪炮厂（张之洞创办）在甲午战争中部分投产，另外还有山东机器局等十六个规模稍小的军工企业。企业规模方面，日本军

1 开滦集团网页：http://www.kailuan.com.cn/listlmnews.aspx?depid=1&lanmuid=1。

工企业1893年合计雇用职工一万〇一百三十二人；中国据零星资料，1891年江南制造局三千五百九十二人，1874年福州船政局两千六百人，19世纪80年代金陵机器局七百余人、天津机器局两千五百余人，合计二十一个军工企业，雇用人数当大大多于日本。日本1893年陆海军工厂的机器动力共两千二百〇五马力，江南制造局一厂1891年便有四千五百二十一马力。再比较东京炮兵工厂和江南制造局，1887年东京炮兵工厂有六个车间，发动机十五个，马力三百。江南制造局刚建立就有机器厂、洋枪楼、汽炉厂、长工厂、铸铜铁厂、熟铁厂、轮船厂、火箭分厂等，后又设汽锤厂、枪厂、黑药厂、炮弹厂、水雷厂等。1891年江南制造局有蒸汽动力机三百六十一台，总马力四千五百二十一。

再比较造船。1884年至1890年横须贺海军工厂造军舰七艘，其中除"高雄"号外都不到二千马力。同期福州船政局也造船七艘，其中除广甲、广庚外都在二千马力以上，且有日本所无的钢甲兵舰平远。江南制造局虽停造轮船，但1885年制造的保民号（钢板暗轮）也有一千九百马力，可见该厂的造船能力。除沪局和闽局外，天津机器局、金陵机器局和广东机器局也造过轮船。中国的造船能力实大于日本。[1]

总之，中国军事工业的规模、生产能力应大于日本。不过中国的军事工业缺乏统筹规划，生产的武器规格也不统一。

中国的失败在于制度的落后。这里说的制度，不仅是政治制度，

1 迟云飞：《从国情国力军力的比较看中日甲午战争》，载《甲午战争与近代中国和世界——甲午战争100周年国际学术讨论会论文集》，人民出版社1995年版。

而是更广义的制度，比如教育体系、军事制度、经济制度、社会动员能力等。这些问题，我们放到后面再讨论。

再说军事方面。

李鸿章的改革事实上从军事开始。李鸿章到上海后，见到洋人船坚炮利，就率先开始学习。他给淮军装备了洋枪洋炮，所以淮军的战斗力大大增强，后来甚至超过了湘军。李鸿章更用力的是创办了中国第一支近代海军——北洋海军，当 1888 年北洋海军成军的时候，它是东亚实力最强的海军舰队，可惜后来甲午战争中败给日本，覆灭了。海军既是高技术兵种，也是极为烧钱的事业，所以此后直到 1949 年，中国海军也没有真正复兴。

李鸿章也曾致力于教育方面。

李鸿章创办的新式学校，主要是技术、军事学校和语言学堂，有上海广方言馆、天津电报学堂（北洋电报学堂）、天津水师学堂、天津武备学堂、北洋医学堂等。李鸿章还和曾国藩一起，奏请派一百二十名幼童到美国留学。但计划尚未实施曾国藩即去世，此后全靠李鸿章的支持和策划。后来留美事业遭到保守势力的强烈反对，李鸿章顶不住压力，只好听凭清廷将幼童召回。李鸿章也派人到欧洲学习，段祺瑞就是其中一位。但留欧学生的数量、规模和引起的冲突都不如留美幼童，故社会上知道的人不多。

已故著名学者姜铎先生指出，晚清民国中国经济近代化有三代核心人物：第一代是李鸿章和盛宣怀，第二代是袁世凯和周学熙，第三代是蒋介石和宋子文。姜铎先生认为，这三代人都做出了成绩，但也各有失误。姜先生还指出："在旧中国第一代近代化过程中，李鸿章是一位从理论到实践具有一定的远见卓识和雄才大略的关键性人物。"[1] 可惜的是，李鸿章受到的掣肘太多，使他的很多事业并不能如愿。

必须要指出的是，李鸿章开启了中国的近代化，或者说开启了中国的工业化，但另一方面，他也很大程度上开启并规定了晚清中国近代企业的模式，那就是政府或国家对企业的控制。李鸿章及清政府最初创办的军用企业，全部是政府直接办的，或叫官办的（官方投资，官方直接管理）；19 世纪 70 年代以后的民用企业，少数为官办，多数为官督商办。轮船招商局、开平煤矿、上海机器织布局、漠河金矿、电报总局等，都是官督商办。所谓官督商办，即资金由商人出，管理经营却由官府控制。这种做法自有其历史渊源。自秦以来，中国各朝各代，中央政府都不喜欢有不受官府控制的巨大势力存在，豪强也好，商人也好，朝廷都会想方设法压抑，直至诉诸武力。因为在王朝政府看来，不受控制的势力坐大，不仅会影响官府的权威，甚至可能威胁王朝的统治。故李鸿章创办新式企业时，很自然就想到了官督商办这种模式。

官督商办这种模式，最初自有其积极意义：新企业可以得到官府的支持，避免来自社会的各种干扰。但是，官府办企业不符合经济规律和人的本能，时间长了，其本身就会阻碍新式企业的发展。等到大家明白这个道理时，已经是甲午战败之后了，及至清政府放手鼓励、

1 姜铎：《略论旧中国近代化过程中的三代核心人物》，《上海社会科学院学术季刊》1992 年第 3 期。

支持民营企业发展，已是庚子事变之后清廷推行新政时的事了。

四、李鸿章关于自强的思想

李鸿章虽是进士出身，但并不尚理论，不过既然要办自强新政，自然需要造舆论。他造舆论，或者说他的新政理论，有几个特点：第一，强调中国面临数千年未有的变局；第二，强调要变革；第三，从利害关系上着眼，这是中国传统实用精神、经世致用精神的延伸；第四，要求改革的力度、深度高于许多同时的洋务派高官，他的改革要求甚至包括改革科举制。

1.“变局”意识

李鸿章敏锐地意识到，由于列强的东来，中国进入了一个新时代。19 世纪 70 年代以后他把下面两句话常挂在嘴边：数千年来未有之变局；数千年来未有之强敌。

1872 年，有官员以福州船政局耗费太多且所造船未达到西洋船水平上奏清廷，要求停办。福州船政局是左宗棠创办的，也不归李鸿章管辖，但李鸿章还是坚决支持福州船政局，他表示，制造轮船不可裁撤！在这一篇奏折里，他两次提到“变局”：

> 臣窃惟欧洲诸国，百十年来，由印度而南洋，由南洋而东北，闯入中国边界腹地，凡前史之所未载，亘古之所未通，无不款关而求互市……合地球东西南朔九万里之遥，胥聚于中国，此三千

馀年一大变局也……士大夫囿于章句之学，而昧于数千年来一大变局。[1]

1874年，他在《筹议海防折》又说：

历代备边多在西北，其强弱之势、客主之形皆适相埒，且犹有中外界限。今则东南海疆万馀里，各国通商传教来往自如，麇集京师及各省腹地，阳托和好之名，阴怀吞噬之计，一国生事，诸国构煽，实为数千年来未有之变局。轮船电报之速，瞬息千里；军器机事之精，工力百倍。炮弹所到无坚不摧，水陆关隘不足限制，又为数千年来未有之强敌。[2]

李鸿章指出，今天的外患，与以往中原王朝所受的来自北与西北部族的威胁完全不同。那时彼此各有优缺点，强弱差不多。但现在的西方列强完全不同了。

以后见之明，今天的历史学家大都明白，欧风美雨的冲击浸润，加上中国内部的变革动力，鸦片战争以后，我们开始了从传统的农业社会向现代的工业社会的深刻转型，这个转型包含了经济、政治、社会、文化等。及至今日，我们传统的君主制没了，士农工商四民社会

1 1872年《筹议制造轮船未可裁撤折》，国家清史编纂委员会文献丛刊《李鸿章全集》第五册，安徽教育出版社2008年版，第107页。

2 1874年《筹议海防折》，国家清史编纂委员会文献丛刊《李鸿章全集》第六册，安徽教育出版社2008年版，第159—160页。

不存在了，男耕女织的生活方式也改变了。换句话说，中国的政治体制、社会结构、经济模式，都已经彻底改变，只有精神与文化尚可细致讨论。李鸿章当时未必有这样全面的认识，他的“变局”主要还是指中国面临的国际环境，但他极其敏锐地感受到时代的变化。我们完全可以说，在清政府巡抚、侍郎以上的高级官员中，除了曾任驻外公使的郭嵩焘（曾任广东巡抚）等人，很少有人达到李鸿章这样的认识高度。而李鸿章与郭嵩焘既是进士同年，又是“孤独的先驱者”（钟叔河先生语）郭嵩焘的坚定支持者。李鸿章也是更广意义上“变局”的有力推动者。时至今日，李鸿章所创的“变局”一词，成了历史学家尤其是近代史学者的常用语，甚至社会上也有不少人用这个词。

2. 坚持求变

面对变局，中国该怎么做？很多士大夫坚持：祖宗之法不可变，尤其不能“用夷变夏”。正如当时的大学士倭仁所说：“立国之道，尚礼义而不尚权谋；根本之图，在人心不在技艺。”洋人打进来该如何？那就“以忠信为甲胄，礼义为干橹”[1]。今日我们回首一百多年前，恐怕这种观念在当时还属主流。

李鸿章的主张则与上述保守人士大相径庭。在对中国面临“变局”的认识基础上，李鸿章坚持中国一定要变革，要改变自己。所谓变，就是学习西洋。同时，李鸿章多从利害关系着眼，认为不自强无以自存。

1864年，在湘军还没有攻破太平天国的都城天京之前，时任江

1　转引自李细珠《晚清保守思想的原型——倭仁研究》，社会科学文献出版社2000年版，第180-181页。按，后一句为奕訢讽倭仁等的话。

苏巡抚的李鸿章致函恭亲王奕訢和总理衙门，说：

> 鸿章窃以为天下事穷则变，变则通。中国士夫沉浸于章句小楷之积习，武夫悍卒又多粗蠢而不加细心，以致所用非所学，所学非所用，无事则嗤外国之利器为奇技淫巧，以为不必学，有事则惊外国之利器为变怪神奇，以为不能学。不知洋人视火器为身心性命之学者，已数百年……实有指挥如意、从心所欲之快。

他又指出中国武器装备落后的原因：

> 中国文武制度，事事远出西人之上，独火器万不能及。其故何由，盖中国之制器也，儒者明其理、匠人习其事，造诣两不相谋，故功效不能相并。艺之精者，充其量不过为匠目而止。洋人则不然，能造一器为国家利用者，以为显官，世食其业，世袭其职，故有祖父习是器而不能通，子孙尚世习之，必求其通而后止……苟荣利之所在，岂有不竭力研求，穷日夜之力，以期至于精通而后止乎。

引用者多强调李鸿章这一段的第一句话，即“中国文武制度，事事远出西人之上，独火器万不能及”，但仔细看全文，这一句实为铺垫，重点在强调西洋国家鼓励科技，鼓励知识人研习科技，鼓励创造发明，同时暗含着对科举制的批评。

在他看来，日本能急起直追，已是中国榜样：

> 前者英、法各国，以日本为外府，肆意诛求，日本君臣发愤为雄，选宗室及大臣子弟之聪秀者，往西国制器厂师习各艺，又购制器之器，在本国制习。现在已能驾驶轮船、造放炸炮……日本以海外区区小国，尚能及时改辙，知所取法，然则我中国深维穷极而通之故，夫亦可以皇然变计矣。

此时，日本“黑船事件”刚过十年，明治维新尚未开始，李鸿章已注意到日本的努力，甚至已派人到西洋留学。

最后的归结，就是魏源的“师夷长技”：

> 鸿章以为中国欲自强，则莫如学习外国利器，欲学习外国利器，则莫如觅制器之器。[1]

这其实是自强新政还没有大规模展开时李鸿章的见解，此时李鸿章已开始聘请西方技术人员仿制枪炮。李鸿章的学术根底没有他的老师曾国藩深，换一个角度说，他没有真正深入钻研过理学，因而受那些教条的束缚也更少些。所以，自出兵上海后，他几乎立即把自强新政作为自己的事业来做。

1 均见李鸿章致恭亲王奕訢和总理衙门函，载国家清史编纂委员会文献丛刊《李鸿章全集》第二十九册，安徽教育出版社2008年版，第313页。

为什么要变，那就是御侮图强，因此，他常常批评那些抱残守缺的人：

外患之乘，变幻如此，而我犹欲以成法制之，譬如医者疗疾不问何症，概投之以古方，诚未见其效也……《易》曰：穷则变，变则通。盖不变通则战守皆不足恃，而和亦不可久也。[1]

这里附带一句，李鸿章虽不似张之洞尚理论，但他的文笔非常好。李鸿章较早的奏折，应多是亲笔起草。读他的这些奏折，文笔流畅，叙事清楚简洁，很是享受。当1863年曾国荃升任巡抚，有资格上奏折时，曾国藩告诉他的弟弟，各省督抚的奏折以李鸿章和左宗棠最好，让曾国荃以之为范本，反复阅读学习。今日看来，曾国藩说得很有道理。

3. 对西方文明的认知，中体西用之滥觞

西方文明到底是怎么回事，中西差异的本质是什么？是只不过一帮野蛮人拿着先进的武器，我们无法抵敌？还是他们的制度、文化也先进，我们则全面落后了？应该说，在李鸿章的时代，中国文明比之欧西文明，已经落后了一个时代：我们是农业文明，欧西是工业文明；不仅武器、科技，包括制度、文化，我们都落后了。但是，当时李鸿章没有这样的认识。我们前引李鸿章的话说：“中国文武制度，事事远出西人之上，独火器万不能及。”虽是铺垫后面的追问，但也确为

1 《筹议海防折》，国家清史编纂委员会文献丛刊《李鸿章全集》第六册，安徽教育出版社2008年版，第160页。

李鸿章及大多数洋务派人士的认知。就是说，中国的制度、中国的文明是好的，只不过是技艺制造不如人。而放眼当时的中国，政府中层级较低的郭嵩焘、薛福成等人达到了更高的认识水平，他们不仅主张学习西方军事技术，甚至称赞西方的制度，但能达到郭嵩焘等的认识水平的，在政府官员中是少数甚至是极少数。所以，很自然，李鸿章等政府中的“新派”只能学习西方的军事技术，以后才逐渐扩大到更广的经济领域。“中体西用”虽是后来由张之洞总结的，但李鸿章实已发其端。

4. 对传统的质疑和怀疑

因为对“变局”的敏锐感受，李鸿章对落后现状十分不满，改革要求特别强烈。他甚至开始怀疑孔子和传统儒家，或者说，在他的心里，至少孔子和儒家这些古圣先贤的教导是不完全不完备的。

1876 年他致老部下刘秉璋的信中说：

> 处今日，喜谈洋务乃圣之时，人人怕谈厌谈，事至非张皇即卤莽，鲜不误国。公等可不喜谈，鄙人若亦不谈，天下赖何术以支持耶。中国日弱，外人日骄，此岂一人一事之咎。过此以往，能自强者尽可自立，若不自强则事不可知。[1]

把洋务提到“圣之时”的高度，在当时的高官中，恐怕也只有李

1 《复刘仲良中丞》，国家清史编纂委员会文献丛刊《李鸿章全集》第三十一册，安徽教育出版社 2008 年版，第 497 页。

鸿章有这样的见解。

李鸿章还要求改革科举制度，加入自然科学技术的内容。前引李鸿章致恭亲王奕䜣函中，还提出：

> 师其法而不必尽用其人。欲觅制器之器与制器之人，则或专设一科取士，士终身悬以为富贵功名之鹄，则业可成，艺可精，而才亦可集。

要知道，此函作于1864年，李鸿章和他的老师曾国藩还在与太平天国作战，他们还不能腾出主要精力和时间去进行改革，自强新政尚未真正开始。后来，李鸿章多次对科举进行过批评，这在当时的高官中十分少见。

李鸿章对孔子和儒学有时负气式地抱着一种蔑视的态度。他曾在一封信中说："未见圣人留下几件好算数器艺来。"[1] 据说他在游览孔子故乡曲阜时曾说："孔子不会打洋枪，今不足贵也。"[2] 显得简单、负气甚至有些浅薄的话中，蕴含着近代中国深刻的变革之因。我们今天以后来人的视角观察，孔子、儒学、科举、帝制，或衰落，或被彻底结束，无可奈何。但是，衰落也好，结束也好，可能不是人们真的认为其不合理，不符合人类社会发展的方向，不符合人类公理，而是其无

1 《复署赣抚刘仲良中丞》，国家清史编纂委员会文献丛刊《李鸿章全集》第三十一册，安徽教育出版社2008年版，第174页。

2 刘体仁：《读曾文正公手书日记眉批》，转引自杨国强《曾国藩简论》，载《历史研究》1987年第1期。

法解决“数千年未有之变局”。前一讲谈过从曾国藩开始，知识人的追求已经从传统的修齐治平、纲常伦理转向追求国家的富强。而作为曾国藩学生的李鸿章更对孔子提出了怀疑，这比新文化运动早了几十年。而此问题至今仍在困惑中国人，那就是在现代社会，中国传统思想、传统观念到底有什么样的价值？也许，等到中国真正实现现代化的时候，我们才能完全理性地对待这个问题。

我们这里再说李鸿章的境遇。由于他手握军队、控制多数新式企业，权力崇高，再加上他经办多数外交谈判，所以所谓“清议”的矛头常常指向李鸿章。

胡思敬《国闻备乘》记述，甲午战争中翁同龢到天津李鸿章处询问战况：

> 同龢见鸿章，即询北洋兵舰。鸿章怒目相视，半晌无一语，徐掉头曰："师傅（翁同龢为光绪帝师傅）总度支，平时请款辄驳诘，临事而问兵舰，兵舰果可恃乎？"同龢曰："计臣以撙节为尽职，事诚急，何不复请？"鸿章曰："政府疑我跋扈，台谏参我贪婪，我再哓哓不已，今日尚有李鸿章乎？"同龢语塞，归乃不敢言战。[1]

世人批评李鸿章，总把清政府的许多失策放到李鸿章身上，其实

1 胡思敬：《国闻备乘·名流误国》，载荣孟源、章伯峰主编《近代稗海》第一辑，四川人民出版社1985年版，第231页。

李鸿章虽然表面上权势浩大，但他从来不是清政府政策的核心决策人，所以梁启超曾为其叫屈。

五、李鸿章的世界认知和外交观念

传统的中国，没有现代各国的外交机构，礼部、理藩院等机构曾勉强起外交机构的作用。第一次鸦片战争之前，两广总督是对外交涉的主要代表，但两广总督并没有决策权，稍微大一点的事情都要报告中央。上海开为通商口岸以后，两江总督也办理一些交涉，决策情形一如两广总督。英法联军侵华之役后，清政府在中央设立了总理各国事务衙门，专门处理对外交涉，其职能有点像外交部。但是清政府还设立了北洋通商大臣和南洋通商大臣两个职位，也负责一些对外交涉。最初两个通商大臣是单独设立的，后来由直隶总督和两江总督兼任。李鸿章自 19 世纪 70 年代以后长期担任直隶总督、北洋通商大臣，而在清政府最高层的官员中，又以李鸿章的世界知识最多，外交经验最多，所以，19 世纪下半叶中国的外交谈判几乎都是李鸿章出面主持。换句话说，他是多次对外交涉的中方谈判代表，诸多中外条约也由李鸿章签字。这样，李鸿章和 19 世纪下半叶的中国外交就发生了极为密切的关系。有人甚至说，李鸿章是 19 世纪下半叶中国外交的主持人，当然这恐怕有夸大之嫌，外交事务上真正的最后的决策者是慈禧太后和中央朝廷，只不过李鸿章的建议确实很重要。

那么李鸿章办理外交的环境如何呢？

19世纪的世界是一个真正的弱肉强食的世界。西方列强占美洲、非洲，又企图强占亚洲。一方面，西方人将他们之间的一些国家间的相处原则带到世界，而另一方面他们又不平等地对待中国这样的弱国，建立一个并不为中国情愿的“条约制度”。条约体系或条约制度，有些是规范中外之间正常交往的，有些却对中国极不平等。所谓“弱国无外交”就是近代中国的真实写照。与“弱国无外交”相伴，其实还有个“愚国乱办外交”。这是指那时的中国人以及中国官员绝大多数对世界大势懵然无知，不知外交为何物。其实我们熟知的所谓不平等条款，如关税协定、片面最惠国待遇、领事裁判权等，几乎是糊里糊涂跟各国签订的。因为19世纪40年代的中国人知道割地赔款的害处，却不知前述几种条款的害处。而最要害的是死要面子，比如各国公使驻京、各国公使见清朝皇帝的礼仪问题，都是争持最厉害的。而关税协定等，时人并不会重点关心。19世纪下半叶，随着对外交流的扩大，国人对世界了解的增进，才有一些人开始明白这些条款的害处，也渐渐主张中国应像正常的国家开展对外交往。然而更多的人还在天朝上国的旧梦中昏睡。李鸿章就是在这种情况下办理外交的。

从李鸿章接替其老师曾国藩办理天津教案起，1870年议结的天津教案、马嘉理案和1876年的《中英烟台条约》、1885年的《中法新约》、中日间的多次交涉及1895年的《马关条约》、1901年的《辛丑条约》等较有影响的谈判和条约，都是他负责谈判并签字的。

1. 从天朝上国到世界中一国

天朝上国的观念由来已久，本书不是探究其来源，但论其影响，真可谓根深蒂固。要让国人转变观念，认识到中国只是世界的一国，极为艰难，甚至时至今日，很多国人还没有完全丢弃天朝上国的观念，只不过换了形式、换了名词而已。近代中国，从魏源、徐继畬开始，已经意识到中国只是地球上一国，所以他们愿意花费很大精力研究并介绍各国情况给国人。李鸿章亲自和各国特别是列强打交道，他的认识自然比魏源、徐继畬的间接认识来得真切。看李鸿章的奏议、书信，笔者注意到他对西方及西方人的称呼，与当时的士大夫有明显的区别。即以本讲前面所引用的李鸿章的文字，用的是“欧洲诸国”“各国”“外国”“洋人”“西人”“英法各国”“西国”“外人”。前面提到的1864年致恭亲王奕訢及总理衙门函，对西方的称呼就是“泰西各国”“外洋”“外国人”“外国”“西国”“洋人”“西人”“洋匠”“西士”。这都意味着李鸿章已开始放弃天朝上国的架子，此时李鸿章的自强企业尚未大规模创办。反观当时的士大夫，“夷人”“西夷”“英夷”“法夷”等带有轻蔑的称呼，充斥其文字作品，两相对照，可见李鸿章的世界认知。

当然，李鸿章仍有很多天朝上国的做派，这里就不详细讨论了。

2. “和戎”与“以夷制夷”

前面说过，曾国藩的外交观念比较强调一个“诚”字，实际是用中国的传统处世原则推及外交。李鸿章最初曾说的所谓打痞子腔[1]，笔

1 据吴永记述，李鸿章回答曾国藩时曾说：“与洋人交涉，不管什么，我只同他打痞子腔（痞子腔盖皖中土语，即油腔滑调之意）。”见《庚子西狩丛谈》卷四，1928年印行，引自台北文海出版社影印本，第131页。

者理解是要手段、能拖延就拖延的意思，中国古代春秋战国及其他割据时期有这样的先例。在积累了较多经验、成熟起来以后，实际上上述两种办法李鸿章都没有完全采用,他执行的是“和戎”和“以夷制夷”。

所谓“和戎”，来自李鸿章的一句话：“外须和戎，内须变法”。

前面介绍过1872年李鸿章筹议制造轮船未可裁撤折，在强调“三千余年一大变局”之后，他又指出：

> 西人专恃其枪炮轮船之精利，故能横行于中土。中国向用之弓、矛、小枪、土炮，不敌彼后门进子来福枪炮，向用之帆篷舟楫、艇船炮划，不敌彼轮机兵船，是以受制于西人。居今日而曰攘夷、曰驱逐出境，固虚妄之论，即欲保和局、守疆土，亦非无具而能保守之也。

他还说：

> 彼之军械强于我，技艺精于我，即暂胜必终败。

当然，和的条件是自己须有一定的力量，否则，退让的“和”也做不成。所以他一生一直在努力办新式海陆军、办新式企业、办半新半旧的学校。为的便是“自强”。有这种指导思想，所以李鸿章在具体办外交时，多半采取一种息事宁人的策略。世人因此多批评李鸿章，甚至说他“投降卖国”的也有。

总的来说，李鸿章主张在“和戎”或“力保和局”的情况下尽力维护国家的主权和大清朝的统治。

李鸿章对未来的外交是什么打算？在李鸿章的内心深处，可能在将来真正“自强”了以后，外交就可以强硬起来了。这一点，笔者目前还缺少证据，但从李鸿章给北洋舰队的主力舰所起的名字可以看出某些端倪。这些军舰无一例外都有个“远”字，绝非偶然：定远、镇远、经远、来远、致远、靖远、济远、平远。尤其两大主力铁甲舰的名字，一“定”一“镇”，意味深长。由此可见，在李鸿章的内心深处，在将来中国强盛的时候，还是可以强硬起来，甚至扬威海外。

李鸿章的外交又一个策略是“以夷制夷”。这一策略实际上也是来自传统智慧。以今人之见，以夷制夷也有不同层次。上者是利用各国间的矛盾，或与某强国结盟，以追求本国的霸权，某种意义上，近世各列强都曾有过此一策略；下者是利用列强间的矛盾，在夹缝中求生存，或谋求一点自己的利益。李鸿章的以夷制夷显然是后者。这在对日本的交涉中充分显露。

3. 从“联日”到“联俄制日”

俄国、日本是中国的近邻，近代以来，中国受这两个国家的影响很大，却也受这两个国家的侵略最多。沙俄是近代侵吞中国领土最多的国家；日本也步步紧逼，直至发动全面侵华战争。如何对待这两个国家，是李鸿章外交生涯中的重要课题。

日本明治维新后，国力蒸蒸日上。最初，李鸿章观察到日本的迅速发展，曾企图联合日本对抗西方列强。但日本却野心勃勃，企图控制朝鲜，甚至以朝鲜为跳板侵入中国；同时对我国台湾亦垂涎三尺。随着时间的推移，李鸿章对日本渐生戒心。其中最明显的就是对朝鲜政策，这一问题以往学界多避而不谈。其实自日本明治维新并向朝鲜渗透以后，李鸿章对日本也充满了警惕。他派部下吴长庆率兵进驻朝鲜，并力图控制朝鲜局势。其后袁世凯任“驻扎朝鲜总理交涉通商事宜”大臣，加强对朝鲜的控制。当然，李鸿章最终失败了。

甲午战败及《马关条约》签订之后，备感耻辱的李鸿章恨极了日本。他出访俄国、欧洲回国时路过日本，坚决不肯踏足日本土地。他不仅在船上休息，甚至换船时，宁愿冒极大风险在两船间搭上木板，也不乘日本小船。要知道此时的他已是七十三周岁的高龄了。

如何对付野心日益膨胀的日本，李鸿章的一个策略是联俄，这是他以夷制夷策略的一个具体表现。甲午战争中他就希望俄国能帮助中国抗击日本，战后，俄法德三国联合迫使日本放弃《马关条约》中割让的辽东半岛，令李鸿章再度对联俄燃起希望。1896 年，李鸿章代表清政府参加新沙皇尼古拉二世加冕典礼，出访俄国，顺道访欧美，行前他曾对黄遵宪言：“联络西洋，牵制东洋，是此行要策。”在俄国，他与俄人签订《中俄密约》。表面上，密约是一个对付日本的同盟的条约，但实际上给了沙俄侵略我国东北的可乘之机。果然，到 1900 年，沙俄便乘乱出兵占东三省铁路线及重要城市。因而黄遵宪说他是“老来失计亲豺虎，却道支持二十年”[1]。

1 均见《李肃毅侯挽诗》及说明，见《人境庐诗草》，载陈铮主编《黄遵宪集》第一册，中华书局 2019 年版，第 279 页。

以夷制夷的问题在于，如果自身有足够实力，则可能游刃有余；倘若自身改革不够，实力不能提高，则往往被人欺。对日俄交涉的症结就在这里，不过，这已不是李鸿章一人的能力所及了。

这里，我们简略介绍甲午战争之后李鸿章的情况。李鸿章的个性，勇于任事，不辞辛苦。甲午战败，谁来收拾这烂摊子，也就是与日本谈判？没有人敢应。因为这工作不仅艰难，而且还会落个卖国的骂名。翁同龢不肯去。李鸿章当时已经年过七旬，可他还是去了。《马关条约》签字后，李鸿章回国，被免去直隶总督职，清廷给他的上谕是“留京入阁办事”[1]。所谓“入（内）阁办事”，实际是无事可办，差不多等于免职，只是照顾他的面子而已。前面说过他出访俄国等国，回来后仍然是闲散一个，直到 1899 年底，清廷才任命李鸿章为两广总督，最初还是署理，比之直隶总督、北洋大臣的地位权势，已是不可同日而语。1900年八国联军侵华事件，是慈禧太后等保守派、废立派[2]闯下的大祸，在当时的国人看来，这次更难收拾——甲午年只有一个日本与中国开战，这次实际是所有强国与中国开战。许多人已经开始抱怨，不该轻率地免去李鸿章的直隶总督，以致酿成大乱。李鸿章当时已经七十七岁，受命议和后，还是从两广总督任赶到京师，最终完成这次艰难的谈判。

1 中国第一历史档案馆编：《光绪宣统两朝上谕档》第二十一册，光绪二十一年，广西师范大学出版社 1996 年影印，第 266 页。

2 废黜甚至杀害光绪帝，另立皇帝。

六、李鸿章事业总结：中国现代化第一阶段

李鸿章的时代，中国遇到了从未有过的新问题，这就是列强东来，用李鸿章的话，就是“变局”。应对这种变局，就是李鸿章一生的主要工作。李鸿章主导的是现存体制内的变革。这里的现存体制，不仅是政治体制，还包括教育、军事、官制、人才选拔机制、经济等多个方面。

李鸿章的成就，是创办了中国第一批新式企业，第一支近代海陆军、第一批新式学堂。即使这些事业本身不完全成功，但也会像种子一样，在中国大地上慢慢生根、发芽，传播开来。他是中国早期现代化事业的核心人物。没有这个开端，中国的现代化还要往后推很多年。李鸿章所做的事业是中国早期现代化事业的第一阶段。

但是李鸿章的自强新政确存在问题。

曾国藩的自强新政有缺点，但李鸿章并没有克服或改正。军事改革是李鸿章等人非常努力做的，但是，其基本缺点是重武器装备，轻人、轻制度体制。运用新式武器的同时应该有新的战略战术，有新的军队体制，有熟悉新的战略战术的军官和士兵。淮军、湘军的武器大大改善，但是体制、军官都基本是原样不动。而同时期日本军队实行师团制，军官大多从新式军官学校产生，或者到欧洲考察过军事，作战思想也完全更新。中国军队相比之下，不能不显得逊色。甲午战争的失败，主要不是人们想当然认为的官兵不勇敢或贪生怕死，主要问题是军队的体制、兵将的素质、战略战术远不如人。直到甲午战败，李鸿章才

真正注意到这些问题，但以后新式军队的编练，已经不由他负责了。

经济改革方面，自强新政先是“求强”，继而又提出“求富”，这都没有错。但是如何能强，如何能富，却大有文章。企业民营是正宗，企业官营走不通。要李鸿章办江南制造局的时候就放手让私人办企业，显然不现实。但是办了十年以后，应该醒悟。况且在晚清腐败的官僚体制下，企业官营不但走不通，而且是死路。官营企业可以给社会提供一些新的东西，可以培养技术人才，但是，企业自身很难发展，不能通过自己的努力经营扩张，不能形成滚雪球类的发展效应。清政府明白这点是甲午战败以后，而真正鼓励私营企业是在 1901 年新政开始以后，可惜 1901 年以后清政府已是力不从心了。

要发展现代经济，交通是先决条件。李鸿章办成的只有轮船招商局，而更重要的铁路，甲午战前只是日本的零头。这一点，倒不是李鸿章不努力，而主要是保守派的掣肘。等到甲午战后要大力修铁路时，财政状况已经不允许了。

发展经济的又一个要素是现代金融体系。可是中国长期没有现代银行，通商银行创办于 1897 年，但远不是中央银行。中国有真正的能发挥作用的中央银行要到国民党统治的时代了。一个没有自己的中央银行的国家，要发展现代经济是很难想象的。

教育改革方面，李鸿章等人办了不少新式学校，并派了学生到海外留学。但基本是技术专科教育、外语教育、军事教育，而就长远来讲，更应该注重的是两点，一是普及教育，一是建立新教育体系。太平天国灭亡到甲午战争这段时间，财政上还允许清政府做些事情，但清政府没有这样做，使得新教育零星、随意，不系统，新人才不足用，不能支撑现代化建设。

这些改革措施，并不是要 19 世纪 60 年代就马上做，而是应随着时间的推移逐步做。这么多措施可能有点苛求我们的先人，但是，在当时外患紧逼的情况下，如果不这样做，中国就仍然落伍，仍然被动挨打。

笔者认为，恰恰是 20 世纪 50 年代到 80 年代人们常常批评的洋务派不搞政治改革，才是苛求前人，洋务派不能做不必做。因为在改革才刚刚开始就进行政治改革会引起混乱，无异拔苗助长。

李鸿章的自强新政有不少成效，但自强的目的并未达到。他一生致力于自强，但自强终不可期。他一手创办的新式海陆军在甲午战争中惨败，除了聂士成一部硕果仅存外，其他都已无足轻重，而聂士成部也在反抗八国联军侵华战争中覆灭。李鸿章去世的时候（1901），中国的国际地位降到最低点，甚至被视为野蛮的国度。尤其是东面日本和北面沙俄，更是虎视眈眈。一生事业如流水般逝去，李鸿章死时心情的沉重可想而知。

甲午战败后，李鸿章自己也曾对人说：

> 我办了一辈子的事，练兵也，海军也，都是纸糊的老虎，何尝能实在放手办理？不过勉强涂饰，虚有其表，不揭破犹可敷衍一时。如一间破屋，由裱糊匠东补西贴，居然成一净室，虽明知为纸片糊裱，然究竟决不定里面是何等材料，即有小小风雨，

> 打成几个窟窿，随时补葺，亦可支吾对付。乃必欲爽手扯破，又未预备何种修葺材料，何种改造方式，自然真相破露，不可收拾，但裱糊匠又何术能负其责？[1]

但如果就此说李鸿章一生是个失败者，就如 1949 年到 1978 年之间大多学者所认定的，恐怕对李鸿章太不公平。试想，如果当时的中国地方总督巡抚中有十个李鸿章，创办了十倍相当于李鸿章的现代化事业，那 1894 年日本还敢向中国开战吗？ 1901 年沙俄还敢出兵占中国东三省吗？

如果没有李鸿章的自强新政，没有半近代化的淮军和湘军——这些军队虽然失败，总还能够和日军作战，别的军队甚至不能够作战——那么日本对中国的全面进攻，可能不用等到 1937 年，而是 1894 年就开始了。甚至可以说，北京（抗战时名北平）的沦陷，不会等到 1937 年，而是 1895 年。可能有的人对此不认可，他们以为没有淮军、湘军还有别的军队。我们试比较甲午战争和 1900 年的八国联军侵华战争。1900 年 8 月 4 日，列强联军自天津出发向北京方向进攻，12 日即攻陷通州，15 日慈禧太后与光绪帝仓皇逃离北京，16 日联军完全控制北京。通计列强联军从天津到北京，不到半个月。甲午战争时，日军 1894 年 10 月下旬从辽东半岛登陆，到次年 3 月控制辽东半岛，用了四个多月；1895 年 1 月 20 日日军在山东荣成登陆，1 月 30 日进攻威海卫炮台，至 2 月 11 日北洋海军投降，在威海一隅打了二十多天。

---

1 吴永：《庚子西狩丛谈》卷四，1928 年印行，引自台北文海出版社影印本，第 129 页。

就兵力而言，日本是倾全国之力。八国联军有八国，不知者以为声势多么大，实际上却是临时凑起来的杂牌军。这些军队是此国来几千，彼国来几百凑起来的，而到达北京时，兵力也不过是两万多人；没有在一起训练更不用说演习，更没有统一的指挥体系，作战全凭前一日会议决定。之所以能在十几天占领北京，说明清政府在没有淮军和李鸿章指挥的情况下[1]，根本组织不起有效的抵抗！

而李鸿章的新政又常受掣肘，所以他只自认是个“裱糊匠”。

李鸿章的失败，意味着中国局部现代化的失败。所以甲午败后，维新运动兴起。

七、李鸿章的身后评价

李鸿章于 1901 年 11 月 7 日去世。

据说李鸿章临终前有诗：

> 劳劳车马未离鞍，临事方知一死难。
> 三百年来伤国步，八千里外吊民残。
> 秋风宝剑孤臣泪，落日旌旗大将坛。
> 海外尘氛犹未息，诸君莫作等闲看。

1 只有驻天津附近的聂士成部属于淮军，但聂士成反对与列强开战，反对利用义和团，遭到义和团、清廷载漪集团的打击，只得一死报国。聂死后，更无有效抵抗。

李鸿章临终时，体已极弱，且有亲人和下属环绕，恐难有精神也难有暇作诗，故苑书义先生作《李鸿章传》时用了“据说”以示存疑和谨慎[1]，新版《李鸿章全集》亦未收录此诗。但此诗确道出了彼时李鸿章的心境，沉郁、悲凉、伤感，而又气魄宏大。所以笔者也抄录于此，供读者鉴赏。

李鸿章去世时，全国上下都给予很高评价。这是因为与列强的谈判，在很多人眼里，是李鸿章拯救了国家，也拯救了大清王朝。清廷给予他“文忠”的谥号，评价也相当高。但之后对其评价则出现了极大的分歧，随着时代的变幻，有时甚至可说是两个极端。

流传最广的是李鸿章去世后梁启超写的《中国四十年来大事记》，文章另一名《李鸿章》，可见梁启超心目中李鸿章的影响。

梁启超写道：

> 吾敬李鸿章之才，吾惜李鸿章之识，吾悲李鸿章之遇。李之历品聘欧洲也，至德，见德前宰相比斯麦，叩之曰：为大臣者，欲为国家有所尽力，而满廷意见，与己不合，群掣其肘。于此而欲行厥志，其道何由？比斯麦应之曰：首在得君。得君既专，何事不可为？李鸿章曰：譬如有人于此，其君无论何人之言皆听之，居枢要侍近习者，常假威福，挟持大局。若处此者当如之何？比斯麦良久曰：苟为大臣，以至诚忧国，度未有不能格君心者。

1 见苑书义《李鸿章传》，人民出版社 1991 年版，第 403-404 页。又，该诗出自台湾学者高拜石《南湖录忆》。

惟与妇人女子共事，则无如何矣。李默然云。[1]

不管这段对话是否属实，都可以说明李鸿章内心有难言之隐，这难言之隐甚至被同时代的梁启超一语中的，那就是李鸿章不能得行其志。李鸿章的事业之所以不能完全成功，至少有一半来自各方面的阻挠和干扰。梁启超随后说：

呜呼！吾观于此，而知李鸿章胸中块垒牢骚郁悒，有非旁观人所能喻之者。吾之所以责李者在此，吾之所以恕李者亦在此。

对于李鸿章的局限，梁启超也有这样的评论：

知有兵事而不知有民政，知有外交而不知有内治，知有朝廷而不知有国民，知有洋务而不知有国务。以为吾中国之政教风俗无一不优於他国，所不及者惟枪耳、炮耳、船耳、机器耳。

梁启超总结道：

西哲有恒言曰：时势造英雄，英雄亦造时势。若李鸿章者，吾不能谓其非英雄也。虽然，是为时势所造之英雄，非造时势

1 梁启超:《中国四十年来大事记》,一名《李鸿章》,载林志钧编《饮冰室合集·专集之三》第六册,中华书局 1989 年影印本,第 2-3 页。

之英雄也。时势所造之英雄，寻常英雄也。天下之大，古今之人，何在而无时势？故读一部二十四史，如李鸿章其人之英雄者，车载斗量焉。若夫造时势之英雄，则千载而未一遇也。此吾中国历史，所以陈陈相因，而终不能放一异彩以震耀世界也。

尽管有很多保留，但梁启超还是称李鸿章是时势所造的英雄。而梁启超眼里，所谓造时势的英雄，中国历史上就没有几个。

严复挽李鸿章联是这样写的：

使先时尽用其谋，知成功必不止此；

设晚节无以自见，则士论又当何如。[1]

前两句是说他学习西洋的自强新政受掣肘太多，致使成就受限。后二句是说甲午战后舆论皆将失败归于李鸿章，而庚子议和力任其难，保全国家，则又收到一片赞扬。如果没有庚子议和，则舆论又将如何评价。

梁启超和严复，大概可以代表当时人的评价。

20世纪50年代开始，从认定李鸿章及其老师曾国藩是镇压太平天国革命的刽子手为出发点，大陆学界称李鸿章等仿效西方的活动为“洋务运动”，认为洋务运动是封建势力勾结西方侵略者的产物，目的

1　严复挽联，有多个版本，字句略有不同。此处所据为合肥李鸿章墓园享堂所存。

在于镇压人民起义。所以无论是李鸿章的自强措施还是他的外交活动都被否定。这种情况一直持续到改革开放前。

20 世纪五六十年代对李鸿章的批评，也源于这样一种逻辑：李鸿章时代的中国一无是处。而李鸿章是那个时代的代表，所以李鸿章的表现就是一无是处。那么真实情形如何呢？我们说，那个时代的中国人的确是没有把国家的事情办好，以致中国的国际地位一直下降，但是用一无是处来评判显然也是过头了，因为一些人毕竟还是做了一些事，其中就包括了李鸿章。

改革开放以后，学界的观念认知有了很大变化。20 世纪 80 年代到 90 年代初，对李鸿章和自强新政的评价曾有过激烈争论，之后多数史学家对李鸿章的自强措施持肯定态度，但对他的外交活动仍有不同意见。

我们以今人的视角可以看到李鸿章等人的局限，即为了“制夷”，才“师夷长技”。但我们不免还有疑问，这疑问不仅是对李鸿章的，也是对近代所有中国人的，甚至包括今天的我们自己：那就是，如果没有“变局”，没有列强侵略，没有外来压力，我们还要不要学习西洋的“长技”？还要不要发展科学技术？要不要建立现代教育体系？要不要发展经济（现代性的）？要不要推翻帝制建立共和？再进一步，如果中国发展到了与西洋技术、国力相同甚至比其他国家强的水平，还要不要学习其他各国的长处？这个疑问，恐怕李鸿章难以回答。李鸿章难以回答的问题，即使今天，也是对我们的拷问。

张之洞

中体西用的理论阐释者

66

张之洞（1837—1909），字孝达，号香涛。籍贯是直隶（今河北）南皮，生于贵州义兴，这是他父亲张锳当时任职的地方，他一生也没有在南皮待过多少时间。因为那个时代的人重视自己的籍贯，所以人们习惯称他为“张南皮”，他去世后也葬在南皮。

张之洞考科举非常顺利，十二岁（1849）就考中秀才，十五岁（1852）中举，并且是顺天府乡试第一名，当时称“解元”。之后因为他的族兄张之万做考官，张之洞照例须回避，所以有两次会试都没能参加。1863年，也就是二十六岁的时候，张之洞考中了进士，他是一甲第三名，即探花。旧时的科举考中考不中的因素很多，聪明的人未必能考中，因为聪明人未必适应考科举的方式，但作文章天分差的人肯定不行。张之洞的科举之路如此顺利，至少说明他的天分、智商是很高的。

以在地方主持自强新政的时间段而言，曾国藩、李鸿章、左宗棠创办新式企业自19世纪60年代后半开始，张之洞则从19世纪80年代开始其自强措施，故已是第二代。

晚清同治中兴以来的名臣，如果以年龄计，十余岁算一代的话，曾国藩生于1811年，左宗棠生于1812年，算是第一代；李鸿章生于1823年，算是第二代；张之洞是继曾国藩、李鸿章以后的第三代。张之洞之后，最有能力的大概要数袁世凯、岑春煊了，但武昌起义爆发后，袁、岑都背叛了大清，不能算大清的名臣，所以严格说来，张之洞是最后一代大清名臣。

张之洞不仅是个有影响的、成功的官员，而且是典型的士大夫官员。从曾国藩到李鸿章再到张之洞，效仿西方的改革逐步深入，表明那个时代的中国人不得不从过去那种封闭的状态中走出来，关注正在飞速变化的世界，并试图吸收世界上的新东西，为了国家生存而改变自己。到张之洞成为地方大员时，这个趋势已是不可逆转的。但与此同时，一个问题也在困扰着这些主持改革的官员，也包括主张改革的读书人，那就是如何摆正中国的传统文化和漂洋过海来的西学之间的关系。张之洞是高层官员中试图做出理论阐释的最重要的一位。而张之洞的一生作为表明，多数中国人包括改革者仍不能、也不愿放弃中国的传统精神——三纲五常。张之洞和他同时代的中国读书人包括倾向改革的官员，无论是行动还是内心都充满了矛盾。

一、清流党人

张之洞投身政治之初，并不是个改革者，而是相对保守的清流党人。

中进士以后，张之洞先是任职京师，后做过湖北学政、四川学政。学政是省级管理教育、负责科举考试的官员，但名义上不是地方官，是皇帝派到地方的，好比钦差大臣。在四川学政任上，张之洞撰写了《书目答问》一书，这是学习和研究古代文化学术的入门书，至今仍有重要参考价值。

1877 年张之洞四十岁的时候，重返京师任职，他很快加入清流党人的队伍中。

所谓清流党或清流派人士，是同治、光绪年间活跃于政坛上的一批声望高、无大的实权（只就一般而言，也有人升到高位）的京官，他们爱讥弹时政、批评腐败。这些人一般比较廉洁，也缺少机会贪污，但也常常不识时务。他们非常重视中国传统文化以及纲常礼教的价值，对西方的事物比较排斥，政治观念比较保守，对世界缺少了解，很多人甚至不愿去了解，对于当时的一些自强新政，他们常抱抵制态度。当时李鸿章、左宗棠等由湘淮军而兴起的人物拥有很大权力，清廷维持统治需要他们，但又担心这些人尾大不掉，于是慈禧太后便利用清流党人牵制湘淮军领袖，甚至牵制朝廷中的恭亲王奕訢。

清流党人又按籍贯分为南清流和北清流，张之洞籍贯直隶南皮，属于北清流。北清流首领是直隶籍的协办大学士、军机大臣李鸿藻，重要人物还有张佩纶、陈宝琛等，南清流最有影响的是后来的“帝师”翁同龢等人。

张之洞虽属清流，比较廉洁，但行事并不莽撞。这里举一个事例来说明张之洞的风格。

1880年中秋节前，慈禧太后派太监二人带八盒食物送她的妹妹，即醇亲王奕譞的福晋，也即光绪帝生母。按照规定，太监出宫，必须由管理太监的敬事房通知皇宫的门卫，否则不可以出宫。当时门卫并没有接到通知，于是按规定阻止。可是太监极为骄横，他们不回去找敬事房办理通知，而是强闯宫门，被护军（门卫）阻止，在双方争执中，食盒被打翻。事后太监立即控告护军抢食盒，慈禧太后闻听大怒，立命将护军交刑部和内务府严讯。刑部及内务府不敢违逆慈禧太后，判三个护军中的两个开除旗籍，发往黑龙江充苦差，永不赦免；一个监禁五年；连护军统领也要革职。上谕一发，许多臣僚不服，觉得处分不公。但怎样才能说服慈禧太后，办好此事？张之洞与陈宝琛商议，张之洞说，措辞不可以过于激烈，只说不可放纵太监。然后张之洞上奏，他不在正折中说此事，而是在片奏中谈。片奏可以理解为文件后的附件，在片奏中谈重要事情是清代大臣常用的做法，可以降低意见的尖锐程度，使最高统治者容易接受。上奏中也不指责慈禧太后处理失当，只说慈禧太后向来裁抑太监，天下臣民却不知，经此事后太监就更嚣张了。又说嘉庆年间，天理教首领林清攻进皇宫，有太监为其内应。[1]张之洞委婉提醒慈禧太后不要放纵太监。陈宝琛则上奏说要考虑后世清议。慈禧太后醒悟，对护军从轻发落，护军统领免处分，闯门太监打三百板，首领太监罚月银六个月。

这件事可以说明张之洞虽属清流，但绝非莽撞之徒，他在设法达成目标时，会尽量小心不刺激慈禧太后。

另一方面，张之洞与一般清流派的迂腐不同，他主张经世致用，也常留心国外事务和国际形势。如他光绪元年（1875）所作的《輶轩语》[2]就有一段“讲求经济”，其中说：

1 《阉宦宜加裁抑片》，苑书义等主编《张之洞全集》第一册，河北人民出版社 1998 年版，第 74–75 页。

2 輶轩，古代使臣乘坐的一种轻车，此处代指使臣，即学政为中央派出之官。輶轩语，即张之洞以学政的身份指导青年读书人的文字。

通晓经术，明于大义，博考史传，周悉利病，此为根柢。尤宜讨论本朝掌故，明悉当时事势，方为切实经济。盖不读书者为俗吏，见近不见远、不知时务者为陋儒。可言不可行。[1]

1880 年，清政府改订《中俄伊犁条约》，派曾纪泽赴俄谈判。张之洞先后上奏二十余次，提出自己的意见，显示了他对涉外事务的关注和了解。经世致用和务实的观念，能够克服“用夷变夏”的心理纠结，这也正是后来张之洞从清流转向办洋务的内在原因。

二、湖北建设

1881 年底[2]，张之洞出任山西巡抚，这是张之洞政治生涯的一大转折。清流党人之所以不识时务，部分是因为他们在古典里陷得太深，从而顽固不化，部分是因为他们缺少处理各种事务特别是地方行政事务的实际机会。张之洞任山西巡抚，便是接触到实实在在的具体事务，这导致他的思想和政治观念发生了巨大变化——从清流党人转变为洋务派——学术界许多人称之为洋务殿军。需要说明的是，洋务派这个称呼并不科学，但现在学界没有其他一致用法，所以笔者也姑且用之。

张之洞任山西巡抚时，英国传教士李提摩太正在山西。李提摩太是个很活跃的人物，与很多中国知识精英和高层官员交往，希望推动

1 苑书义等主编:《张之洞全集》第十二册，湖北人民出版社 1998 年版，第 9773–9774 页。

2 按公历，张之洞上任已是 1882 年初。

中国改革，使中国融入世界发展的潮流。19 世纪 70 年代后期，华北发生大旱灾，史称“丁戊奇荒”，丁为丁丑，即 1877 年，戊为戊寅，即 1878 年。李提摩太在山西赈灾时，曾向前任山西巡抚曾国荃提出开矿产、兴学堂、办实业等推进近代化的建议，但曾国荃来不及实行就离任了。张之洞看到了李提摩太的条陈，便邀请李提摩太面谈。李提摩太向张之洞介绍了西方的知识，使张之洞对飞速发展的世界有了新的认识，从而开始倾向学习西洋技术的改革。

1884 年，正是中法战争之际，张之洞调任两广总督。中法战争让张之洞对西洋武器和西方状况有了更深入的了解，因此，他开始着手在广东创办军用、民用现代企业。不过，张之洞真正开始大办洋务并且大有成效是在湖北。

1889 年，张之洞调任湖广总督。湖广总督坐镇武昌，管辖湖北、湖南两省，但更多的是主管湖北事务。从 1889 年到 1907 年，除 1894 年、1902 年两度暂署两江总督外，他在湖北任职差不多二十年。清末督抚在一地任职如此之久，除李鸿章长期任直隶总督外，在晚清并不多见。长时间在湖北任职，给了他全力建设湖北的机会。

晚清时代，湖北有两位颇有建树的地方长官：一位是湘军领袖之一的胡林翼。胡任湖北巡抚期间，把兵燹之后残破不堪的湖北治理得井井有条，使湖北成为天下强省和湘军的可靠后方。另一位就是张之洞。张之洞之所以成为一代名臣，后世也有很多人关注他、研究他，主要原因就是他在湖北的建树。而同在湖北有建树，张之洞与胡林翼又不同，胡林翼的建树、政略仍是传统范围的，张之洞的建树却是与新的时代紧紧相连。

张之洞的建设，主要包括三个方面：经济、教育、军事。可以分为两个大的时期，1900 年以前，是所谓自强新政或叫洋务运动时期；1901 年以后，是清末新政时期。

1. 经济建设

第一阶段，张之洞直接主持官办企业多家。主要有：

汉阳铁厂。1890 年开始建设，1893 年投产。投产的时候，汉阳铁厂是远东最大的钢铁联合企业。高耸的烟囱，巨大的厂房，轰鸣的机器，都使人耳目一新。铁厂后来交给盛宣怀经营，作为官督商办企业。现在武汉仍是中国重要的钢铁冶炼基地，就是发源于汉阳铁厂。

湖北枪炮厂。1892 年动工，1894 年投产，设于汉阳，故也称汉阳兵工厂。湖北枪炮厂的设备购自德国，是当时中国最好的兵工厂，设备最先进，产品质量也超过江南制造局。这一方面因为湖北枪炮厂后建，可以采用更先进的技术，一方面因为它不像上海江南制造局、福州船政局、金陵机器局、天津机器局几个厂产品庞杂，它是专门的兵工厂，比较利于提高技术。全面抗战时期，兵工厂迁到重庆。“汉阳造”步枪改进枪型一直生产到 1944 年，是民国军队步兵的主要武器，抗战时八路军、新四军也大量使用，今天在许多博物馆里还能看到它的身影。

湖北织布、纺纱、缫丝、制麻四个纺织工厂，一般简称布、纱、丝、麻四局。张之洞在两广总督任上，就已筹资订购纺织机器，转任湖广总督后，机器转到湖北。1893 年，湖北织布局建成投产，以后其他三厂相继建成。与前面的兵工厂、钢铁厂建在汉阳不同，四个纺织厂建在武昌。这是当时华中地区最早的一批机器纺织企业。但是，四个纺织厂也与以前洋务派的民用企业一样，官方控制经营管理，加上资金紧张，经营困难。1902 年以后，转为私人承租，渐渐发展起来。直到 20 世纪 50 年代时，武汉仍是华中地区的棉纺织业中心[1]，起源就是张之洞创办的纺织业。

除以上诸厂外，张之洞还创办了造纸、针钉等七家小厂。

第二阶段，1901 年清政府实行新政以后，国人大多认识到企业民营的重要性，企业的真正发展要靠民营而不是官营，张之洞亦是如此。故张之洞没有再大力创办官营企业，而是扶持民营企业，前述张之洞创办的纺织厂也招商经营。再加上张之洞早先创办的企业的示范作用，武汉的民营企业非常发达。1902 年，张之洞还创办了劝业场，内中展览省内外各种产品，实际是工农业产品展览馆。[2] 新政期间，武汉地区的工业发展，无论是厂矿数还是资本额都高于天津、广州，仅次于上海，居全国第二位。[3]

武汉地区的经济发展和城市建设，还有一些有利因素，武汉是“九省通衢”，地理位置优越，同时汉口为通商口岸，并设租界，外资也在汉口有大量投资。但是，张之洞的领导作用还是不可少的。

1 中国人民大学经济地理教研室编:《中国经济地理讲义》,中国人民大学 1956 年版,第 163 页。

2 李细珠:《张之洞与清末新政研究》,中国社会科学出版社 2015 年版,第 155 页。

3 据 1908 年的调查,当时武汉有华商工厂三十三家,外商工厂三十一家,官办与官督商办工厂十七家。见李细珠,前引书,第 156 页。

2. 教育改革

1900 年以前，张之洞一方面改革书院，一方面创建新式学堂。

早在 1869 年也就是张之洞任湖北学政时，就创办了经心书院，1898 年戊戌变法期间，经心书院仿近代学校添设外文、天文、格致、制造等课程，已接近新式学堂。1890 年，即张之洞担任湖广总督的第二年，创办两湖书院。两湖书院讲授的内容实际上主要是新课程，而不是以科举和旧学问为目的。两湖书院招收湖南、湖北两省的学生，湖南人维新志士唐才常、革命党领袖黄兴都曾在两湖书院读书。

1893 年，张之洞又创办自强学堂。自强学堂特别规定学生不准学习八股文。此外，还办了有湖北方言学堂、湖北算学堂、湖北农务学堂、工艺学堂等。

1901 年以后，与此前创设若干新式学堂不同，张之洞广泛、系统地设小学堂、中学堂、师范学堂，即在湖北推行国民教育、建立现代教育体系。张之洞的教育改革走在了全国前面。在办新教育的过程中，日本是当时中国努力效仿的对象，为了办好新学堂及新的教育体系，张之洞曾多次派人到日本考察学务。湖北派出的留日学生也是较多的。由于湖北学务最有成效，也由于张之洞是办新教育最有经验的地方大员，全国许多地区派人到湖北考察学习。

张之洞不但在湖北推行新政，还参与全国新政事务，如中国第一个实行的正规学制——癸卯学制，就是张之洞主持制定的，他还是废科举的主要倡导人物之一。

3. 创建新军

军事改革，也是张之洞重点努力的方向。

甲午战争时，两江总督湘军宿将刘坤一一度北上指挥作战，张之洞暂时署理两江总督。在此期间，张之洞鉴于甲午战争一再失败的教训，主持编练了“江南自强军”，聘请德国军官为教官。江南自强军虽然因为财力有限，只有二千六百八十人，但从编制、训练方法、指挥系统、军官和士兵的选择等方面，都与湘淮军不同，是完全近代化的军队。这在各省督抚中是最早的。

甲午战争后，张之洞回任湖广总督，他在湖北继续大力编练新军。张之洞认为，“日本用兵皆效西法，简练有素，饷厚械精，攻取皆有成算……（中国）非一变旧法，必不能尽除旧习”[1]。最初张之洞认为德国陆军是世界上最强的，所以军队编制、训练都仿效德国，教官也聘德国军官。后来他又觉得日本的模式系学习德国而变通，直接学习日本更适合中国情况。因此，张之洞派很多学生到日本学习军事，还多次派高级军官张彪、黎元洪等到日本考察，又创办多个军事学校，培养各级军官。

湖北新军士兵及低级军官与袁世凯负责的北洋新军士兵有很大不同，即多为能读书识字的。张之洞还特地创办陆军小学堂，教育士兵和低级军官。到1907年张之洞转任军机大臣时，湖北已练成一镇又一混成协新军，在全国除北洋六镇外，湖北的新军战斗力是最强的。后来正是湖北新军发动了武昌起义，打响辛亥革命的第一枪。

1 《吁请修备储才折》,《张之洞全集》第二卷，河北人民出版社1998年版，第990–991页。

由于张之洞的经营，当时的湖北在全国有着特殊的地位，新政的设施和新文化的发达，只有袁世凯任总督的直隶能够相比——这两省在清末是新政的模范省。张之洞的做法为各省所模仿。可以说，1911年的时候，武汉是中国中部的中心，社会开放，文化教育发达，军队仅次于以中央名义编练的北洋新军。武昌起义之所以在这里发生，并且带动全国响应，从而推翻清王朝和中国延续两千余年的君主专制，应该说不是偶然的。我们只要说两个人的经历，就足可以说明武汉的特性，同盟会第二号人物黄兴是湖南善化（今长沙）人，在武昌两湖书院读书，然后留学日本，成为职业革命家。湖南桃源人宋教仁，在武昌文普通中学堂读书，参加发起革命团体华兴会、科学补习所，并成为同盟会主要领导人之一。这两人都是在武汉读书，感受新思潮，进而成为革命领袖。

张之洞的建树为许多政治家所注重。1912 年，孙中山辞临时大总统职后，于 4 月游武汉，10 日登黄鹤楼游览胜迹。黄鹤楼之后，有湖北省绅学界为张之洞所修的祠宇，名奥略楼。孙中山游览了奥略楼，据当时的报纸报道："孙中山以南皮造成楚材，颠覆满祚，可谓为不言革命之大革命家。爰对其肖像顶礼，以示崇拜伟人之意。"[1]毛泽东谈论中国工业发展之时，也曾说过，有四人不能忘记："讲到重工业，不能忘记张之洞；讲到轻工业，不能忘记张謇；讲到化学工业，不能忘记范旭东；讲到运输业，不能忘记卢作孚。"[2]举这两个例子，

1 《时报》1912 年 4 月 15 日，三版。

2 引自丁守和：《关于近代史人物研究和评价问题》，《近代史研究》1983 年第 4 期。

并不一定要以重要人物的是非为是非，而是至少说明后世政治家对张之洞其人的重视。

三、为政风格

1. 一生清廉

据说张之洞的父亲就是一位清官，这一清廉的品行也为张之洞继承。另外，大多数清流派官员都以清廉标榜，这也对张之洞产生一定的影响。张之洞不爱钱，不贪污纳贿，这使他在清末官员中口碑很好。他做官不久，就出任四川学政，这是一个肥缺，三年之中，相沿成习的陋规就有二万多两白银，还有其他各项薪水以外的收入。但张之洞一概不要。等到离任四川学政，张之洞回京师的路费甚至都不够，要卖他所印的一本书的版，才得以成行。民国成书的《清史稿》，在《张之洞传》中称赞他“任疆寄数十年，及卒，家不增一亩云”[1]。《清史稿》的撰写者多为清朝遗老，可谓是遗老们给张之洞的盖棺定论。这样的情形，在晚清尤其是无官不贪的清末最后十年，确实十分难能可贵。

2. 巧于仕宦，看风使舵

张之洞为清流时不弹劾权势者，不得罪“巨室”。表面上，他与其他清流党人一样放言高论，没有忌讳，但实际上行事很谨慎。他极力避免与人结怨，尤其避免与慈禧太后正重用的人物结怨。检阅张之洞文集，在他厕身清流党期间，除了弹劾与俄国交涉丧权辱国的崇厚

1 《清史稿》第四十一册，卷四三七，列传二二四，中华书局 1977 年版，第 12380 页。

外，不曾弹劾其他重要人物。这与其他清流党人大异其趣。《红楼梦》第四回有个“护官符”，说的是贾、史、王、薛四大家族，势力雄厚，而且互相照应。如果得罪了哪一个，不但官做不成，甚至性命都可能不保。张之洞的不开罪“巨室”，看来是深通其中奥妙。晚清清流派人士，李鸿藻曾遭贬谪，翁同龢更是被彻底免职，而张之洞的官做得比其他清流党人顺畅得多。

维新运动期间，张之洞最初与维新党人关系很好，康有为、梁启超都得到他很高的礼遇，但他后来与康、梁分道扬镳。有人解释是他们的观念思想和主张改革的深度不同，但至少有这样的因素：康有为得到光绪帝的重视，将来或许成为最重要的朝廷官员。及至张之洞注意到光绪帝只是傀儡，慈禧太后仍然牢牢掌握最高权力并且不愿放手，他的态度就变化了，不但对康、梁避之惟恐不及，甚至处处划清界限。这比较戊戌变法失败以后，李鸿章敢于公开自承是康党[1]，可见两人性情的不同：一个敢作敢为，一个窥测风向。

戊戌政变以后，保守派企图废黜光绪帝，两江总督刘坤一坚决反对，1898年10月，刘坤一上《太后训政保护圣躬疏》，明确反对废黜光绪帝，又委婉请曲赦康、梁。这封奏折，刘坤一原拟与张之洞联名奏上。但是张之洞始诺而中悔，折已发而中途追回，删掉自己的名字。所以刘坤一对人说：“香涛（张之洞号香涛）见小事勇，见大事怯，

1　丁文江、赵丰田：《梁启超年谱长编》，上海人民出版社1983年版，第197–198页。

姑留其身以俟后图。吾老朽，何惮？”[1]于是独自上奏。明白废黜光绪帝不对，而且可能给国家带来无法预料的混乱，张之洞与刘坤一的考虑是一样的，但刘坤一敢于公开违逆慈禧太后，甚至以去就力争，这种敢作敢为的作风与张之洞的谨慎胆怯形成鲜明对照。

张之洞做了地方大员以后，在向朝廷提重大建议的时候，也往往要了解京朝的动向，然后再上奏，这样被采纳的概率就比较大，而风险则降到最小。

晚清时期的名臣，曾国藩、李鸿章、左宗棠都受过不少挫折，只有张之洞从未遭受过重大打击，这恐怕与他以上两条似乎在人格上相反（清廉、谨慎）的作风有很大关系。

3. 办事业魄力大，有时好大喜功

张之洞创办汉阳铁厂、湖北枪炮厂无论是设备还是产品，都力求最大、最好。为此，尽管资金等方面遇到很多困难，但张之洞毫不动摇，一力坚持，终于建成了当时中国最好的兵工厂、钢铁厂。这里以汉阳铁厂为例，观察张之洞矛盾的两个方面。

张之洞在两广总督任上就开始筹备铁厂，准备设在广东，转任湖广总督后，又计划将铁厂设湖北。办钢铁厂，须有铁矿，须有优质煤，然后根据铁矿、煤矿情况确定厂址。但张之洞委托驻外公使订购铁厂机器时，铁矿、煤矿都还没有确定。购办机器时，英国工厂转告张之洞，要建铁厂，须先将铁矿和煤的样品送厂化验，确定炼什么钢，然

1　胡思敬：《国闻备乘》卷三《刘张优劣》，荣孟源、章伯锋主编《近代稗海》第一辑，四川人民出版社 1985 年版，第 270 页。

后根据这些情况配以相应的高炉，否则“差之毫厘，谬以千里，未可冒昧从事”。张之洞还不知道什么地方有大型铁矿、煤矿，但他对英国人的忠告不以为然：“以中国之大，何所不有，岂必先觅煤铁而后购机炉。但照英国所用者购办一分可耳。”[1] 英国公司无奈，只好为张之洞制造了两种炉型。两座大的是英国所用的酸法大炼钢炉（贝色麻炉），一座小的是碱法小马丁炉。

以当时的运输条件，铁厂或就煤（矿），或就铁（矿）。1890 年，张之洞正式建铁厂，恰好湖北大冶发现了极为丰富的铁矿矿藏。按道理铁厂应建在距大冶较近的长江边（黄石），但张之洞认为在大冶不便照料，决定将铁厂设在汉阳。故以后铁矿要运来，煤也要长途运输。

钢质的问题也走了很大的弯路。大冶铁矿含铁 64%，是优质铁矿，但含磷偏高，酸法炼钢的贝色麻炉无法除掉铁矿砂中的磷。兴建汉阳铁厂时，原计划以芦汉铁路钢轨为一大销路，但路轨钢材要求含磷在 0.08% 以下，而汉阳铁厂的钢含磷却高达 0.25%，不合要求，以致大量产品积压。但是人们注意到，铁厂生产的钢轨虽不能用，而铁厂制造的零星钢件，却又是精品。直到 1904 年，接管铁厂的盛宣怀派李维格到欧洲考察，才得知质量好的是碱法炉。若要全厂产品质量合格，必须拆除酸法的贝色麻炉，改装碱法小马丁炉，才能生产铁路钢轨。工厂改装到 1908 年完成，这才解决了质量问题。而距铁厂兴建已经十八年了。

优质煤也是问题。最初开工时，用较近的马鞍山煤含硫过高，不

1　汪敬虞：《中国近代工业史资料》第二辑，上册，科学出版社 1957 年版，第 468 页。

合适；购英国、比利时焦炭，价格太高；用唐山开平煤，运费也太高。1894年，勘探到江西萍乡有优质煤，于是购办机器，用机器在萍乡采煤，运到湘江，再顺湘江运到汉阳。后来又修建萍乡到湖南株洲的铁路，才解决了煤的问题。

从汉阳铁厂的曲折发展，可以看到张之洞的做法造成了巨大的经济损失和浪费，也可以看到国人在初创近代工业时是多么艰难。

《清史稿·张之洞传》说他“莅官所至，必有兴作，务宏大不问费多寡”[1]，可以说是一种委婉的批评。

4. 私人势力远不及李鸿章、袁世凯

晚清的名臣，曾国藩、胡林翼、李鸿章、袁世凯大都重视培植和选拔人才，尤以曾国藩最著。当然这些人物的风格又不同。曾国藩选人才重不拘一格，但很看中操守气节，是受理学气的影响。袁世凯选人是必须为我所用，为我私人，否则顺我者昌，逆我者亡。李鸿章则重私人感情，不大问操守，有用人太滥之嫌。张之洞则名士派头，在他的眼里似乎没有什么人才，所以在他的政治生涯中提拔的人才不及曾国藩、李鸿章、袁世凯。而事情的另一方面是，做大事的人必须有人协助辅佐，尤其在传统人治时代的中国，有自己的人才库非常重要，褒义叫群贤聚集也好，贬义叫拉帮结派也好，都是必要的。所以张之洞当总督的时候可以呼风唤雨，可是当军机大臣时反而呼应不灵，与此有相当大的关系。

1 《清史稿》第四十一册，卷四三七，列传二二四，中华书局1977年版，第12380页。

四、改革理论

曾当过张之洞幕僚、近代中国以文化怪杰著称的辜鸿铭说：

> 张文襄儒臣也，曾文正大臣也，非儒臣也。三公论道，此儒臣事也；计天下之安危，论行政之得失，此大臣事也。国无大臣则无政，国无儒臣则无教。政之有无关国家之兴亡，教之有无关人类之存灭，且无教之政终必至于无政也……虽然，文襄之效西法，非慕欧化也；文襄之图富强，志不在富强也。盖欲借富强以保中国，保中国即所以保名教。吾谓文襄为儒臣者为此。[1]

辜鸿铭所谓的儒臣，以今天的语言解释，就是思想家型的政治家，除了考虑政治问题外，还要考虑一国的立国精神，甚至是整个人类存续的核心精神。而大臣，即政治家，重点考虑政治的得失。但辜鸿铭把曾国藩和张之洞强作区分，似乎不是很恰当。其实，他们都既要图中国的富强，又要保名教。曾国藩领湘军出战时做的《讨粤匪檄》，就是以保卫名教为号召。只是曾国藩死得较早，从 1865 年自强新政开始，到 1872 年曾国藩去世，只有七年时间，曾国藩没有机会考虑更多更深入的问题。就张之洞的理论探索来说，辜鸿铭说得确有道理，即张之洞的吸收西学，非常类似宋明理学的援佛入儒，即吸收西学以

1 《张文襄幕府纪闻·清流党》，冯天瑜整理《辜鸿铭文集》，岳麓书社 1985 年版，第 7-8 页。

卫名教。然而，辜鸿铭的说法还必须有一个前提，即中国的“名教”是跨越古今、跨越国度、放之四海而皆准的人类精神或真理，因为只有如此，才必须“保”。

李鸿章常讲中国面临数千年未有之变局，那么在这种变局面前，除了做一些吸收西方的声光电化也即科学技艺以外，理论上怎么解释，怎样说明孔孟之徒需要西方的这些东西，需要学习“蛮夷”;另外，西洋技艺与中国纲常名教如何协调。在主持自强新政的诸人中，文化学术底蕴较深的有曾国藩和张之洞两人。曾国藩死得较早，还缺少理论性的总结，李鸿章不太喜欢理论，左宗棠虽比曾国藩死得晚，但大多时间在西北，为保卫新疆等事奔忙，也没有来得及做理论的探讨。只有张之洞比较系统地对自强措施做了理论的概括，这就是中体西用。其他如冯桂芬、郑观应、薛福成、郭嵩焘等人，虽也有理论总结，但或因政治地位较低，或因受攻击较多，其影响远远比不上张之洞。

张之洞的理论总结就是人们熟知的“中体西用”。据说“中体西用”最早是光绪帝老师之一、大学士孙家鼐说的，但真正成为一种理论、阐述洋务派行事根据的，主要是张之洞。这一理论主要反映在他的著作《劝学篇》中。原话是“旧学为体，新学为用，不使偏废”。[1]

《劝学篇》撰成于1898年，即戊戌变法之时。

对于《劝学篇》，自诞生起至今，人们有很大争论。一说是调和新旧。张之洞门徒认为其宗旨为“会通中西，权衡新旧”[2]。张之洞在序中也说：

1 《劝学篇·设学第三》，《张之洞全集》第十二册，河北人民出版社1998年版，第9740页。

2 《抱冰堂弟子记》，《张之洞全集》第十二册，河北人民出版社1998年版，10621页。

图救时者言新学，虑害道者守旧学，莫衷于一。旧者因噎而食废，新者歧多而羊亡。旧者不知通，新者不知本。不知通，则无应敌制变之术，不知本，则有非薄名教之心。夫如是则旧者愈病新，新者愈厌旧，交相为愈，而恢诡倾危、乱名改作之流遂杂出其说，以荡众心。学者摇摇，中无所主，邪说暴行，横流天下……思有所以裨助之者，乃规时势，综本末，著论二十四篇。[1]

张之洞认为，守旧、趋新都有问题，按照哪一个观点单方面行事都会造成严重后果。现在学术界大多数人认为，《劝学篇》代表张之洞的思想，既反对固守传统、不知变通，又不欲过于激烈，如康有为、梁启超、谭嗣同等主张的激进改革。

为什么要学习西洋的技艺？中学与西学应该是什么关系？在张之洞看来，在列强东来、虎视眈眈的情况下，如果不吸收西学以为我所用，则国家灭亡，圣教——中学也根本无法维持，所以必须吸收西学。进一步，吸收西学还可以起到保卫名教的作用。他指出：

中学为内学，西学为外学，中学治身心，西学应世事。不必尽索之于经文，而必无悖于经义。如其心圣人之心，行圣人之行，以孝弟忠信为德，以尊主庇民为政，虽朝运汽机、夕驰铁路，无害为圣人之徒也；如其昏惰无志，空言无用，孤陋不通，傲很不改，坐使国家颠阽，圣教灭绝，则虽第佗其冠，神禫其辞，手注疏而

1 《张之洞全集》第十二册，河北人民出版社 1998 年版，第 9704 页。

口性理，天下万世皆将怨之詈之曰：此尧、舜、孔、孟之罪人而已矣。[1]

他的意思便是蒸汽机、铁路以及西学，都无害于孔孟之道。只要内心存着圣人的教导并身体力行，就是合格的孔孟之徒。如果只会机械地模仿圣人的言行，拒绝变通，致使国家衰落，那就是孔孟的罪人。

另一段话说得更清楚：

> 今欲强中国，存中学，则不得不讲西学；然不先以中学固其根柢，端其识趣，则强者为乱首，弱者为人奴，其祸更烈于不通西学者矣[2]。

今天我们看张之洞的思路并不复杂，可是当时人很难打破心结。李鸿章是办自强新政最尽力的，可是遇到西学是否会动摇纲常名教的问题，也一般避而不谈，或者说他心里没底，也或许比较开放的李鸿章对此抱无所谓的态度。维护传统派如倭仁等认为纲常名教具有万古不变的价值，中国人必须永远遵循，而且抵御外侮也不必要那些声光电化之类的东西，只要有忠信礼义就行了。张之洞则主张名教要保，西学也要，而且吸收西学正是保名教的手段之一。顺便说一句，19 世纪中国的启蒙思想家或

1 《劝学篇·会通第十三》，《张之洞全集》第十二册，河北人民出版社 1998 年版，第 9767 页。

2 《劝学篇·循序第七》，《张之洞全集》第十二册，河北人民出版社 1998 年版，第 9724 页。

改良思想家，对于中西之学，大多持调和的态度。

张之洞的自强理论，也即中体西用，可以概括为两点：一即辜鸿铭所说，吸收西学以保名教；二为会通中西。就具体策略来说，在戊戌变法时，实为对保守派和激进的维新党人各打五十大板。

但是，这里还有很大的问题：究竟哪些算是“体”，哪些算是“用”？尤其“体”到底是什么？是纲常名教？以今日的语言说，是中国文化精神？是中国人或士大夫的行为方式？都好像是，但又不太清楚。还有，君主制算不算“体”？事实上，张之洞也好，或其他支持自强新政的士大夫也好，他们的“体”与“用”都在不断变化。比如，维新运动期间张之洞明确反对民权、反对议院，但是庚子事变后，张之洞对议院的态度开始松动，日俄战争以后，更转而赞成议会、立宪这些可能会限制君权的东西。这些一说明张之洞自身的矛盾，二说明张之洞的思想也会随着时间的推移和形势的变化而变化。

还有一个疑问是，“保国”与保名教是完全一致的吗？如果不一致，那么保国重要还是保名教重要？况且张之洞的“国”本有双重含义，一为我们现在说的中国，一为大清朝，而大清朝只是漫长中国历史的一个朝代而已。张之洞之后的知识人，在保国与保名教之间，选择了保国而抛弃了名教，也抛弃了大清朝。这一点在此不做展开。

张之洞本人对“体”“用”的矛盾，即使晚年，内心也充满了冲突。他是废科举的主要倡导者，但废科举之后，他又担心中国旧学、文统就此丧失，所以 1907 年特地设立湖北存古学堂，希望保存“国粹”。

这里还要谈一下张之洞的学术倾向。张之洞的学术功底比较深厚。

我们前面说过，李鸿章在学术上功底不深，他自己也承认。曾国藩学术的特点是以宋学为核心兼收并蓄。而张之洞的立足点则是汉学，从汉学出发主张融合汉宋，但他非常反感今文经学，在《抱冰堂弟子记》说：

> 平生学术最恶公羊之学，每与学人言，必力诋之。四十年前，已然谓为乱臣贼子之资。至光绪中年，果有奸人演公羊之说以煽乱，至今为梗。[1]

公羊学派是今文经学的主要一派，常借孔子的某些话为自己的主张做注脚，但有不少牵强附会，古时公羊学就有所谓“非常异义可怪之论”。主张一字一句必有根据的汉学，当然不喜欢此种做法。张之洞与康有为等维新派分道扬镳，政治观念、改革的观点不同是主要的，但学术上的分歧也是造成恶感的原因之一。上引文字的“奸人”即指康有为。

五、世纪之交的抉择

进入 19 世纪 90 年代以后，同治中兴一代的老臣相继过世，而张

1 《张之洞全集》第十二册，河北人民出版社 1998 年版，第 10631 页。又公羊学派，为今文经学最重要派别之一，康有为利用公羊学派的“三世”“孔子托古改制”等说法，作为变法理论依据。

之洞又在湖北大力改革有成效，所以他的地位日益重要起来，在中央说话的分量也渐渐增大。尤其是甲午战争后李鸿章失势，也使张之洞的地位突出起来。而张之洞在这段时间的表现也值得注目。

甲午战争失败后，朝野人士中有不少人认为应加大改革力度，张之洞是其中之一，而康有为、梁启超等在野的维新派人士也脱颖而出。

1895 年 7 月 19 日，张之洞上了一个很长的《吁请修备储才折》，其中说：

> 此次和约，其割地、驻兵之害，如猛虎在门，动思吞噬；赔款之害，如人受重伤，气血大损……及今力图补救，夜以继日，犹恐失之，若再因循游移，以后大局何堪设想。[1]

在这一奏折中，张之洞提出九项建议，军事上，他主张“非一变旧法，必不能尽除旧习”，日本的胜利，就在于“用兵皆效西法，简练有素”。经济上，他主张速造铁路，主张讲求商务、工政，应在各省设商务局、工政局，“凡能集巨资多股设一大公司者，奏请朝廷奖之”。教育方面，他认为“人皆知外洋各国之强由于兵，而不知外洋之强由于学”，因此建议“各省悉设学堂，自各国语言文字以及种种制造、商务、水师、陆军、开矿、修路、律例各项专门名家之学，博延外洋名师教习”。他还建议多派文武员弁出洋游历，以接受新知识，形成新风气。

实际的运作上，张之洞也有所动作。

1 《张之洞全集》第二册，河北人民出版社 1998 版，第 989–1001 页。

还在署理两江总督时，张之洞就于1895年下半年创办“江南自强军”。他认为练军非彻底变旧法不可，所以此军全仿德国军制，与淮军、湘军的只用新式武器而体制仍旧不同。这是张之洞后来积极练新军之始。

新式军队的军官甚至士兵都应受相应的军事教育，因此，张之洞创办江南自强军之始，就创办了江南陆军学堂以培养新式军官。张回湖广总督任后，又于1896年10月在湖北创设武备学堂，聘德国教习教授。1896年2月，张之洞还奏派江南陆军学堂等学堂学生四十人赴英、法、德留学。

实业方面。1896年2月7日，总理衙门在议复御史王鹏运的奏折中建议，“请饬下各督抚，于省会设立商务局，由各商公举一殷实稳练、素有声望之绅商，派充局董”[1]。率先办起商务局的又是署江督张之洞，2月17日，也即总理衙门奏折的十天后，张之洞就奏请在苏州、镇江、通海设商务局。其中通海商务局由张謇经理、苏州商务局由陆润庠（也是状元）经理。此后张之洞、刘坤一支持张謇办纱厂，亦起源于此。苏州商务局也在陆润庠主持下开办苏纶纱厂。在此以前，张之洞努力的是官方办企业，或把企业控制在自己手里，此后比较积极推动民营企业的创建和发展。

以上种种都说明，甲午战败以后，张之洞的思想有了进一步的发展，要求改革的力度也加大了。

比较微妙的是张之洞与康有为、梁启超等人的关系。当时著名的

1 朱寿朋:《光绪朝东华录》,中华书局1958年版,总第3723页。

地方大吏有李鸿章、张之洞和刘坤一，李鸿章甲午战败后失势，直隶总督的职务丢了，维新派及帝党认定李鸿章要对甲午战败和《马关条约》负主要责任，不但拒绝与李鸿章交往，还排斥他。两江总督刘坤一则认为改革不能过急，与康、梁来往不多。因为张之洞曾上书反对议和，维新派方面对他印象较好，而张之洞也多方与维新党靠近。

1895 年，康有为、文廷式等在北京组织强学会，张之洞曾捐银五千两赞助。与此同时，康有为想在上海也组织起强学会，为此赴江宁（金陵）见署理两江总督的张之洞求助。张之洞对康有为颇为礼遇，康在江宁二十余日，两人“隔日一谈，每至深夜”[1]。张之洞表示愿支持康有为，但要求其放弃孔子改制学说，康有为不应。及至康有为制定上海强学会章程，张之洞见其不肯放弃孔子改制，致电康有为要求干脆不要办，康有为不听。可见围绕康有为的“孔子改制说”，两人的分歧无法消解。不久强学会遭御史杨崇伊弹劾而解散。

梁启超 1897 年只有二十四岁，是真正的后生小子，张之洞时已六十岁，可是张之洞在致汪康年的信中竟然称梁启超为“卓老”（梁启超字卓如）。梁启超于这年年初路过武昌拜访张之洞时，张之洞甚至想开中门及暖阁鸣炮迎接，这是接待最高级官员的礼节，只是他的下属说“骇人听闻”,这才作罢。梁启超担任主笔的《时务报》创刊后，张之洞曾订购给湖北省官员阅读。

但是张之洞有三条见解与梁启超等有重大分歧：一是不同意孔子改制说；二是反对梁启超宣传民权；三是坚决拥护清朝，对梁启超在

1　楼宇烈整理:《康南海自编年谱》,光绪二十一年,中华书局 1992 年版,第 31 页。

时务学堂时常流露抨击清政府的意向、抨击清朝的言论很反感。

此外，被杀害的戊戌六君子中的杨锐是张之洞任四川学政时的门生，后来又曾在张之洞幕府任职，两人关系密切。戊戌政变后，张之洞曾托盛宣怀转托军机大臣王文韶救援杨锐，并声明杨锐不是康党，但因保守派军机大臣刚毅阻止未果。

戊戌政变发生后，张之洞因为先有得到光绪帝和慈禧太后两方面都认可的《劝学篇》，尽管他与康有为、梁启超有很多交往，但没有被列入康党之列，未受处罚。

我们试读一下《劝学篇》的有关部分，就可以明白为什么张之洞会平安无事。《劝学篇》的第二节标题为“教忠”，开头便说：“自汉唐以来，国家爱民之厚，未有过于我圣清者。”然后列举清朝的所谓“仁政”，有薄赋、宽民（免天下钱粮）、救灾、惠工（征调工役，皆给雇值）、恤商等。今日读来，未免有点肉麻，但这对于张之洞得到最高统治者的信任非常重要。第三节“明纲”（三纲五常）说：“知君臣之纲，则民权之说不可行也；知父子之纲，则父子同罪、免丧、废祀之说不可行也；知夫妇之纲，则男女平权之说不可行也。”[1]

以上这些都会得到慈禧太后的好感和谅解。

19、20世纪之交，是中国的多事之秋。保守派于1898年9月粉碎了戊戌变法以后，康有为要求的激进改革至少暂时不可能了，清政府面临着两种选择：是继续19世纪60年代以来比较温和的改革，即自强新政（或叫洋务运动），还是全面倒退，连器物层面的西方事物

1　均见《张之洞全集》第十二册，河北人民出版社1998年版。

都不要学了？经过一段争论，慈禧太后立大阿哥（等于太子），准备废黜甚至害死光绪帝。这以后，极端保守派载漪（大阿哥之父）、刚毅、徐桐等得势，他们选择了后者：支持义和团，企图借义和团之力驱逐所有的外国人——这些外国人多半反对废立阴谋——重新闭关锁国。为了达到这一目的，他们甚至疯狂地攻打东交民巷各国使馆，不惜与世界各强国开战。对于张之洞企图调和新旧的《劝学篇》，徐桐也多次表示不满，认为其中多康党之说。[1]

这一次，张之洞不再沉默，如果任凭载漪等人的胡作非为，结果将是中国的灭亡。在这场民族命运的生死抉择中，两江总督刘坤一和张之洞、两广总督李鸿章、山东巡抚袁世凯成了中流砥柱。他们要求镇压义和团坚决反对向所有列强开战。他们不能够决定中央的决策，但是在1900年开战的关键时刻，张之洞和刘坤一一起做出了极为大胆的决定：即在他们的辖区拒绝执行朝廷的开战命令，与列强保持和平，并与各国达成了称为“东南互保”协议。这等于是互不侵犯协议。李鸿章、袁世凯支持这个协议，绝大多数省份的督抚也参加了这个协议。结果战争只局限在直隶和东三省，中国的大部分地区得以保全。

战后，慈禧太后也明白了自己在1899年、1900年的失误，所以不但没有怪罪不听朝旨的刘坤一和张之洞，反而予以表彰。1901年慈禧太后和光绪帝回到北京后，两江总督刘坤一得到太子太保衔；张之洞和升任署直隶总督的袁世凯得到太子少保衔。

1　光绪二十六年二月十三日《张謇日记》，曹从坡等编《张謇全集》第六卷，江苏古籍出版社1994年版，第432页。

战后，张之洞又督促慈禧太后取消大阿哥名号，客观上算保全光绪帝的名位。

六、推动新政

1901年以后，慈禧太后不得不推行新政。在新政推行过程中，张之洞是重要的角色。1901年，李鸿章去世，1902年，刘坤一去世，这以后张之洞与新升任直隶总督的袁世凯成为最有影响的地方大员。一方面，张之洞在湖北继续努力推行教育、经济、军事改革，另一方面以元老重臣的身份，参与全国新政的策划，对朝廷的政治决策有很大的影响。

1901年4月21日，清政府设立督办政务处，并命地方官员及驻外使臣奏陈自强意见。政务处是一个专门讨论改革问题的非常设机构。政务大臣除中央朝廷的主要官员外，两江总督刘坤一和湖广总督张之洞也奉命“遥为参预”（后来又有直隶总督袁世凯），也就是可以随时提出意见。

1.《江楚会奏变法三折》

新政之初，张之洞就提出了影响深远的意见和规划，这就是和两江总督刘坤一一同向清廷建言的《江楚会奏变法三折》。

《江楚会奏变法三折》分别于1901年的6—7月上奏，奏折是刘坤一和张之洞联衔上的，张之洞方面负责起草文稿，再征求刘坤一的意见。当时的名流如张謇、沈曾植、汤寿潜、郑孝胥等人协助张之洞和刘坤一起草。

“三折”包含了相当广泛的改革建议，由于刘坤一和张之洞的政治地位，也由于三折的建议比较明晰、妥帖，且有较高的可行性，所以极受重视，成为清廷举办新政的指导性文献。

第一折为《变通政治人才为先遵旨筹议折》[1]，主要谈论教育。他们说，教育改革为当务之急，并建议四条：

一、设文武学堂，即广设新式学校。

二、酌改文科，即改革科举制度，废八股（不是完全废除科举），科举考试内容增加实用的学问。

三、停罢武科，也就是立即停止毫无用处的武科举考试。

四、奖劝游学，主张多派学生就近赴日本学习，并鼓励自费留学。

奏折指出，“此四条为求才图治之首务”，“盖非育才不能图存，非兴学不能育才，非变通文武两科不能兴学，非游学不能助兴学之所不足”。最后又强调：变法之事，“揆之今日时势，幸无可幸，缓无可缓，仰恳宸衷独断，决意施行……其有为因循迁就之说者，惟赖朝廷坚持勿为其所摇夺”。我们观察这四条，正是戊戌变法所要推行的措施。相隔不到三年，这些成为刘坤一、张之洞的主要建议，可见经过八国联军侵华的事变，这些改革措施能够为更多的人所接受。

第二折为《遵旨筹议变法谨拟整顿中法十二条折》[2]。这一折的主旨是除弊。十二条为：

1 《张之洞全集》第二册，河北人民出版社 1998 年版，第 1393-1406 页。

2 《张之洞全集》第二册，河北人民出版社 1998 年版，第 1407-1428 页。

一、崇节俭，请明降谕旨，力行节俭，始自宫廷，所有不急之务，一切停罢，无益之费，一切裁减。

二、破常格，主张在用人、臣下建言、仪文礼节各方面破除常格。

三、停捐纳，即停捐纳实官，用今天的话说，就是停止正式的卖官。

四、课官、重禄，即改变不合理的俸禄制度，增加官员俸禄以养廉。

五、裁撤书吏。书吏是中央地方各衙门负责办事、处理文书、管理档案的人员，很多人父子相承、世代为业，不属于正式官员。这些人往往擅权纳贿，营私舞弊，是清代一大弊政。刘坤一、张之洞主张彻底裁汰书吏，用士人、幕友代替他们的工作。

六、裁撤差役。差役也不是正式官员，一般在地方上负责民刑案件、缉捕盗贼、征收钱粮等事务，也是一大弊政。刘坤一、张之洞建议裁去，由地方官另外招募勇丁代替。

七、恤刑狱，即改革司法。

八、改选法，即改革官员的任命及候补办法。

九、筹八旗生计，主张鼓励旗人自谋生路，并设八旗学堂。

十、裁屯卫，即变通漕运办法，裁撤负责转运之屯田军。

十一、裁绿营，主张每年裁绿营二十分之一，二十年裁完。

十二、简文法。

第三折为《遵旨筹议变法谨拟采用西法十一条折》[1]，即学习西方进行改革，十一条为：

1 《张之洞全集》第二册，河北人民出版社1998年版，第1429-1450页。

一、广派游历，即请派王公大臣以及宗室后进大员子弟，以及中央朝廷的大小官员，分赴各国游历，考察外国情况。

二、练外国操，即用西法训练军队，并建议仿各国设参谋部。

三、广军实，加紧制造新式武器。

四、修农政，建议译外国农书，各省设农务局，朝廷设农政大臣，京师设农务大学校，省城设农务学校，鼓励垦荒。

五、劝工艺，建议设工艺学堂、劝工场（商品展销馆），建立专利制度。

六、定矿律、路律、商律、交涉、刑律，建议聘请各国著名律师，帮助中国编纂上述法律。

七、用银元。实际试图统一货币。

八、行印花税。

九、推行邮政。

十、官收洋药，即鸦片专卖，增加财政收入，筹集新政经费。

十一、多译东西各国书。

三折之外，他们又另外上了一个附片，强调要克服困难，排除干扰，力行新政。

总的来说，三折的建言是戊戌变法的发展，而后二折的建言，已经超过了戊戌变法的范围。

《江楚会奏变法三折》为张之洞的得意之笔，所以三折上后，张之洞又将其刊印向社会散发，以图扩大影响，为新政改革造声势。直至1906年宣布仿行宪政之前，清廷新政大体按此三折所定的方针进行。

2. 制定癸卯学制

由于张之洞在湖北的教育改革很有成效，所以对中央的教育改革决策参与比较多，其中集中体现在制定癸卯学制上。

1901 年以后，新政在各地展开，但是缺乏相应的知识，在推行过程中也出现了各种问题。比如教育，在过去，书院也好，私塾、村塾、社学也好，都是各自为政，但新式教育尤其中小学堂必须有一个统一的标准，包括应开设的课程、学制、学校的分类等。1902 年，管学大臣张百熙等拟订了壬寅学制，由清政府颁布，但还没有来得及正式实行。1903 年，张之洞进京觐见慈禧太后和光绪帝，趁此机会，管学大臣张百熙、荣庆奏请朝廷派对办新式教育素有经验也有成就的张之洞一同修改学制章程。于是张之洞主持，和张百熙、荣庆等一起仔细修订学制章程。

到 1904 年 1 月 13 日，张之洞与张百熙、荣庆将修订好的《奏定学堂章程》奏上，获得清廷批准通行，这是我国历史上第一个正式实行的正规学制，一般称癸卯学制[1]。

癸卯学制包括了大、中、小各级学堂章程，专门的如师范学堂、农工商学堂等章程，甚至还有通儒院（类于今之研究生院）章程、蒙养院章程、家庭教育法。

在清末新政改革之前，中国还没有国民教育的概念，正规的教育基本上是为考科举做准备的。从新政始，尤其是有了癸卯学制之后，大量的新式学堂创办起来，可以说是中国现代国民教育的开端。

1　癸卯为光绪二十九年，但公布学制的光绪二十九年末已是公历 1904 年初。

3. 废科举

在戊戌变法中，康有为等提出改革科举，那时他们还不敢公然要求废除科举，只是废八股、改试策论。戊戌变法失败，废八股的上谕被废除。庚子事变后，更多的人认识到改革科举制的必要性。在《江楚会奏变法三折》中，张之洞和刘坤一就建议改革科举制。1901 年清廷就按照他们的建议废除八股、改试策论，包括中国政治史事、各国政治、四书五经义。一切考试，不得用八股文程式。实际就是百日维新中废八股改试策论的翻版。但是不久张之洞发现，尽管科举考试内容做了一定改革，但是科举制还是与新式学堂有着相当大的矛盾，新式学堂不兴，就意味着有实在学问的人才不能兴，同时也就意味着富强难以实现。所以科举探花出身的张之洞毅然建议清政府废除科举制。

1903 年，张之洞与直隶总督袁世凯（时刘坤一已去世）联衔上奏，请逐步递减科举中额，直至废除科举，专注学校。但阻力很大，有人请求惩处主张废科举的张之洞和袁世凯；有人讥讽袁世凯自己考不上科举，所以要废科举；有人指责探花公张之洞忘本。但张之洞仍然坚持初衷。

1904 年初，张之洞利用呈上癸卯学制的机会，再次痛陈科举制之害，要求逐步递减中额，直至停废科举。这一次清廷决定从丙午科（1906）开始，逐步递减名额，等到各省办起学堂，再将科举停止。

按照这一办法，本可从容做去。但是 1904—1905 年的日俄战争，再使中国人深受刺激，因为这场战争本为争夺在中国的侵略权益，以及争夺中国从前的藩属朝鲜，而战争的主战场就在中国的东北。这场战争使中国人再次受到强烈震撼，所以许多人谋求加快改革的步伐。当时高官中坚持主张废科举的不仅是张之洞，还有直隶总督袁世凯、满族官员湖南巡抚端方等人。1905 年，端方奉召进京，主要是为了是否实行立宪制度，途中到天津见直隶总督袁世凯。端方在天津与袁世凯商议的事情之一就是立即废科举。袁世凯与端方决定分电各地方督抚、将军，大家一起联衔向朝廷奏请，征求意见的重点为张之洞。张之洞立即表示同意。于是由袁世凯和张之洞领衔，联合盛京将军赵尔巽、署两江总督周馥、署两广总督岑春煊，再加上端方，一起建议朝廷立停科举。

奏折中指出：

> 现在危迫情形，更甚曩日，竭力振作，实同一刻千金。而科举一日不停，士人皆有侥幸得第之心，以分其砥砺实修之志。民间更相率观望……学堂决无大兴之望。就目前而论，纵使科举立停，学堂遍设，亦必须十数年后，人才始盛。如再迟至十年，甫停科举，学堂有迁延之势，人才非急切可求，又必须二十余年后，始得多士之用……日之胜俄，识者皆归其功于小学校教师，即其他文明之邦，强盛之原，亦孰不基于学校。而我国独相形见绌者，则以科举不停，学校不广。士心既莫能坚定，民智复无由大开，求其进化日新也难矣。欲补救时艰，必自推广学校始，而欲推广学校，必自先停科举始。拟请宸衷独断，雷厉风行，立沛纶音，停罢科举[1]。

1 《光绪朝东华录》，中华书局 1958 年版，总第 5390—5393 页。

奏折的逻辑是：要想图强，必兴学校；欲兴学校，必废科举。就是这一点打动了清廷。1905 年 9 月 2 日，清廷终于发布上谕：自明年起废科举。

科举之制，在中国已行之千年，至此终告废除。

一个科举出身的探花公，却成了废科举的急先锋，无论如何都是一件了不起的事情。

1907 年，清政府发生了重要的人事变动，素来为慈禧太后信任的军机大臣瞿鸿禨和总督岑春煊被罢免，随后张之洞与袁世凯一起调入京师，任军机大臣。但是慈禧太后让张之洞担任军机大臣，并不是重用有威望的老臣来大力推进改革，也不是用旧时代的说法"重振朝纲"，即改变朝政混乱腐败的局面，而是出于以下的考虑：一是平衡袁世凯和奕劻的权力，不让互相勾结的袁世凯和奕劻权势大到难以操纵，其中可能有慈禧太后考虑死后的人事安排，即不让野心勃勃的袁世凯威胁到爱新觉罗家族王朝的生存。二是把威望比较高的张之洞调离他多年经营的湖北，这一点，与将袁世凯调入京师同，可谓一石二鸟。

但是，此时张之洞已经年迈（七十周岁），在中央又没有得力的关系网，所以他在军机大臣的位子上并没有大的作为。

对于立宪，张之洞是赞同的，但并不是特别积极，当时积极的是袁世凯。

张之洞做军机大臣只有一年时间，慈禧太后和光绪帝同时去世，载沣为摄政王，专门任用少壮亲贵，朝政更加紊乱，张之洞虽不满，但也无可奈何。其间做的一件有影响的事是劝阻摄政王载沣诛杀袁世凯。

宣统年间，少壮亲贵当权，表面尊重老臣张之洞，实际上并不听他的话。张之洞在抑郁中度过生命的最后岁月。

1909 年 10 月 4 日，张之洞卒于北京。

他没有见到清朝的覆亡。但他多年经营建设的武汉，成了辛亥革命的首义之地。

七、与曾国藩、李鸿章的比较

从曾国藩到李鸿章再到张之洞，可谓三代自强新政的领导人物，三代人物各有特点。这里试着对他们做一个比较。

曾国藩训练湘军出战的出发点是排斥异端邪说，恢复儒家正统，恢复儒家的入世或经世致用精神。而湘军胜利以后，曾国藩又办新企业、设翻译馆、派留学生，不自觉地吸收他以前视为异端邪说的西学。这说明在严酷的现实面前，负责任的、讲求实际的政治家不得不改变自己的初衷。也正是曾国藩，开始改变知识人的追求，此后的岁月里，原来借以安身立命的修齐治平、纲常名教，逐渐让位于追求国家的富强。

李鸿章更重实际，改革的路比曾国藩走得更远，但缺少系统的理论思考；但是另一方面，李鸿章比曾国藩更为敏锐，他的内心深处甚至不自觉地对孔子和传统儒学产生了怀疑。李的怀疑和做法一定程度上反映了部分知识人在震惊于西方技术、科学的发达时心里没底的状态，也预示儒教在中国将要衰落的命运。

张之洞则有较深层次的思考。

张之洞出任地方官（1881 年任山西巡抚）时，中国开五口通商已有四十年，距离英法联军之役也有二十年，中国人有机会更多地接触、了解了西方和西方的文化，也有可能较深入系统地考虑中西文化关系问题，就这一点来说，张之洞是高层官员比较突出的一个。他思考如何吸收西方文化有用的部分，又保守中国的文化传统，使中国人在学习声光电化之后仍不失为中国人。尽管这些思考有保守的成分在，还是有一定意义的，而李鸿章则缺少这种深层次的思考。

就他们在官场中之所以地位重要的因素来说，曾、李都是以军功起家，而李地位的重要更因为其能举办自强新政的措施和办外交，张之洞则是以在地方举办新政起家。这些变化都显示一种趋势，既他们的成功都和新事物一定程度地联系在一起。

与曾国藩、李鸿章一样，张之洞也是个充满矛盾的人物。比如晚清新政期间，张之洞是推进改革的有力人物，但是在法律改革中，他却是比较保守的礼教派的代表，显然其现代意识远远不够。

无论是曾国藩、李鸿章还是张之洞，都还是在传统的政权和政治体系架构下进行改革。张之洞晚年虽然支持立宪，但他对宪政、民主、法治、人权、自由这些概念，很难说有深入的理解，特别是很难真正认同。他支持立宪，还是把它作为富强的工具来理解和认识的。当然，张之洞晚年时，传统治国理念和政治理论已是支离破碎。1909 年，张之洞去世，在现有政权和政治体制架构下的改革也已经走到了尽头。只过了两年，辛亥革命就爆发了，清廷随之覆亡。

慈禧太后

近代掌权时间最长的统治者

大清國慈禧皇太后

从 1840 年鸦片战争到 1912 年清亡，是一般所谓晚清时期，共有七十余年。这七十余年中，1861—1908 年，事实上的统治者是慈禧太后，长达四十七年，占晚清的三分之二。近代以来，没有任何一位国家领导人掌握最高权力的时间比得上慈禧。慈禧以后的摄政王载沣统治时间只有三年。袁世凯的统治，即使从 1911 年底任内阁总理大臣算起，也不过四年多一点。蒋介石的统治时间，如果从 1927 年算起，到 1949 年，有二十二年，即便把蒋以后在台湾偏安（蒋 1975 年 4 月 5 日去世）二十六年的时间算上，勉强超过了慈禧太后。但后二十六年他的统治范围只是中国的一省，而且 1927—1949 年蒋也没有真正统一全国，所以仍然算不得赶上慈禧太后。就清代来说，统治时间最长的是乾隆帝，六十多年；康熙帝在位六十年，去掉前几年年幼，掌权的不是他，也算很长；慈禧太后的统治时间仅次于乾隆和康熙两帝。

仅此就可见慈禧太后对中国的影响有多大！

但是，探讨实际上担任国家最高领导人四十七年之久的慈禧太后，无论是她的思想还是政治作为，都有相当大的困难，这困难就是史料的问题。当时中国的政治是专制政治，或者说是一种独裁政治。独裁者一般都喜欢暗中操纵，基本不会对外界或人民公开阐述他的观点和主张，所以人们常常很难判断哪些是他主张的，哪些是他反对的。另外，慈禧太后是实际的最高领导人，但有时候（非“垂帘听政”和“训政”时）却不是名义上的最高领导人，名义上的最高领导人是皇帝，当他直接发布所谓“懿旨”的时候，的确是表达了她的意思，但是一般上谕中哪些是她授意发布的，哪些是皇帝自行发布的，在没有足够的证据时，我们很难做出准确判断。我们只能根据她的行事和一些相关的资料来推测她的思想和观念，甚至决策。

此外，清亡以后许多私家野史、笔记的记述，或扑风捉影，或道听途说，多不可信，若要了解真正的慈禧太后，需要对各种记述做认真的辨伪、考订才行。可是目前这项工作做得还很不够。

本讲仅从若干侧面，还原慈禧太后的人生轨迹，并试图展现中国历史上母后专权的一些特点。

一、聪明的贵妃

慈禧太后，姓那拉，因为祖居叶赫地方，所以一般称叶赫那拉。她原是满洲镶蓝旗人。满洲八旗分为上三旗和下五旗，上三旗一般由皇帝亲自统率，政治地位高于下五旗，镶蓝旗属于下五旗。叶赫那拉氏成了太后以后，她将她家的旗籍由镶蓝旗变成镶黄旗，即变成上三旗之一，这在当时叫作“抬旗”[1]。

清亡之后，有一种传说广泛流行：说是清太祖努尔哈赤攻打叶赫部时曾大肆杀戮，叶赫部的男子几为杀尽。因而叶赫部首领临终前遗

1　俞炳坤:《慈禧家世》,俞炳坤《西太后》,紫禁城出版社 1985 年版。

言，说我叶赫那拉即便仅剩一女，亦必复此仇。故清初即留下祖制：不选叶赫氏女子入宫。甚至说慈禧入宫就是为覆亡清廷而来。其实，这种说法完全是出于人们的臆断。清太祖努尔哈赤曾受叶赫部救护，并娶叶赫部首领之女为妻，即孝慈高皇后。其后满洲与叶赫部争雄，遂为仇敌。叶赫部最终虽为满洲所征服，但并未被大行杀戮。此后叶赫那拉族为清朝建立大功者甚多，且为清代满洲八大世家之一。有清一代，叶赫那拉族之人任要职者甚多，也有多人入宫为妃。据清宫档案记载，仅咸丰帝的众妃之中，便有三位姓叶赫那拉。所以，清亡后关于叶赫与爱新觉罗世仇之传说不足信。[1]

慈禧太后于1835年11月29日（道光十五年十月初十日）生于北京[2]。乳名叫作“兰儿”。她的曾祖父、祖父都是中级官员。慈禧出生时，其父惠征任吏部二等笔帖式，是做抄写文书之类的低级官员，但是以后逐渐升迁。1849年做到山西归绥道道员（正四品）。1852年又出任安徽省徽宁池太广道（徽、宁、池、太、广分别为徽州府、宁国府、池州府、太平府、广德府）。1853年病死。

民国之后的私家笔记及野史，很多说慈禧少时家境贫寒，生活困苦，写得绘声绘色，以致某些史家亦信以为真。惠征死前慈禧已被选入宫。故其家境决非普通百姓可比。[3]

就在惠征出任徽宁池太广道道员的1852年，咸丰帝挑选秀女，

1　王道成：《叶赫那拉与爱新觉罗家族》，见俞炳坤《西太后》，紫禁城出版社1985年版。

2　慈禧之出生地有多种说法，此处采俞炳坤之考证。

3　俞炳坤：《慈禧家世考》，载《故宫博物院院刊》1985年3、4期。

兰儿作为四品大员的女儿，也在被挑选之列。结果五月被选入宫，封兰贵人。[1]1854 年，封懿嫔。1856 年 4 月 27 日，叶赫那拉氏为咸丰帝生了个儿子，这也是咸丰帝唯一的儿子，为此叶赫那拉氏得晋懿妃，次年又封懿贵妃，这样她在后宫的地位就仅次于皇后钮祜禄氏。

1859 年，咸丰帝命将叶赫那拉氏的亲妹妹许配给自己的弟弟醇亲王奕譞，也就是后来的光绪帝的生父。

用今天的眼光看，成为皇帝的妻子，大多数不过是生孩子的机器而已。著名导演张艺谋的作品《大红灯笼高高挂》中那个有权有势的大家族，其实就是缩小了的帝王宫廷，从某种角度可以说，入宫实际上就是入狱。但是本讲的主人公懿贵妃与别的妃嫔不同，懿贵妃天分极高，聪明机警，爱读书，学了一点书法，留心政务，所以能得到咸丰帝的宠爱。据说太平天国造反以后，臣下章奏大大增加，有时咸丰帝懒得看，就让聪明的懿贵妃代阅，后来甚至可以代笔批答。

但是，究竟叶赫那拉氏如何代咸丰帝批阅奏章，如何帮咸丰帝在政治方面出主意，因为是宫闱秘事，缺乏可靠记载，人们很难知晓实情。可以知道的是，咸丰帝后来也对他这位聪明过人的妻子有戒心，担心他死后叶赫那拉氏专权。

现在，我们介绍叶赫那拉氏的丈夫咸丰帝。

1 慈禧入宫时间，《清史稿》误记为咸丰元年，据中国第一历史档案馆藏《奏销档》中内务府于咸丰二年二月之奏报，慈禧当于是年五月入宫。又慈禧初入宫之身份，有记宫女者，有记懿贵人者，皆误，据《玉牒》及档案记载，应为兰贵人。见俞炳坤：《慈禧入宫时间、身份和封号》，载《西太后》，紫禁城出版社 1985 年版。

咸丰帝名奕詝，是道光帝的第四子，因为他的三位兄长都已经死去，所以实际上他是长子。他是清代第九个皇帝。1850 年继承皇位的时候，他只有二十岁。年轻的咸丰帝面临两大难题：一是太平天国造反，中华大地狼烟四起；一是列强进逼，直至发生英法联军侵华战争，也就是第二次鸦片战争。这也正是叶赫那拉氏入宫、生子并当上贵妃的时候。

太平天国自 1850 年下半年开始造反，1853 年占领南京，定都建号，与清政权分庭抗礼。同时，英、法等西方强国又步步进逼，要求扩大通商，又提出外国公使驻京、鸦片贸易合法化、改订税则、允许外国人到中国沿海和内地各城市游历，等等。

咸丰帝只是普通人的才智，面对这些头痛的问题，他几乎一筹莫展。对太平天国，他不愿重用曾国藩和湘军，因为他觉得湘军不可靠，但是清朝的正规军八旗和绿营打仗又不行，所以迟迟不能平灭太平天国。不但如此，北方又有捻军，四川、云南、西北地等造反的、骚乱的，处处蜂起。1856 年，英法联军侵华战争爆发，即第二次鸦片战争。1860 年 8 月 24 日，英法联军占领天津，直逼北京。9 月 22 日，咸丰帝匆匆逃往热河，临行命他的同父异母弟弟恭亲王奕䜣留京为“钦差便宜行事全权大臣，督办和局”，也就是议和的谈判代表，又命豫亲王义道、大学士桂良、协办大学士户部尚书周祖培等为留京办事大臣，留京的还有军机大臣户部左侍郎文祥。

1861 年 8 月 22 日，咸丰帝病死于热河，仅三十岁（周岁），这年叶赫那拉氏只有二十六岁（周岁），咸丰帝的正妻、皇后钮祜禄氏只有二十五岁。

咸丰帝留下了娇妻弱子，留下了一个风雨飘摇的大清，一个破烂摊子。

二、联合奕訢掀政变

咸丰帝临死的时候，命他唯一的儿子、只有六岁的载淳继皇帝位。

咸丰帝死去的第二天，清廷正式发布上谕，咸丰帝的“正宫娘娘”也就是皇后钮祜禄氏尊为皇太后，即慈安太后，又称东太后；叶赫那拉氏因为是小皇帝的生母，也尊为皇太后，即慈禧太后，又称西太后。上谕原文是这样的：

> 朕缵承大统，母后皇后（指咸丰帝皇后钮祜禄氏）应尊为皇太后，圣母（即慈禧）应尊为皇太后。所有应行典礼，该衙门敬谨查例具奏。钦此。[1]

由于载淳年纪幼小，咸丰帝死前命怡亲王载垣、郑亲王端华、御前大臣也是咸丰帝姐夫景寿、协办大学士户部尚书肃顺、首席军机大臣兵部尚书穆荫、军机大臣匡源、军机大臣杜翰、军机大臣焦祐瀛八大臣“赞襄一切政务”。人们又将其称为“赞襄政务八大臣”、辅政八

1 咸丰十一年七月十八日上谕，中国第一历史档案馆编《咸丰同治两朝上谕档》第十一册咸丰十一年，广西师范大学出版社 1998 年影印，第 268 页。

大臣或“顾命八大臣”。八大臣的核心，实际上是咸丰帝生前非常信任的肃顺。这一安排，可以说是咸丰帝的政治遗嘱。

但是，这份政治遗嘱有不少问题。

第一个问题是，八大臣中没有皇室中血缘最亲的咸丰帝的弟弟恭亲王奕訢，也没有另一个弟弟奕譞。道光帝在位时，咸丰帝曾和他的异母弟奕訢暗中争夺皇位，奕訢比咸丰帝有才气，但锋芒太露，有些浮躁；咸丰帝则在他的老师杜受田的指点下，尽量做出老成持重和忠厚长者的样子。最后咸丰帝得到了皇位。咸丰帝即位后，虽然他们兄弟也曾十分友好，但咸丰帝对这位比他聪明的老弟始终不太放心。咸丰帝病重时，拒绝奕訢前往探望，辅政大臣的名单也将奕訢排除在外，咸丰帝应该是想避免奕訢专权（多尔衮式的）甚至夺他儿子皇位的机会。实际上，奕訢好像并没有夺取皇位的野心，但把他排除在权力核心之外，他实在是不能满意，何况他与肃顺早有矛盾。而在这时，以奕訢议和成功为契机，在他的周围，以留守北京的大臣们为中心，已形成了一股不小的政治势力。

第二个问题是，咸丰帝太小看叶赫那拉氏的政治能量。咸丰帝生前曾担心她以后会专权，据说肃顺曾劝咸丰帝干脆杀掉叶赫那拉氏，但咸丰帝下不了决心。因此，咸丰帝的做法也是前后矛盾。咸丰帝死前，赐给他的正妻皇后钮祜禄氏一方刻有“御赏”的印，赐给叶赫那拉氏一方刻有“同道堂”的印[1]，规定凡是八大臣所拟的谕旨，要在起

1 有人说“同道堂”系赐给咸丰帝之子即后来的同治帝，但同治帝年幼，掌此印者自然是慈禧太后。

首处盖上“御赏”印，结尾处盖上“同道堂”印，才能生效。咸丰帝可能想以此防止八大臣权力过大。他认为两个年轻女人手上掌握这两方印章，最多不过是起到监督八大臣的作用，却无论如何也没有料到叶赫那拉氏会利用这个机会，把咸丰帝的正宫皇后钮祜禄氏笼络起来，最终战胜了八大臣。

新的政治权力格局中，角逐权力的主要有三方：

第一方，肃顺为首的八大臣。他们有咸丰帝的政治遗嘱作尚方宝剑，同时基本控制了热河“中央政府”。

第二方，慈禧太后和慈安太后。她们控制了小皇帝。她们在咸丰帝生前就已对肃顺不满，咸丰帝死后，矛盾就更加尖锐。其实，咸丰帝的正妻钮祜禄氏并没有太大权欲，她与八大臣的矛盾，有叶赫那拉氏推波助澜的成分。因为体制的关系，八大臣对她们再不满，也无法处死她们，因为她们一个是先皇的正妻，一个是现任皇帝的生母。能做这种事的只有咸丰帝，而咸丰帝已去世。

第三方，留守北京的奕訢，基本上控制了北京城。

这三方很像是三国鼎立。

奕訢和两宫皇太后都与八大臣有尖锐矛盾，而肃顺依仗咸丰帝的信任，长期以来独断专行，又严刑苛法以待人，得罪了不少人，使自己很孤立。当奕訢和两宫皇太后联合起来时，一场最高权力的角逐开始了。

这场斗争的胜负是早就定了的，只不过八大臣自己不知而已。咸丰帝的妻子、弟弟一家人全部联合在一起，试问，就算八大臣占了上风，又岂能将小皇帝的生母（慈禧）、咸丰帝的正妻及三个皇叔一起除掉？除非他们有曹操之类的本事和毅力。

1861 年 10 月 26 日，热河行宫的小皇帝和大臣们陪着咸丰帝的灵柩（当时叫梓宫，皇帝棺材的敬称）启行返北京，叫作“回銮”。回銮的队伍分成两拨，一路是两宫皇太后和小皇帝，在送咸丰帝的梓宫上路后，由近路先回北京，八大臣中的载垣、端华等人在这一路；另一路是咸丰帝的梓宫，由肃顺护送，走大路，后到北京。实际上，这时候慈禧太后和奕訢、奕譞早已将政变的事周密策划，准备妥当，八大臣还被蒙在鼓里。

11 月 1 日，小皇帝和两宫太后抵达北京。第二天，两宫太后立即召见奕訢和留守北京的大臣，宣布八大臣的罪状，并马上逮捕已到京的载垣和端华。肃顺这天才走到密云县，被奕譞带人深夜拿获。11 月 8 日，载垣、端华被赐自缢死，肃顺则被押赴刑场斩首。八大臣中的其他五人也都被革职。这一场变故，史称“北京政变”或“祺祥政变”，这一年是中国旧历辛酉年，所以也称为“辛酉政变”。

慈禧太后并没有大肆杀戮，只处死了三个大臣，就控制了局面。

因为奕訢早已控制北京，掌握军权的僧格林沁和胜保也都支持慈禧太后和奕訢，所以政变极为顺利。从此以后，两宫太后垂帘听政，恭亲王奕訢辅政。而真正的实权渐渐落到慈禧太后手中。

写到这里，我们须说说中国历史上的最高权力交替问题。尽管秦以来历朝历代做了很多规定，有很多看似妥善的措施，但实际上都没有解决这个问题。这是君主专制政治体制的问题。最高权力的交替常伴随残酷杀戮、血雨腥风，慈禧太后和奕訢的这次政变，死亡人数算是少的。

三、任用湘淮得中兴

在中国五千年的文明史上，统治集团内部为争夺最高权力而发生的内讧比比皆是，这种斗争常常会削弱现存统治，甚至导致一代王朝的灭亡。但是也有不少例外的情况，那就是权力斗争或者政变的结果不但没有削弱现存统治，反而因为产生了一个新的坚强的领导核心而加强了统治者的力量。人们熟知的唐太宗和其兄弟的互相残杀就是如此，辛酉政变也是如此。作为最高统治者，慈禧太后控驭权力的能力和自信心远远超过咸丰帝。奕訢虽然有些浮躁，但他的眼光、气魄和对国情的了解，也超过咸丰帝和他的宠臣肃顺。因此，他们的掌权和合作，对于清政府平灭太平天国和其他农民起义，度过英法联军侵华后的政治和外交危机，有着相当重要的意义。

经过政变，不仅咸丰帝的人事安排被彻底改变，连他的政治方针也被改变。咸丰帝极不愿与外国人打交道，也不愿去了解西洋各国的情况，他宁愿隐身在天朝上国的旧梦里。在这方面，奕訢本来也与咸丰帝差不多，但经过北京议和，他一方面深受战败耻辱的刺激，一方面又发现外国人也是人，可以打交道。有了这两样感受，奕訢一方面主张与外国人交往，一方面主张自强。早在 1861 年初，在他的主持下设立了处理对外事务的总理各国事务衙门，简称总理衙门，中国以前没有外交机构，总理衙门虽然还是个不伦不类的外交机构，但有总胜于无，它的设立是中国走向世界的重要一步；与此同时，奕訢主张，让西洋各国强盛的那些东西，如洋枪大炮、远洋轮船、机器工厂等，中国都要学，学了以后可以自强。因为奕訢有这些想法，以后当曾国藩、李鸿章和左宗棠兴办新式企业时，得到了奕訢的支持。

对于湘军集团，慈禧太后和奕訢也一改咸丰帝那种过于谨慎的态度，大局稍定，1861 年 11 月 20 日，清廷即发出上谕：

> 钦差大臣两江总督曾国藩，着统辖江苏、安徽、江西三省并浙江全省军务，所有四省巡抚、提镇以下各官，悉归节制。浙江军务，着杭州将军瑞昌帮办。钦此。[1]

这是一个不同寻常的决定，在此以前，除了清初入主中原时，清廷从来没有给予一个地方官尤其是汉族官员这么大的权力。这也显示，慈禧太后和奕訢急于扑灭太平天国，以证明新统治者的英明，同时也借此拉拢地方实力派。

除掉肃顺集团后，两宫皇太后正式垂帘听政，奕訢为议政王兼军机大臣。他们重用曾国藩和湘军集团，平灭了太平天国和捻军，度过了英法联军侵略造成的危机，大清朝的统治得以延续下来，形成“同治中兴”。

如果是传统社会，慈禧太后其实是难得的统治者，她有非凡的

1 《清实录·穆宗毅皇帝实录》(一),中华书局 1987 年影印,第 197 页。

控御局势的能力，传统意义上，她可能是武则天，同治朝不仅是“中兴”，甚至再出现个“** 之治”也是可能的。从同治初到光绪初的十多年间，以那时的情形看，说慈禧太后是个英明的太后，也不算太过分。正因为如此，大臣们、皇族们对她都服服帖帖，不全是权术的作用。

问题是，时代不同了，如果不能应对好时代面临的问题，即李鸿章所说的“变局”，所谓“中兴”仅是昙花一现，或根本就是泡沫。

四、压制“皇叔”掌全权

随着时间的推移，慈禧太后和奕訢的权力之争渐渐明显起来。

垂帘听政之初，慈禧太后虽然给奕訢各种头衔和“待遇”，但在权力上则分毫不让。比如给奕訢的头衔是“议政王”，议政议政，不是清初多尔衮那样的摄政，也不是康熙初年鳌拜等的辅政和肃顺等八大臣（“赞襄一切政务”）的辅政。一字之差，便显示了慈禧太后在政治上的精明。

1861 年 11 月 9 日（十月初七日），慈禧太后直接发出“懿旨”：

> 朕奉母后皇太后、圣母皇太后懿旨……现在，一切政务仰蒙两宫皇太后躬亲裁制……嗣后，各直省及各路军营折报应行降旨各件，于呈递两宫皇太后慈览，发交议政王、军机大臣后，该王、大臣等悉心评议，于当日召见时请谕旨，再行缮拟，于次日恭呈

母后皇太后、圣母皇太后阅定颁发；应行批答各件，该王、大臣查照旧章，敬谨缮拟呈递后，一并于次日发下；其紧要军务事件，仍于递到时立即办理，以昭慎重。钦此。[1]

其意思就是，处理臣下奏折的办法与往日的皇帝处理政事时一样，即奏折先给太后看，然后再交王、大臣，王、大臣召见时再请示，然后由王、大臣起草谕旨，最后经过太后审定，才能颁发（与八大臣辅政时不同）。换句话说，重要的政事都要经过太后的批准，如果按照这条严格执行，那恭亲王奕訢和军机大臣不过是顾问和起草奏折的秘书。

垂帘听政初期，慈禧太后因为缺乏政治经验，加之对政局情形不够了解，不得不在一定程度依赖奕訢，数年以后，慈禧太后觉得自己成熟了，便开始压制奕訢。

奕訢虽比咸丰帝有见识，有才干，在朝中亲贵中比较了解世界大势和国家面临的困难，但是也有弱点，他的从政经验、控驭权力的能力都不足，也没有慈禧太后那样狠。1867 年 8 月 8 日，即同治六年七月初九日，曾国藩与赵烈文谈起恭亲王，赵烈文记道：

余（赵烈文）言在上海见恭邸（即恭亲王）小像，盖一轻俊少年耳，非尊彝重器不足以镇压百僚。

1 《谕内阁嗣后各省及军营折报次日缮发紧要军务立即办理》，故宫博物院明清档案部编《清代档案史料丛编》第一册，中华书局 1978 年版，第 119 页。

师（曾国藩）曰："然。貌非厚重，聪明则过人。"

余言："聪明信有之，亦小智耳。见时局之不得不仰仗于外，即曲为弥缝。昨与倭相（指大学士倭仁）争持，无转身之地，忽尔解释，皆其聪明之征也。然随事称量轻重、揣度形势之才则有之，至己为何人，所居何地，应如何立志，似乎全未理会。身当姬旦（指周初辅政的周公）之地，无卓然自立之心，位尊势极而虑不出庭户，恐不能无覆餗之虞，非浅智薄慧，涂饰耳目之技所能幸免也。"[1]

意思是奕訢在小处聪明，但是缺乏把握大局的观念和能力。

1865年，慈禧太后三十岁，太平天国已经被平灭，她觉得裁抑奕訢的时机已到。

事情要从蔡寿祺弹劾奕訢说起。[2]蔡寿祺当时为翰林院编修署日讲起居注官，善钻营。蔡觉察慈禧与奕訢的矛盾，于是在这年3月21日（同治四年二月二十四日）奏参各路统兵大臣督抚冒功标榜，共八条。被参的这些人多是立了大功的湘军将帅，折中牵连奕訢，非常放肆。传统王朝的所谓"言官"，似是起监督官员作用，但实际上言官经常看最高统治者眼色行事，并参与权力斗争。蔡寿祺弹劾案便是如此，故当时的官员李慈铭在日记中说蔡"久滞词曹，素无士行，

1 赵烈文：《能静居日记》第二册，廖承良标点整理，岳麓书社2013年版，第1078页。

2 有关蔡寿祺弹劾奕訢案，参见吴相湘《身系安危的恭亲王》，载吴相湘《晚清宫廷实纪》，中国大百科全书出版社2010年版，第77—88页。

行险侥幸，小人之尤”[1]。十天以后，蔡寿祺见没有受到申斥，胆子更大起来，3 月 30 日（三月初四），蔡再上一折，直接弹劾奕訢。折中给奕訢安了四大罪状：贪墨、骄盈、揽权、徇私。末了要求免去其职务：

> 臣愚以为议政王若于此时引为己过，归政朝廷，退居藩邸，请别择懿亲议政，多任老成，参赞密务，方可保全名位，永荷天庥。[2]

其实蔡列的几条罪状都是莫须有的。所谓贪墨指：“近来竟有贪庸误事因挟重赀而内膺重任者，有聚敛殃民因善夤缘而外任封疆者，至各省监司出缺，往往用军营骤进之人，而夙昔谙练军务通达吏治之员，反皆弃置不用。臣民疑虑，则以为议政王贪墨。”所谓骄盈指：“自金陵克复后，票拟谕旨多有大功告成字样，现在各省逆氛尚炽，军务何尝告竣，而以一省之肃清，附近疆臣咸膺懋赏，户部诸部胥被褒荣，居功不疑，群相粉饰。”[3]我们观察，所谓贪墨，等于凭空捏造（当然恭亲王奕訢未必廉洁）；所谓骄盈，等于指责曾国藩、李鸿章、左宗棠等湘淮军领袖与奕訢一起虚报战功。

1 李慈铭:《越缦堂日记》第五册《孟学斋日记》乙集上，广陵书社(扬州)2004 年影印，第 3227–3228 页。

2 清军机处档案，转引自吴相湘《晚清宫廷实纪》，中国大百科全书出版社 2010 年版，第 79 页。

3 吴相湘:《晚清宫廷实纪》，中国大百科全书出版社 2010 年版，第 78 页。

蔡寿祺折奏上的第二天，即3月31日，慈禧太后撇开军机处（奕訢为首席军机大臣），单独召见大学士周祖培、瑞常，吏部尚书朱凤标、户部侍郎吴廷栋等八人。时为京官的李慈铭在日记中有十分生动的记录：召见时“两宫怒甚，垂泪谕诸公，以王（即议政王奕訢）植党擅政，渐不能堪，欲重治王罪”。周祖培等无人敢应。慈禧太后搬出咸丰帝，要“诸臣当念先帝，毋畏王，王罪不可逭”。周祖培叩头说：“此惟两宫乾断，非臣等所敢知。”慈禧太后威胁说：“若然，何用汝曹为？异日皇帝长成，汝等独无咎乎？”周祖培等还是不敢应承，最后周祖培等答以“容臣等退后详察”，并“请与（大学士）倭仁共治之”，慈禧太后才让他们退下，而诸臣早已汗流浃背。[1]此事如大地震，在京官中迅速传开。

4月1日（三月初六），周祖培等会同大学士倭仁面询蔡寿祺，结果蔡对于所参的四大罪状都不能指实[2]。最后倭仁等只好含混上奏，说是“臣等伏思黜陟大权操之自上，应如何将恭亲王裁减事权，以示保全懿亲之处，恭候宸断”[3]。慈禧太后根本不需要他们拿什么主意，4月2日召见时，她拿出已写好的有好几处错字和不通顺地方的朱

1　李慈铭：《越缦堂日记》第五册《孟学斋日记》乙集上，广陵书社（扬州）2004年影印，第3221页。括号内注释文字为著者所加。

2　参见同治四年三月十六日上谕，中国第一历史档案馆编《咸丰同治两朝上谕档》第十五册同治四年，广西师范大学出版社1998年影印，第127页。另参见李慈铭《越缦堂日记》，第3226页。

3　吴相湘《晚清宫廷实纪》，中国大百科全书出版社2010年版，第80页。

谕[1]，命诸臣润色，不经军机处，直接交内阁办理。当天发布上谕，其中说奕訢“妄自尊大，诸多狂傲，倚仗爵高权重，目无君上，视朕冲龄，诸多挟制，往往暗使离间，不可细问，每日召见，趾高气扬，言语之间诸多取巧妄陈。若不及早宣示，朕亲政之时，何以用人行政”。最后宣布：“恭亲王著毋庸在军机处议政，革去一切差使，不准干预公事。”[2]

此上谕发布后，朝野震骇，不少人公开反对，特别是奕訢的兄弟们共同反对，惇亲王奕誴首先于 4 月 3 日（初八）即罢免奕訢上谕发布的第二天上疏，反对罢免奕訢，并要求召集王公大臣集议。4 月 8 日，醇郡王奕譞自东陵工程赶回，也上疏为奕訢说情。4 月 9 日，王公大臣再次讨论，倭仁支持慈禧太后，说是醇亲王等的疏稿“可置勿议”[3]，即不必讨论。众人无言之际，肃亲王华丰拿出一封已拟好的奏稿，主张对恭亲王“宜加录用”，声明“至如何加恩之处，出自圣裁”。实质是反对罢斥恭亲王，但较为折中。众人多赞同。倭仁只好将他起草的奏稿修改，改了四次才与肃亲王的奏疏大致相同。这样上了两份奏折，在倭仁奏稿上列名的是军机大臣，在肃亲王奏折上署名的有七十余人。还有其他人单独上奏。

两折奏上以后，慈禧太后略做让步，4 月 11 日发布上谕：“恭亲

1　原件藏中国第一历史档案馆。又《越缦堂日记》记周祖培给李慈铭看的皇太后朱谕有“妄自尊大，目无君上之语”，见《越缦堂日记》广陵书院（扬州）2004 年影印，第 3226 页。

2　同治四年三月初七日日上谕，中国第一历史档案馆编《咸丰同治两朝上谕档》第十五册同治四年，广西师范大学出版社 1998 年影印，第 113–114 页。李慈铭亦记有该上谕，除个别文字外，与上谕档同。

3　陈义杰整理：《翁同龢日记》第一册，中华书局 1989 年版，第 382 页。

王著即加恩仍在内廷行走，并仍管理总理各国事务衙门。”[1]但议政王、军机大臣仍不恢复。[2]

直到5月8日（四月十四），慈安太后、慈禧太后召见奕訢，据懿旨说是“本日恭亲王因谢恩召见，伏地痛哭，无以自容，当经面加训诫，该王深自引咎，颇知愧悔”。于是慈禧太后宣布恢复奕訢的军机大臣职务，但议政王名目取消，“以示裁抑”[3]。慈禧太后的决定都写在明发谕旨中，朝中大臣皆可看到，再一次打击了奕訢的威信。

至此，闹了差不多五十天，蔡寿祺弹劾风波结束。可怜那位窥测邀功的蔡编修，最后因被翻出以往的问题而被革职，真应了“兔死狗烹”那句中国老话。

这场风波中，奕訢基本上是被动招架，几乎无还手之力。而慈禧太后则咄咄逼人。两人的性情一软弱，一刚毅；一个狠，一个弱；一个敢于摊牌，一个不敢摊牌。除此以外，慈禧太后手里掌握着一张王牌，这就是她是皇帝的母亲，谁也不敢把她怎么样，甚至不敢想把她怎么样。从未有人对应否垂帘听政公开表示异议。另外，慈禧太后时时拉着慈安太后一起，以“两宫皇太后”的名义共同行动，大大增加了她的分量。经过这场风波，重新确定了慈禧太后和奕訢的关系：两人不是平等的合作者，而是慈禧太后为君，奕訢为臣，奕訢必须服从慈禧太后！而以后慈禧太后更是扶持清流派，用以裁抑奕訢和李鸿章

1 《咸丰同治两朝上谕档》第十五册同治四年，广西师范大学出版社1998年影印，第126页。

2 《翁同龢日记》第一册，中华书局1989年版，第383页。

3 《咸丰同治两朝上谕档》第十五册同治四年，广陵书社(扬州)2004年影印，第160页。

等地方实力派；同时扶持醇亲王奕譞，以平衡和抵制奕訢的权力，防止兄弟同盟。

1869 年曾国藩上任直隶总督时，见到了两位太后，见到了朝中诸要人，之后他对赵烈文谈他的感想说：

> 两宫（慈禧太后、慈安太后）才地平常，见面无一要语，皇上冲默，亦无从测之。时局尽在军机恭邸（奕訢）、文（文祥）、宝（宝鋆）数人，权过人主。恭邸极聪明，而晃荡不能立足。文柏川（文祥）正派而规模狭隘，亦不知求人自辅。宝佩衡（宝鋆）则不满人口。朝中有特立之操者尚推倭艮峰（倭仁），然才薄识短。余更碌碌，甚可忧耳。[1]

如果我们把这段话引申解释，就是慈禧太后见曾国藩时，曾国藩认为太后本应与他讨论关乎中国前途命运、涉及长远目标的大事，但太后们谈的都是具体的事情，即直隶省练兵、整顿吏治的事情，正所谓头痛医头、脚痛医脚。所以他说两宫才地平常，见面无一要语。朝中具体掌握朝政的几个人，都有大缺点。

随着时间的推移，同治帝渐渐长大。

1872 年，同治帝（十六周岁）大婚。

1873 年（同治十二年），同治帝十八岁（虚岁），应该亲政了。慈

1 赵烈文同治八年六月二十八日日记，《能静居日记》第三册，岳麓书社 2013 年版，第 1259 页。

禧太后本不愿同治亲政，此前曾制造各种借口，如数落同治帝读书不用功，甚至说他说话不清。但是同治帝已经十八岁，再也找不出什么理由，只好让其亲政。1873 年 2 月 23 日（同治十二年正月二十六），同治帝正式亲政。慈禧不能再垂帘听政，但是慈禧太后仍把持权力，所以母子两人产生了矛盾。

同治帝亲政不满两年，便于 1875 年 1 月 12 日（同治十三年十二月初五）因天花病病卒，年仅十九岁。同治帝既死，便有由什么人接替皇位的问题。作为母亲，慈禧太后镇静得很，似乎死的不是她的儿子。当天，慈禧太后即召集王公大臣，不等大家讨论，便说：

> 文宗（咸丰帝）无次子，今遭此变，若承嗣年长者实不愿，须幼者乃可教育，现在一语即定，永无更移，我二人（慈安太后）同一心，汝等敬听。则即宣曰某（即光绪帝载湉，不书名为避讳）。维时醇郡王惊遽敬唯碰头痛哭，昏迷伏地，掖之不能起。[1]

没有什么争议，选择新君主的事就定了下来。

同治帝初五死，载湉初六被接进宫内。初七王公大臣们再上一个《请吁恳两宫皇太后垂帘听政折》，慈禧太后便再一次垂帘听政。从与同治帝和咸丰帝的血缘来说，恭亲王奕訢与醇郡王奕譞都是最近的，但慈禧太后绝不能选奕訢之子，因为那不仅会加强奕訢的地位，而且奕訢之子年纪较大，即位了就要亲政，太后就不能垂帘了。慈禧太后

1 《翁同龢日记》第二册，中华书局 1989 年版，第 1087 页。

让奕譞之子载湉即位，实为一箭双雕，既可以让自己继续垂帘听政，又压制了奕訢的权势。

1881 年，慈安太后暴卒，享年四十四岁（1837—1881）。慈安太后的死因是个谜，社会上有各种疑问。野史传说，慈安太后给慈禧太后看一道咸丰帝临终前的密诏，说叶赫那拉氏如果不轨，可以召集王公处死，然后慈安太后便死去。但此说尚无确切证据。不论如何，此后垂帘听政的只剩下慈禧太后一个人。

1884 年，中法战争中，慈禧太后以马江海军战败为名，将奕訢为首的五名军机大臣全部罢免。奕訢“家居养疾”，宝鋆原品休致（退休），协办大学士吏部尚书李鸿藻、兵部尚书景廉降二级调用，翁同龢退出军机处。这一次，慈禧太后几乎没有遇到什么反对意见。

新任命的是什么人呢？礼亲王世铎、户部尚书额勒和布、户部尚书阎敬铭、刑部尚书张之万、工部侍郎孙毓汶（学习行走）。随后又命，军机处有事会同醇亲王奕譞商办。许多人评论，这几个人无论是才干、声望都不及退出军机处的几人。

此后，慈禧太后成了唯一的独裁者。

慈禧太后大权独揽，有非凡的控驭臣下的能力，任你什么近支王公、有功大臣，在她面前都要俯首帖耳。但是，她对社会毕竟缺乏了解，对清王朝和中国社会面临的局面和问题，都心中无数；对世界的变化和列强东来对中国造成的挑战和威胁，她更不知道怎样从长远的角度来应付。而且她缺乏进取精神，只是个权力迷，只追求权力，别的都可以不管。对于在列强的威胁之下，中国到底应该怎么应对，怎样才能摆脱被动挨打的局面，她不仅缺少全盘考虑，甚至纵容和支持朝中死抱住中国旧传统不放的保守分子，对比较了解世界大势、一定程度主张学习西方长处的奕訢等人多方掣肘，以便游刃自如地控驭权力。

比较同时期的日本，充满励精图治的精神，普及教育，不遗余力地建设新式海陆军，不遗余力地发展新式企业并最终落实到支持民办企业。为了发展海陆军，天皇甚至拿出皇室经费，并且削减官员薪俸。我们不要求慈禧太后做政治体制的改革，我们甚至不要求她在60年代到90年代初废除八股，我们只要求她发展教育，发展近代交通，支持民办企业。这不是苛求前人。19世纪后半叶的现代化竞赛，中国最终败给了日本，我们不能追究慈禧太后一个人的责任，但我们必须指出，她应该负最大的责任。一个国家的发展与否，我们先要问国家最高领导人的责任；其次是核心领导层的责任；再次是社会精英阶层的责任；最后才是普通民众的责任。所以，中日甲午战争的失败，慈禧太后要负最大的责任。

五、光绪亲政，太后训政

1. 大兴土木

1881年慈安太后去世，1884年奕訢终被罢免，这两件事对后来的朝政走向有很大的影响。在此以前，对于慈禧太后的某些荒唐做法，慈安太后和奕訢尚能给予抵制，比如阻止大规模修圆明园。但是19

世纪 80 年代中期以后，慈禧太后获得了绝对权力，终于可以为所欲为。

先是修三海工程。三海即今中海、南海和北海，修三海是同治帝时就提出的，作为不修圆明园的一种妥协。但是同治帝不久病死，修三海没有正式提上日程。1886 年，三海工程开始，到 1895 年结束，花费的银子，有的说是两千万两，一般说六百万两，也有的说二百万两。[1]

更大的工程是修建颐和园。1886 年，在奕譞的支持下，慈禧太后开始大力修建颐和园。颐和园之地原名清漪园，乾隆时所修，据说当年用银四百五十万两。第二次鸦片战争时英法联军烧毁圆明园的时候也烧毁了清漪园。

修三海、修颐和园，同治帝以及后来的醇亲王奕譞都有一个私心或动机，即希望慈禧太后在风光旖旎之地颐养天年，不再过问政事。

光绪帝即位不久，奕譞就想给慈禧太后修颐和园，但如何筹巨款是个大问题。1885 年 10 月，清政府成立海军衙门，慈禧太后命奕譞总理海军事务。作为当时的高技术军种，海军需要巨额经费，机会来了。第二年，即 1886 年 9 月 14 日，奕譞上了一个《奏请复昆明湖水操旧制折》，其中说：

1 六百万两之说，参见叶志如、唐益年：《光绪朝三海工程与北洋海军》，《历史档案》1986 年第 1 期。二百万两之说，参见戴逸、李文海主编《清通鉴》，山西人民出版社 2000 年版，第 7883–7884 页。

查健锐营、外火器营本有昆明湖水操之例，后经裁撤。相应请旨仍复旧制，改隶神机营，海军衙门会同经理。[1]

但是这还不够明白，因此奕譞又说：

因见沿湖（昆明湖）一带殿宇亭台半就颓圮，若不稍加修葺，诚恐恭备阅操时难昭敬谨……拟将万寿山暨广润灵雨祠旧有殿宇台榭并沿湖各桥座、牌楼酌加保护修补，以供临幸。[2]

就这样，海军经费被名正言顺地挪用，用来修建供慈禧太后玩乐的颐和园，而当时中法战争才刚刚结束！

修建颐和园到底用了多少钱，因为工程档案不存，没有准确说法，有的认为八千万两，有的认为三千万两，有的说是两千万两。《慈禧大传》的作者徐彻认为八百六十万两比较可信[3]，这也是比较低的估计。有人曾计算，北洋舰队的七艘主力舰定远、镇远、济远、经远、来远、致远、靖远的购置费为七百七十八万两。就是说，慈禧太后修三海和颐和园的钱可以再建两个北洋舰队。

笔者第一次去颐和园是在 1981 年，那时笔者对颐和园的来历了解还不多。以后笔者读研究生，学习中国近代史，再到颐和园，就觉

1 张侠：《清末海军史料》，海洋出版社 1982 年版，第 396 页。

2 中国第一历史档案馆藏内务府档案，转引自孙孝恩、丁琪《光绪传》，人民出版社 1997 年版，第 101 页。

3 徐彻：《慈禧大传》，辽海出版社 1994 年版，第 304-305 页。

得心情沉重。在那辉煌壮丽的亭台楼阁和山山水水的背后，有多少我们民族的血泪和屈辱！今天，中国人将圆明园作为爱国主义教育基地，但是，人们是否意识到，壮丽的颐和园甚至比残破的圆明园更能说明问题，她无言地昭示着近两百年我们民族为什么一再挨打：人必自侮，而后人侮之；国必自伐，而后人伐之。

2. 从垂帘听政到训政

光绪帝载湉生于1871年8月14日，于1875年2月25日即位，只有三岁多。

慈禧太后之所以选择这么一个幼儿继承皇位，自是便于继续操纵政权。

但是，小皇帝总要长大。在这个成长过程中，他对慈禧太后这个决定他登上九五之尊的人并没有感情，只有畏惧，尽管慈禧太后是他的亲姨母。

1876年5月14日，五岁的光绪帝开始读书，师傅即咸丰年间的状元、清流派官员翁同龢。从此光绪帝与翁同龢形成了极为亲密的关系。光绪帝自幼被强行与父母隔离，没有母爱，没有父爱，他与同治帝一样，与慈安太后亲近，对慈禧太后畏惧，但是慈安太后1881年突然死去，所以，小皇帝只能从翁同龢这里得到一点父爱的补偿。

1886年，光绪帝已经十五岁，按照那时候的标准，他已经是大人了。所以这年7月11日（六月初十），慈禧太后宣布，明年皇帝亲政，她还让钦天监于明年正月选择吉期，举行亲政典礼。慈禧太后真的想放弃权力吗？不是。光绪帝生父奕譞虽然才干一般，但在这件事上并不糊涂。当慈禧太后向奕譞等表示归政的意向时，他马上跪下来请求收回成命。慈禧太后不答应。假如奕譞真的便不再请求收回成命，那他以后绝没有好果子吃。不过奕譞还算知趣，他随后找大臣们商议请缓归政。

他们找到了一个十分妥当的字眼："训政"。他们要求皇太后在皇上亲政之后，再训政。听政训政，一字之差，汤换而药不换，而慈禧太后继续控驭政权有了十分体面的借口。奕譞等的奏折先是对慈禧太后的政绩做了一番歌颂，说是"自光绪辛巳（1881）以来，我皇太后忧勤益切，宵旰孜孜，所以承列圣垂统之艰，造万世无疆之福者，至矣尽矣"。接着写道：

王大臣等审时度势，合辞吁恳皇太后训政，敬祈体念时艰，俯允所请。俾皇帝有所禀承，日就月将，见闻密迩。俟及二旬，再议亲理庶务。

更关键在下面一段：

臣愚以为归政后，必须永照现在规制，一切事件，先请懿旨，再于皇帝前奏闻。[1]

1 朱寿朋：《光绪朝东华录》，中华书局1958年版，总第2123—2124页。上奏及下述懿旨发布日期，《光绪朝东华录》作阴历十五日，据《翁同龢日记》，十四日已决定。

慈禧太后自己要把持最高权力，但一定要别人“吁恳”，如果别人不“吁恳”，就会遭殃。奕譞等的奏折上后，慈禧太后于1886年7月15日发布懿旨，说是不训政，但奕譞等说的“必须永照现在规制……”的请求，则表示“照所请行”。

奕譞等见太后虽应允实际上的训政，但还没有应允名义上的训政，只得再一次上奏，7月19日，慈禧太后总算“俯允所请，于皇帝亲政后，再行训政数年”[1]。

7月23日，慈禧太后召见翁同龢，谈起归政训政的事，慈禧太后说：

> 历观前代母后专政，流弊甚多，故急欲授政，非推诿也；诸臣以宗社为辞，余何敢不依，何忍不依乎[2]？

到这年的11月21日，首席军机大臣礼亲王世铎等奏上了一个训政的“章程”，由慈禧太后批准公布，其中规定：

> 凡遇召见引见，皇太后升座训政，拟请照礼臣会议，暂设纱屏为障……中外臣工呈递皇太后、皇上安折，应请恭照现式预备，奏折亦照现式书写（即皇太后在先，皇上在后）……内外臣工折

1 《光绪朝东华录》，中华书局1958年版，总第2127页。

2 《翁同龢日记》第四册，中华书局1989年版，第2031页。

奏应行批示者，拟照旧制均请朱笔批示，恭呈慈览发下。[1]

换句话说，就是一切不变。

光绪帝就是在这种情况下“亲政”的。转眼一年多过去了。1888年，光绪帝已是十八岁，这个年纪即便是百姓也是到了该“成家立业”的时候了，虽说皇帝成婚后就应真正亲政，慈禧太后一千个不愿意，但再拖下去也实在说不过去，于是这年年初慈禧太后下令明年正月举行光绪帝大婚典礼。1888 年 11 月，慈禧太后为光绪帝选了三个妻子：皇后是慈禧太后弟弟桂祥之女，也即是光绪帝舅舅之女；原侍郎长叙的两个女儿，大的封为瑾嫔，小的封为珍嫔，她们就是后来的珍妃和瑾妃。1889 年 2 月 25 日，光绪帝大婚典礼。

3 月 4 日，光绪帝举行了亲政典礼。这一回，慈禧太后好像真的归政了，实际上，大事的决定权仍操在她手里。若慈禧太后住颐和园，光绪帝每隔两三天就要去请安一次，重要的事情必须慈禧太后应允方可实行。

3. 帝后两党的形成

既然亲政，光绪帝必然有了较多的直接参与和处理政务的机会。开始的时候，光绪帝凡大事都要请示慈禧太后，可一个年轻气盛血气方刚的皇帝，怎能长期心甘情愿处于傀儡地位。而随着时间的推移，在光绪帝周围聚集了一批与他比较亲近的人，后来人们习惯称为“帝党”。

1 《光绪朝东华录》，中华书局 1958 年版，总第 2180–2181 页。括号内文字著者所加。

帝党的第一号人物，当然是光绪帝的老师翁同龢。翁同龢是江苏常熟人，生于1830年，出身名门，他的父亲翁心存官至大学士。翁同龢则为咸丰朝的状元。翁同龢本是受慈禧太后信任的人物，否则不会让他担任光绪帝的师傅。但是渐渐地，翁同龢从感情上倾向这个自己一手调教出来的年轻皇帝。1895年，翁同龢的职务有军机大臣、户部尚书、总理衙门大臣，1897年又授协办大学士。当时清流党有所谓北清流、南清流之说，翁同龢是南清流的领袖，而南清流的其他成员，也多半成为帝党。

帝党骨干文廷式，江西萍乡人，生于1856年。1890年成进士，殿试一甲第二名，俗称榜眼。文廷式善诗词，有文采。光绪帝的珍妃、瑾妃居家时，文廷式曾指导她们读书，文廷式又与二妃之兄志锐、志钧交好，所以世人传说其以此得光绪帝之知。文廷式先后任翰林院编修、翰林院侍读学士。甲午战争爆发后，文廷式慷慨主战，疏劾李鸿章，又联衔吁请起用恭亲王奕訢。甲午战争后，光绪帝与慈禧太后矛盾渐深，文廷式希望加快改革步伐，曾参与发起鼓动维新变法的强学会。

甲午年的状元，后来成为著名实业家的张謇，当时也是帝党成员之一。因本书专设一讲，这里不再介绍。

后党是些什么人呢？因为慈禧太后事实上把持最高权力几十年，所有的人都对她服服帖帖，所以广义上说，除了特别亲近光绪帝的少数人外，官员们都是后党，其中有几位与慈禧太后特别亲近，好像誓死保卫这位英明的太后。他们是：

刚毅，满洲镶蓝旗人，生于1834年[1]。刚毅早年任职刑部，曾经手杨乃武案，即有名的杨乃武小白菜案。为民妇葛毕氏平反，获得社会及清廷好评。1885年，任山西巡抚。此后历任江苏巡抚、广东巡抚。1894年，奉旨进京，任军机大臣。刚毅思想保守，刚愎自用，人讥其“识汉字无多”[2]。甲午战争后，维新思潮兴起，刚毅对康、梁等的活动多方阻难，又主张查究维新团体保国会，反对改革科举，又声言变法利汉人而不利满人。戊戌变法失败，刚毅升协办大学士，其权势更炙手可热，而政见亦日趋狭陋。慈禧太后谋废光绪帝，刚毅为主谋者之一，因外人多反对，而其愚陋排外之心更盛。终致向各列强开战，祸及国家，刚毅也在逃亡途中病故。

徐桐，字荫轩，汉军正蓝旗人，实生长于静海县（今天津静海）。生于1819年。1850年成进士。同治初年，奉命在上书房行走，曾为两宫太后讲《治平宝鉴》。1878年任礼部尚书。1896年，授大学士，管理吏部事务。徐桐尊崇宋儒学说，号理学宗师，《清史稿》徐桐传说他“守旧，恶西学如雠。门人言新政者，屏不令入谒”[3]。1895年康有为参加会试，正考官恰好为徐桐，其时康有为鼓动公车上书，请变法，徐桐非常不满。考试前徐桐即告各考官，说是广东省考卷

1 刚毅生年，孔祥吉教授据清宫档案考证，为道光十四年(1834)，见孔祥吉撰《刚毅》，《清代人物传稿》下编第四卷，辽宁人民出版社1988年版，第173页。

2 陈夔龙:《梦蕉亭杂记》卷二，见荣孟源、章伯锋主编《近代稗海》第一辑，四川人民出版社1985年版，第372页；又杨锐致张之洞密函亦云:“刚为人昏庸浅愎，一无所知……遇有条陈变法事，必竭力阻尼之。近来一事不能办，实坐此人作梗耳。”(转引自汤志钧《戊戌变法人物传稿》增订本，中华书局1982年版，第531页)。

3 《清史稿》第四十二册，卷四六五，中华书局1977年版，第12750页。

有才气者必为康有为，不得取录。阅卷中，考官李文田见一广东考卷甚佳，欲取之，而徐桐以为系康有为之卷，坚决不许，且令其他考官也不能取。但其实此卷并非康有为，而是梁启超。等到发榜填姓名，向例前五名最后填，结果康有为恰在前五名内，且原拟会元（相当于初试第一名，还须经殿试确定名次）。此时再废康有为的考卷已不可能，但徐桐坚持将康有为从第一名改为第五名。1898 年戊戌变法，徐桐诅咒：多行不义，必自毙。变法失败，徐桐成为慈禧太后谋废黜光绪帝的有力支持者。当时朝臣中，徐桐年龄最长，加以支持慈禧太后废立，慈禧太后表示特别优遇，于 1899 年 8 月发布懿旨："大学士徐桐年逾八旬，遇有召见出入，加恩著太监扶掖，以示优眷。"[1] 慈禧太后立载漪子溥儁为大阿哥，又命徐桐"常川照料"。列强各国反对废立阴谋，载漪等谋用义和团以报复。义和团入都，徐桐大喜，说是"中国当自此强矣"。反对与列强开战的袁昶、许景澄等被杀，徐桐也是陷害者，且称："是死且有余辜！"[2] 列国联军入京，徐桐自缢死，虽是自取其辱，但当时已八十二岁（虚岁）高龄，实是可恨又可怜。

荣禄，满洲正白旗人，生于 1836 年。先后任户部左侍郎、总管内务府大臣、步军统领、工部尚书、兵部尚书。其中内务府大臣及步军统领须最高统治者信任之人才能担任。同为后党，荣禄与徐桐、刚

---

1 中国第一历史档案馆编:《光绪宣统两朝上谕档》第二十五册，光绪二十五年，广西师范大学出版社 1996 年版，第 226 页。

2 《清史稿》卷四百六十五，中华书局 1977 年版。

毅还有些不同，那就是荣禄还多少知道一点世界大势，他的政治见解与洋务派有些相近。甲午战败以后，荣禄曾建言设武备特科，不再考刀矛弓矢；设武备学堂。但荣禄与慈禧太后亲近，终与康、梁维新派相水火。光绪帝诏定国是，慈禧太后即命荣禄为直隶总督，统率京师附近的军队，以防万一。慈禧太后政变，荣禄虽非直接发动者，而实为祸首之一。而后主持军机处，统率武卫军，等于将相集于一人，其权势之大,直可谓慈禧太后一人之下,万人之上。其后载漪欲其子为帝，荣禄消极，因此受其排挤。义和团入京师，荣禄主镇压义和团，不欲与列强开战，然以惧祸及己，未敢坚持反对开战。慈禧太后诛杀反对开战大臣，荣禄曾为求免，亦不敢固请。曾一度受载漪的排挤。列强联军入京以后，载漪被黜，刚毅死，太后再用荣禄。荣禄机警狡诈，有人谓其为（曹）操、（王）莽之才，而仕途一帆风顺。光绪朝之军机大臣多中途遭贬，终于其位者少，荣禄除一度受载漪排挤外，为能始终保全者之一。

这期间，光绪帝之父醇亲王奕譞于 1891 年病逝，只有五十一岁。如果奕譞活着，凭着他的阅历和对慈禧太后的认识，会适时关照光绪帝不要激化与太后的矛盾。不幸奕譞壮年而逝，帝党人士又多是无拳无勇且又不晓得利害关系的书生，帝后两党的矛盾终于越来越明显。而这帝后两党的矛盾和斗争，又与 19 世纪末 20 世纪初的中国政局有十分密切的关系。

六、发动政变否维新

1894 年，由于朝鲜问题，中日大战在即，是不惜一战，还是避战忍让求和，帝后两党矛盾终于公开化。

说来也巧，1894 年是慈禧太后六十大寿（虚岁）。慈禧太后几次逢十的大寿，除了 1864 年三十岁时湘军攻占金陵剿灭了太平天国算是“吉利”外，其他几个都不是好年头：1874 年日本借口琉球事骚扰台湾，1884 年中法战争，1894 年甲午战争。后来 1904 年又逢日俄两个强盗在中国的领土上打仗（日俄战争）。

1894 年光绪帝二十三岁，正是血气方刚的年纪，他主张不惜对日一战，在战争不利时也比较多地主张坚持作战。围绕在光绪帝身边的帝党人士，前面说过，多属南派清流，而清流有一个很大的特点，便是主张对外强硬，在和战未定之际往往主战。甲午战争时他们主战，也给光绪帝一定的影响。

慈禧太后希望自己平平静静过六十大寿，很不希望与日本开战。但是，她也没有个明确的底线，比如在朝鲜问题上到底做出多少让步也不清楚。当然，帝党及光绪帝对开战胜了如何，败了如何，僵持不下又如何，也没有清楚的打算，只是觉得蕞尔岛国不足虑。慈禧太后的大寿早在 1892 年底就开始筹办，其耗费，用一般的名词“惊人”“骇人听闻”之类都不足以形容。比如为太后准备的各种衣服（绣龙袍、龙褂等）就达六千四百五十九件，用银二十三万二千余两。其他，宫中固然要点缀、修缮，要做各种各样的物件，要筵宴，要演戏，等等，但最大的一项是宫外的点景。所谓点景，就是从皇宫到颐和园的路上都要分段搭建龙棚、龙楼、经棚、戏台、牌楼、亭座等景物。从西华门至颐和园宫门，共分六十段，其中内城二十七段，外城三十三段，每段都要有上述点景，按照估算，每段需银四万两，六十段需银二百四十万两。用的钱怎么来呢？据专家研究，户部拨款共三百万，其中有边防款，有准备造铁路的款。除此外，王公、官员“报效”的银子有二百九十八万一千五百余两。这些钱，是专家根据清宫《皇太后六旬庆典》档案统计的，决不像笔记作者等的道听途说。就是说，有根据可查的银子便近六百万两。[1]前面说过，北洋舰队的七艘主力舰的购置费为七百七十八万两，而慈禧太后祝寿的花费，又差不多可以建立一个北洋舰队！

清末革命党人章太炎曾有一联讥刺慈禧：

今日到南苑，明日到北海，何日再到古长安？叹黎民膏血全枯，只为一人歌庆有。

五十割琉球，六十割台湾，而今又割东三省！痛赤县邦圻益蹙，每逢万寿祝疆无。

前面说过，后党主和，帝党主战。但是实际双方都有问题，主战的，对敌我双方的情形和力量对比都相当隔膜，对世界形势的了解也

1 李鹏年:《一人庆寿举国遭殃——略述慈禧“六旬庆典”》,载前引俞炳坤等著《西太后》。

不多。主和的，许多人更是置国家民族利益于不顾，一心拍慈禧太后的马屁，至于和的底线在哪里，彻底放弃朝鲜吗？他们恐怕从来没有想过。而日本的意图到底是什么，他们也根本不清楚。

这里很重要的是直隶总督李鸿章的态度。李鸿章认为打不过日本，不主张开战，他的办法是一面备战，一面请列强调停。帝党人士主战，但不敢直接批评慈禧太后，于是许多人将矛头指向不积极开战的李鸿章，以致后来许多人甚至许多现今的史学家都认为李鸿章是后党。初战失败后，帝党主张起用恭亲王奕訢，让奕訢主持战事，慈禧太后勉强同意，但此时奕訢已六十一周岁，又经过慈禧反复折辱，不敢违拗慈禧。最后结果还是战败，签订屈辱和约。

经过甲午战争，帝、后的分歧明显起来。由于甲午战争的惨败，帝党人士的思想有一定转变，原来他们大多盲目反对外国事务，反对用夷变夏。现在他们中的不少人倾向加大改革力度。另一方面，年轻的光绪帝也开始寻求使中国摆脱那种几乎任人宰割的境地的办法。这导致帝党人士与康有为、梁启超等维新派人某种程度的合作。这种合作最终促成了 1898 年的百日维新。

慈禧太后对变法到底是什么态度，从变法失败后就是有争论的问题，到今天史学家仍有不同看法。当然多数人还是认为慈禧太后是保守的、反对变法的，但也有人认为慈禧太后并不反对变法，只是由于康有为等人没有处理好与慈禧太后的关系，或者说他们只注意争取皇帝的支持，而没有争取太后的支持，导致保守派争取了太后，或康有为排斥太后，致使其倾向保守派，最后使得变法派陷于孤立而失败。但从变法失败后直到庚子事变慈禧太后的所作所为看，慈禧太后不会认同维新派的激进改革措施，尤其那些可能损害满人利益的措施。

变法一开始，慈禧太后就采取三项措施，三项措施都是慈禧太后逼迫光绪帝以谕旨形式发布的：第一，罢黜光绪帝的师傅翁同龢；第二，任命荣禄为直隶总督；第三，规定凡补授文武一品、满汉侍郎、各省将军、都统、督抚、提督等官，皆须具折至皇太后前谢恩，实际是等于提升这些级别的官员，必须慈禧太后同意。

随着变法的展开，改革与守旧、帝党与后党的矛盾斗争愈趋激烈。1898 年 9 月 4 日，光绪帝怒革阻挠王照建言改革上书的怀塔布、许应骙等礼部六堂（两尚书、四侍郎）官职。9 月 5 日，光绪帝又任命杨锐、刘光第、林旭、谭嗣同为军机章京，命他们参预新政事宜，号称军机四卿。前一措施让人怀疑有尽数罢免旧官员之势，后一措施有抛开或架空军机大臣的意图，所以矛盾更为激化。

9 月 19 日（八月初四），慈禧太后自颐和园回宫，将光绪帝软禁于瀛台。据时任翰林院侍讲的恽毓鼎记：

八月初四日黎明，上诣宫门请安，太后已由间道入西直门，车驾仓皇而返。太后直抵上寝宫，尽括章疏携之去，召上怒诘曰：“我抚养汝二十余年，乃听小人之言谋我乎？”上战栗不发一语，良久嗫嚅曰：“我无此意。”太后唾之曰：“痴儿，今日无我，明日安有汝乎？”遂传懿旨以上病不能理万几为辞，临朝训政。[1]

应该注意的是，慈禧太后一直大权在握，所以政变并不需要大动干戈，如上面所述，她只须从颐和园回皇宫，说一句话便可。

政变之后，康有为、梁启超流亡海外；慈禧太后也并未大肆株连，只杀谭嗣同、康广仁等六人，即戊戌六君子；通缉康有为、梁启超、文廷式等，将张荫桓发配新疆，将徐致靖永远监禁，将陈宝箴、黄遵宪等革职，其情形与辛酉政变大体相同。当然，也有人认为是保守派惧怕列强（主要是英、日）干涉，不敢大肆株连。

此后，光绪帝常被软禁于中南海瀛台，恽毓鼎描述：

> 两宫之垂帘也，帝中坐，后蔽以纱幕，孝贞（慈安太后）、孝钦（慈禧太后）左右对面坐。孝贞既崩，孝钦独坐于后，至戊戌训政，则太后与上并坐，若二君焉。臣工奏对，上嘿不发言，有时太后肘上使言，不过一二语止矣。迁上于南海瀛台，三面皆水，隆冬冰坚结，传闻上常携小奄踏冰出，为门者所阻，于是有传匠凿冰之举。上尝至一太监屋，几有书，取视之，《三国演义》也。阅数行，掷去，长叹曰：“朕不如汉献帝也。”[2]

1 《崇陵传信录》，中国史学会主编《戊戌变法》第一册，上海人民出版社 1957 年版，第 476 页。

2 恽毓鼎：《崇陵传信录》，《戊戌变法》第一册，上海人民出版社 1957 年版，第 476 页。

七、己亥建储招致庚子国难

1899 年，对中国、对大清王朝都是关键。在重新训政之后，慈禧太后有三条路可走：第一条，冷静下来之后，觉得光绪帝和康、梁的变法还是必要的，在不影响自己的权力和利益的情况下，可以部分恢复光绪帝的改革措施，比如废八股改试策论，大力办新学堂，改革中央地方机构，鼓励民营企业，等等。如此做可以推动中国较快发展，或者说，抢过改革的旗帜自己扛。第二条，不恢复光绪帝的改革措施，但仍坚持 19 世纪 60 年代以来的自强措施，即自强新政，这也可以保持政局的稳定，可以得到还在世的洋务派官员的理解和支持，可以维持和列强的和平来往。第三条，倒退，废除过往大多甚至一切改革措施。不幸的是，慈禧太后恰恰选择了最后一条。

慈禧太后摧毁变法，囚禁光绪帝后，放出口风，说是光绪帝重病，准备废黜甚至害死光绪帝。但在试探过程中遭到内外多方面的反对，外部是各国列强，内部包括地方督抚，刘坤一（两江总督）、李鸿章（两广总督）等，还有以上海为中心的社会名流。刘坤一上书公开表示“君臣之义已定，中外之口难防”[1]。刘坤一等于表示只认光绪帝是自己的皇帝，若换别人可能不认！刘坤一还上《书院不必改，学堂不必停，兼收并蓄，以广造就》[2] 折，公开反对停办一切改革措施。

1 王照:《方家园杂咏纪事》,载《近代稗海》,第一辑,四川人民出版社 1985 年版,第 6 页;又胡思敬《国闻备乘》卷三,《刘张优劣》亦记载此事,见《近代稗海》第一辑,四川人民出版社 1985 年版,第 270 页。

2 国家档案局明清档案馆编:《戊戌变法档案史料》,中华书局 1958 年版,第 488–489 页。

慈禧太后见阻力太大，又于1900年1月24日宣布立端郡王载漪之子溥儁为皇子，又称“大阿哥”（类似以往朝代的太子），准备以其接替光绪帝，史称“己亥建储”。但立大阿哥之举却变成庚子、辛丑（1900—1911）间大动荡的开端。围绕建储和对待义和团问题，后党也发生了分化。慈禧太后信任的荣禄、奕劻对建储消极，主张镇压义和团，反对盲目向列强开战，他们虽不敢公开反对太后的主张，但是地方督抚刘坤一、张之洞、李鸿章等敢反对。另一方面，随着建储活动，大阿哥之父载漪成为重要人物，徐桐、刚毅、载澜等是载漪的坚定支持者。这是当权者中最鄙陋、最颟顸、最保守、最盲目的一伙人。他们遭到了各方面反对后，便企图利用义和团，既向反对废立的列强泄愤，又依赖义和团之力压迫清政府中还不听话的官员。为了小集团的私利，他们把国家命运当做儿戏。在这一过程中，甚至荣禄、奕劻都遭到他们的排挤。

为了讨论和战问题，慈禧太后召集了四次御前会议。光绪帝和一些大臣反对开战，但被慈禧太后和载漪压制。最后光绪帝乞求只对支持天主教的法国开战[1]，不要与所有列强开战，慈禧太后断然拒绝。1900年6月21日，清廷向列强宣战，说是要“大张挞伐，一决雌雄”[2]。之后慈禧太后先后下令处死五位反对与列强开战的中央朝廷官员，包括吏部侍郎许景澄、太常寺卿袁昶、兵部尚书徐用仪、

1 相对而言，天主教在华引起的民教冲突较为明显。

2 国家档案局明清档案馆编：《义和团档案史料》，中华书局1959年版，第157—158页。又，庚子事变后，为掩盖贸然宣战的愚蠢颟顸，此宣战上谕，清官方所修实录将其剔除不录，其他凡利用义和团的上谕也概不收录。

内阁学士联元、户部尚书立山。而这五位大臣中，除立山外，其他四位竟都任总理衙门大臣（总理衙门大臣多为兼职）。可见总理衙门——外交官是阻挡慈禧太后及保守派蛮干的最后一道防线，可惜没有挡住。

在慈禧太后的政治生涯中，曾三次杀害大臣。第一次是辛酉政变，杀的是肃顺、载垣、端华。其中载垣、端华是亲王（怡亲王、郑亲王），肃顺是协办大学士户部尚书。另五位被罢免的大臣（四位军机大臣、一位御前大臣），也是位高权重。第二次是戊戌政变，杀害六君子。六君子的事迹写进中学教材，可谓世人尽知。但六君子的官位都不高，谭嗣同、杨锐、林旭、刘光第的职务是军机章京，谭嗣同殉难后《仁学》出版，梁启超又为其作传，故影响大增；康广仁无官职，但其为康有为之弟，显得比较突出；另一位是杨深秀，他以政变后还勇敢上书知名，但其职位御史只是五品。庚子年被杀的官员，尚书为从一品，侍郎为从二品，太常寺卿为正三品，可见其品级远超戊戌政变被杀的官员。另一方面，前两次杀害官员，被杀的人都有挑战慈禧太后权力地位的情况，至少慈禧太后是如此认知，但庚子年杀害的大臣，都无意对慈禧太后权力提出异议，只是反对义和团、反对向所有列强开战而已。

随着与列强开战，东南各督抚拒绝执行开战上谕，以两江总督刘坤一和湖广总督张之洞为首，与各列强达成“东南互保”协议。因此战事基本限于直隶省（另外，东三省主要城市和铁路线被沙俄乘机占领）。

不了解这段历史的，以为八国联军是多么大的声势，多么大的力量。但实际上，各国联军只是拼凑起来的杂牌军而已。此国来两千，彼国来五千，甚至还有英国统领的驻威海卫的华人雇佣军。这些军队从未在一起训练，更何谈一起军事演习，甚至没有统一的指挥体系。第二天联军要进攻哪里，各支部队如何分派，大多前一天各国将领开会决定。等到各国推举统一指挥的德国瓦德西将军来的时候，大的战事已过去。联军总兵力也不多，打到北京的时候，不过两万多人而已。无论总兵力、战斗力，都比甲午战争中日本军队差得多。问题是此时京畿一带，中国更无得力军队，只有聂士成将军一支部队尚可作战。但因聂将军不赞成义和团，故义和团和保守派占上风的朝廷都不信任他，骂他是汉奸，甚至要杀他。而聂将军作为军人，又守土有责。两面夹击之下，聂士成只好战死了之。

随着战事的进展，证明义和团根本无力抵御列强，甚至北京小小的使馆区都攻不破。清军方面，在聂士成将军阵亡后，能够有效抵御联军的军队也不复存在。

1900 年 8 月 15 日，各国联军攻入北京，慈禧太后裹挟光绪帝仓皇逃出。

此时不但列强对慈禧太后印象很不好，东南督抚也拒绝开战命令，慈禧太后的权力地位受到了前所未有的挑战，而她居然能够化险为夷，保持住了她大独裁者的地位。内部张之洞能够提出取消大阿哥，但没有人敢提出让慈禧太后归政；外部各列强在议和时强烈要求惩办徐桐、刚毅、载漪等“祸首”，但却没有一致要求慈禧太后归政。这样，慈禧太后的权力一直保持到死。

从甲午战争到庚子国变，其实既是挽救民族危机振兴中国的机会，也是挽救大清王朝的机会。机会错过，中国虽侥幸不亡，但大清王朝已很难挽救了。

八、无可奈何行新政

前面说过，八国联军攻到北京时，慈禧太后仓皇出逃，经昌平、怀来去山西。一路风餐露宿，吃了不少苦。尤其是刚离北京之初，吃不饱饭，找不到房子睡觉，有时甚至坐在板凳上度过难熬的夜晚。慈禧太后终于明白：义和团那些神术靠不住，向所有列强宣战是个再愚蠢不过的决定。进一步，痛定思痛，慈禧太后知道闭关锁国、盲目排外那一套再也行不通了，中国要想自存，包括保住她的地位、保住大清朝，必须要适应世界的发展潮流。所以上谕中说，“近数十年积习相仍，因循粉饰，以致成此大衅”[1]，就是慈禧太后反省的产物。因为近数十年执政的不是别人，正是慈禧太后自己。残酷的现实终于让慈禧太后明白了改革是必要的，由此，主导了新一轮的改革，即清末新政，也是大清王朝最后的改革。

新政从1901年开始，直到清亡。对于新政，国内外学者现在给予很高的评价。因为本书袁世凯一讲更多涉及新政，这里不再重复。

1 中国第一历史档案馆编：《光绪宣统两朝上谕档》第二十六册，广西师范大学出版社1996年影印出版，第460-461页。

这里只指出，新政涉及教育、军事、经济、官制、法律等多项内容，比之19世纪60年代至90年代的自强新政，比之戊戌变法，都要深入、广泛得多。

以教育改革为例，自强新政中只办了十多个技术、军事、语言类的新学堂。戊戌变法措施包括中央设京师大学堂、省设大学堂、府设中学堂、县设小学堂；废八股、改试策论，设经济特科。而清末新政的教育措施远非自强新政和戊戌变法能比，不但广设学堂，而且从小学中学做起，建立现代教育体系；颁布了中国第一部现代学制——癸卯学制；大量派人出国留学；设立了专管新教育的中央机构学部，地方也建立了相应机构；1905年，最终废除了科举。

不过，不能把新政归结为慈禧太后的功劳。新政，实为庚子国变以后的情势下不得不为之。而推行新政中，慈禧太后绝不动摇的是，新政不能削弱她的权力，不能损害爱新觉罗家的皇统和利益。

另一方面，新政引起了新的问题和矛盾，新教育和废科举的措施导致新知识阶层的兴起，他们普遍对清政府离心离德，革命党的骨干就是新知识人；新政中形成的新绅士阶层也不信任清廷权贵，立宪派人就是主要由新绅士构成的，他们希望参与政权，最后发起国会请愿运动，动摇和冲击了清廷的统治；袁世凯集团也在新政中崛起；军事改革中训练的新军尤其南方新军更是被革命党渗透，成了后来革命的发动者和骨干……

1908年11月15日，未刻，慈禧太后卒于西苑仪鸾殿（今中南海怀仁堂）。享年七十三（周）岁。

在此前一天，光绪皇帝去世。按照清廷官方公布的时间，光绪帝死于酉时，即下午五点到七点之间；慈禧太后死于次日未时，即下午一点到三点之间。两人之死相隔只有约二十个小时，这引起了很多猜测。有人认为光绪帝是被袁世凯害死，有的说是大太监李莲英害死，有的说是慈禧太后下令害死；也有人认为光绪帝是正常死亡。但长期以来都缺乏有力证据。近年国家清史编委会组织专家运用现代科学技术手段，对清西陵清理光绪墓时保留的光绪帝部分头发和衣物进行了检验，发现其中有远超正常含量的砷，指出光绪帝系被毒死。[1] 这一结论现在被多数史学家接受。但是，究竟谁毒死光绪帝，仍不清楚。以情理论，无论何人，若想毒死光绪帝，若没有慈禧太后的指使，或至少同意，是不可能实现的。所以，最大的嫌疑人，仍是慈禧太后。

此时的大清朝，已是风雨飘摇，气息奄奄，大厦将倾。

慈禧太后去世不满三年，1911 年 10 月 10 日，武昌起义爆发。1912 年 2 月 12 日，清帝宣布退位。

慈禧太后的统治之术，常利用互有矛盾之两派，使其相牵制，而自己则操纵其间。

慈禧太后沉毅刚强，发怒时威严无比。据庚子年（1900）随侍太后的吴永记：某日吴面奏，请昭雪庚子年因反对开战被杀的大臣徐用

1 《国家清史纂修工程重大学术问题研究专项课题成果:清光绪帝死因研究工作报告》,《清史研究》2008 年第 4 期。

仪、许景澄、袁昶三人，言尚未尽，“突见太后脸色一沉，目光直注，两腮迸突，额间筋脉悉偾起，露齿作噤龂状，厉声曰：‘吴永，连你也这样说耶？’予从来未见太后发怒，猝见此态，惶悚万状……忽而云消雨霁，依然无迹，可谓绝大幸事，然予真已汗流浃背矣。”吴永叹曰：“不意太后盛怒时，威棱乃至如此。昔人谓曾（国藩）、李（鸿章）两公，当时威权盖世，一见太后，皆不免震慑失次，所传固当不虚也。”[1]其统治中国四十余年，群臣乃至亲王均俯首帖耳，无稍敢挑战其地位与权威者。但慈禧太后有统治之术，却缺乏世界眼光，能历经政治大风浪而不倒，却无术挽救国家之颓势，而贪污盛行，政以贿成，其腐败亦透顶矣。

对于清王朝来说，慈禧太后最初执政，曾为延续清王朝做出了一定的贡献。可是后来情况逆转，清王朝虽不在她手里灭亡，但与她确有关系。真是成也她，败也她。

中国各王朝历史上，每当皇帝年幼的时候，常由母亲也就是太后掌权，有些太后自己能力不行，往往引进自己的父兄等亲属，造成外戚专权。但慈禧太后不同，她没有允许自己的亲属——弟、侄进权力核心。而且她虽然拥有最高权力，却从未想以叶赫那拉氏取代爱新觉罗氏，她不像武则天那样做皇帝，相反至少在主观上，她要为爱新觉罗王朝的延续负责。

近代以来，中国前后有三个铁腕人物，慈禧太后、袁世凯、蒋介石。但是袁世凯、蒋介石最后的结局都是失败者，只有慈禧太后掌权

1 《庚子西狩丛谈》卷四，1928 年印行，引自台北文海出版社影印本，第 97 页。

后没有任何人能够向其挑战。袁世凯的失败，在于他跨过了不该跨的一步——当皇帝。慈禧太后始终控制皇帝而不当名义上的皇帝，这是她的聪明处，如果她像武则天一样当皇帝，那恐怕她再狠，手腕再高明，也会失败。

至于慈禧太后的个人生活，其实也是个悲剧。她的丈夫咸丰帝去世时，她才二十六岁，用今天的标准，还正是青春年少。她之所以那么追求权力，除了天生个性外，与她没有正常的家庭生活也有一定关系。她的生命中，没有亲情，也没有友情。慈禧太后有朋友吗？年轻的时候，恭亲王奕訢曾是她的政治盟友，但绝不是朋友。她的亲信荣禄，某种意义上也还算政治盟友。其他的人，特别是后来的奕劻等人，政治盟友都不能算，只能算她的奴才。她没有朋友，也没有真正的亲人。她只能是"高处不胜寒"，孤家寡人一个。其实，历代高高在上的专制统治者，又何尝不是如此。专制权力和人性构成无法相容的矛盾！

从慈禧太后我们再谈谈母后专权。母后专权、宦官专权、外戚专权，都是君主专制政治特有的现象。如果说那是怪胎的话，也是君主专制制度必然产生的怪胎。中国自建立君主专制政治之初，秦即有宦官赵高专权，指鹿为马；汉初则有吕后专权，唐有武则天专权，以后也绵延不绝。慈禧太后专权，乃是传统君主专制社会最后一位母后专权。母后专权，与宦官专权一样，是君权专制的一种补充或附属。君主专制，归根结底是人治政治，某种意义上说，君权可能是一个符号，君主自己握有这个符号，便可大权独揽；一些意外的原因，如君主年幼、能力不足、身体原因等，这个符号被别的人掌握，那么掌握这个符号的人便可取代君主操控政治。所以，君主专制一日不绝，母后专权、外戚专权、宦官专权之类的现象就会一再发生。

袁世凯

从改革旗帜到帝制祸首

创新军，号北洋，既为军阀鼻祖，又为军事变革先锋；晚清改革旗帜，民国独裁总统，翻手为云覆手为雨，袁家王朝惹骂名。

现今社会上对袁世凯的关注很多，过去说他坏的，把他说得一无是处，“窃国大盗”是最常见的标签。现在有些说他好的，又把他说成了一贯正确的伟人。

其实袁世凯是个非常复杂的人。上面两种说法都有偏颇之处。笔者希望为读者介绍一个真实的袁世凯，并分析他的时代和他创立的北洋集团的本质。

中国自秦始皇建立了君主专制的政治体制，一直延续了两千多年。1912 年，随着清廷的退位，君主制宣告结束。袁世凯是君主制结束后第一个基本上统治了全国的国家领导人（孙中山虽任临时大总统，但没有统治全国，时间亦短）。此后的中国将建立什么样的制度？中国向何处去？可以说与袁世凯有极大的关系。除了短期失败的帝制外，袁世凯开创的一个招牌是民国，但实际却是独裁专制的政治体制，而这种独裁，又相当程度上依赖军队。后来北洋军阀的完全失败，说明袁世凯的这种体制并不能持久。而袁世凯和张勋搞帝制都失败的事实，说明延续两千余年之久的传统君主制也不可能恢复。这究竟是什么原因？为什么中国以后又选择了另一种道路？所以，研究袁世凯和他统治的时代，有很多意味深长的东西。

袁世凯的崛起，既有他个人努力的成分，又有机缘巧合，两者缺一不可。

袁世凯，字慰庭，号容庵，河南项城（今为县级市）人，生于1859年，卒于1916年。袁家是个大家族。太平天国造反之时，袁世凯的叔祖袁甲三是团练大臣，带兵在安徽北部一带与太平军及捻军作战。袁甲三与曾国藩、李鸿章的关系都不错，后来官至漕运总督，他的“功业”对袁家后辈及袁世凯有一定的影响。袁世凯自幼对做八股、考科举不感兴趣，却喜欢读兵书，留心时事。当然，这也注定了他无法从科举的道路熬个出身。很多人说他不学无术，但笔者看过他的诗，觉得写得不错，字也写得不错（笔者不懂书法，只是觉得字还算漂亮），说明他不是个完全不读书的人。

1881年，二十出头的袁世凯以故人子弟的身份投奔淮军统领吴长庆。1882年，吴长庆奉命赴朝鲜，袁世凯也随着前往。在朝鲜初步显示了他办事的才干。吴长庆离开朝鲜以后，袁世凯全权负责，最后做到了“驻扎朝鲜总理交涉通商事宜”，其实就是清政府驻朝鲜的全权代表。这中间，袁世凯曾屡屡与侵略并要控制朝鲜的日本发生冲突，所以后来袁与日本的关系不太好。甲午年也就是1894年，日军出兵占汉城，开战前夕，袁世凯回国。

在朝鲜十多年，袁世凯从青年到中年，获得了最初的处理复杂事务尤其是对外事务的经验，以及最初的军事经验。

一、袁世凯与清末新军

这一节，我们观察袁世凯是怎样步步高升，成为清政府中举足轻重的官员。他升官的途径与一般从科举考试出身的官员很不相同，甚至与以军功高升的曾国藩、李鸿章也很不同。

在数千年的中国文明史上，每逢乱世，拥有一支能征惯战的军队，便是本钱，甚至可能借此夺取野心家都羡慕的皇帝大位。京剧《沙家浜》中土匪司令胡传魁有段唱段说："乱世英雄起四方，有枪就是草头王。"便是这种情形的注脚。而有志向和抱负，希望改良社会或统一国家，建立良好政权的政治家，也需要依赖军队。毛泽东就说"枪杆子里面出政权"。还有，在国家衰弱备受欺辱的年代，有强大的军队，也是忧国忧民之士所热诚盼望的。这都说明军队在近代中国的重要性。

1. 小站练兵

袁世凯自幼不喜欢学习科举考试的八股学问，要施展一番政治上的抱负，就要另寻出路。而曾国藩、李鸿章、袁甲三带兵打仗的事他都非常熟悉，他可能从中受到某种影响和鼓励。因此，他格外留意军事。在朝鲜的时候，就曾按照淮军的模式帮助朝鲜训练军队。

甲午战争的失败，暴露了中国军队的弱点，那就是仅仅装备了新式武器而不改变旧军队的体制、精神、军官和士兵的素质、战略战术，在真正遇到强敌的时候，还是会吃败仗。这一点，作为实际总指挥官的李鸿章看出来了，热心改革的湖广总督张之洞看出来了，对军事比较留心又有在朝鲜训练军队经历的袁世凯也看出来了。所以，袁世凯上书军机大臣李鸿藻论甲午战事，建言进行军事改革，上书中说：

> 此次军务，非患兵少，而患在不精；非患兵弱，而患在无术。其尤足患者，在于军制冗杂，事权纷歧，纪律废弛，无论如何激励亦不能当人节制之师。[1]

袁世凯指出了湘淮军的基本弱点，就是只装备新式武器，不改变军队体制，不学习新的战略战术，不起用新的军事人才，军队战斗力提高有限，不能够真正与列强抗衡。他主张裁汰旧军，“并延募西人，分配各营，按中西营制律令参配改革，著为成宪。必须使统将以下均习解器械之用法，战阵之指挥，敌人之伎俩”，“仍一面广设学堂，精选生徒，延西人著名习武备者为之师，严加督课，明定升阶”，又建言选派将领出洋游历学习。[2] 平心而论，袁世凯的这一见解，在当时的官场中算是卓越的。这上书给李鸿藻留下了深刻的印象，为以后让袁接办新军打下了基础。

随后，袁世凯上书督办军务处，其中说：

---

1 《致督办军务大臣李鸿藻函》，骆宝善、刘路生主编《袁世凯全集》第三卷，河南大学出版社 2013 年版，第 533 页。

2 《致督办军务大臣李鸿藻函》，骆宝善、刘路生主编《袁世凯全集》第三卷，河南大学出版社 2013 年版，第 533 页。

查此次军兴，往往易为敌乘、迭见挫败者，虽由调度之无方，实亦军制之未善。若不权时度势，扫除更张，参用西法，认真训练，则前车之鉴，殊足寒心。[1]

1894年，甲午战争还在进行的时候，清政府决定全按西法编练一支新军，取名“定武军”，计十营五千人，命广西按察使胡燏棻负责，驻天津小站训练。胡燏棻虽较开明，但其实不懂军事，年岁也偏大了些。1895年年底，清廷派当时官衔为浙江温处道道台的袁世凯接管定武军，并改名为“新建陆军”。袁世凯的官衔为“道”，比胡燏棻的按察使低，清廷派道员衔的袁世凯负责，一则可以看出高层对袁的信任，一则可以看出对袁世凯是很大机会。此时袁世凯三十六岁，已经有了相当的阅历和经验，小站练兵正好使他大展身手。

袁世凯改变了湘淮军只换武器不改体制的做法，全用西法训练新建陆军，并将兵员扩充到七千人。当时的中国人对普法战争中普鲁士的军队印象极为深刻，袁世凯就认为各国陆军德国最强，所以新建陆军的教官聘自德国，训练也是按照德国陆军操典。1896年5月，袁世凯又在天津设德文（当时称“同文”）、炮、步、马（骑兵）四学堂，即军事学堂，学生共二百八十余人，预定两年后让这些军校学生出任军官。段祺瑞即为炮队学堂监督。

甲午战争以前，中国军队中较有战斗力的湘淮军虽用枪炮等新式

1 《上督办军务处原禀》，《新建陆军兵略录存》卷一，载来新夏主编：中国近代史资料丛刊《北洋军阀》（一），上海人民出版社1988年版，第21页。

武器，但体制、编制基本上是冷兵器时代的，且其军官均系旧行伍出身，受近代军事教育者很少，因此不懂近代战争的规律及战略战术。甲午战败，此为重要原因。袁世凯所练新建陆军、张之洞所练的江南自强军以及开办陆军学堂，开始改变此种情况。但是当时规模较小，实力有限，张之洞所练军队规模更小。

1896年，正当袁世凯努力训练军队的时候，发生了这样一段插曲。5月28日，突然有上谕命兵部尚书荣禄赴天津查办袁世凯及新建陆军。此举系因河南道监察御史胡景桂参劾袁世凯而起。上谕云：

> 前因天津新建陆军，特派袁世凯督练洋操，优给饷项。原冀壁垒一新，尽洗从前勇营习气。兹有人奏袁世凯徒尚虚文，营私蚀饷，性情谬妄，扰害地方一折。该员所练各军，饷项最巨，必应切实操练，饷不虚縻，方收实效。著荣禄驰赴天津，将该员督练洋操一切情形，详细查明，能否得力？断不准徒饰外观，毫无实际。其被参各节，是否属实。一并秉公确查，据实具奏。[1]

读了这封上谕，不明原委的人可能一头雾水。其实此事另有隐情，其内幕，据与荣禄一同赴天津视察的陈夔龙记述，情况如下。甲午战败后，最高决策层计划改练新军。对袁世凯担任新建陆军督办、军机大臣产生分歧，翁同龢不看好袁世凯，李鸿藻则鼎力支持。不料袁世

1 《清实录》第五十七册，光绪朝二十二年四月辛巳，中华书局1987年影印，第70–71页。

凯任职后，天津官绅传来很多意见，他们指控袁世凯办事操切，嗜杀擅权，甚至不受北洋大臣（直隶总督兼北洋大臣）节制。李鸿藻因为曾保举袁世凯，颇感尴尬，虽不想护短，但因系原保之人，不能自己否定自己，于是暗中让同乡京官胡景桂参劾袁世凯。光绪帝于是命兵部尚书荣禄到天津查办。荣禄到天津后，见该军七千士兵“身量一律四尺以上，整肃精壮，专练德国操。马队五营，各按方辨色，较之淮练各营，壁垒一新”。这给对军事还算内行的荣禄留下了极深的印象，认为袁世凯是个人才，他对同行的陈夔龙说：“此人必须保全，以策后效。”[1]

荣禄回京后的奏报中不但说参劾查无实据，而且说“该道血性耐劳，勇于任事，督练洋操，选拔精锐，尚能不遗余力，于将领中洵为不可多得之员”[2]。所以，光绪帝谕命参劾案毋庸置议，又鼓励袁世凯“有则改之无则加勉”[3]，好好练兵。

此番参案，袁世凯不但未受惩处，反因祸得福，得到朝中权臣也是慈禧太后亲信荣禄的赏识，为以后的飞黄腾达奠定了基础。

1897 年 7 月，袁世凯就升为直隶按察使，仍负责练兵。

2. 短暂的武卫右军

甲午败后，淮军除战争中打得较好的聂士成部外，多被遣散，直隶一带国防空虚。1898 年年底，荣禄奏准将驻近畿一带的宋庆、聂士成、

1 均见陈夔龙《梦蕉亭杂记》卷二，上海古籍出版社 1983 年影印，第 2 页。

2 《军机处朱批奏折档》，引自中国社会科学院近代史研究所编《清末新军编练沿革》，中华书局 1978 年版，第 22 页。

3 《清实录》第五十七册，光绪朝二十二年五月戊申，中华书局 1987 年影印，第 90 页。

袁世凯、董福祥所部四军联为一军，名武卫军。聂士成部驻天津芦台守北洋门户，为前军；董福祥部驻蓟州兼顾通州，为后军；宋庆部驻山海关内外，为左军；袁世凯部驻天津小站，为右军；荣禄另募亲兵万人为中军，驻南苑内。五军由荣禄统一指挥，其中战斗力较强的为袁世凯部和聂士成部。

小站练兵，初步形成了袁世凯的嫡系军人班底。其中最重要的有王士珍、段祺瑞、冯国璋，这三个人后来被称为“北洋三杰”，又被称为袁世凯的龙、虎、狗。这几人都是北洋武备学堂毕业。在淮军中，军官都是行伍出身，学堂出身的只能当教官，因此段祺瑞等得不到重用，而袁世凯则一手将他们提拔起来。

袁世凯的武人班底还有曹锟、张怀芝、段芝贵、雷震春、江朝宗、王英楷、陆建章、李纯、王占元、张勋、姜桂题、孟恩远等。这些人有的是李鸿章创办的北洋武备学堂培养出来的学生，有的是淮军将领，有的是袁世凯原来的部下。文员则有徐世昌等，徐负责管理参谋营务处，有点类似参谋长。这些人后来在中国近代史上都产生一定的影响。

1899 年年底，由于山东兴起义和团，山东巡抚毓贤不愿镇压，清政府在列强的压力下，命袁世凯署理山东巡抚（次年实任）。袁世凯把所部武卫右军带到山东。1900 年，清政府与八国联军开战，驻守近畿的宋庆军、聂士成军、董福祥军都参加了战斗，而这三支军队的实力都遭到几乎是毁灭性的打击，其中聂士成壮烈殉国。袁世凯在山东参加了“东南互保”，巧妙地避免了参加战争，保存了他一手训练的武卫右军。在此之前，1900 年 4 月，袁世凯奏准将山东旧有的军队汰弱留强，重新编练二十营，并命名为武卫右军先锋队。后来该军练成，有步队十六营，炮队两营，马队两营。因此，经过庚子事变，袁世凯所部武卫右军实力不但完全保存下来，还有所扩大。

3. 北洋新军

1901 年，李鸿章去世，袁世凯接任直隶总督。在新政的背景下，袁世凯更是不遗余力地练新军。

袁世凯任直隶总督之初，直隶的军队系统非常混乱，有绿营、练军、淮军及新军（即袁世凯原编练的武卫右军），但除了袁世凯所编练的新军外，其他都没有多少战斗力。袁世凯说当时的情形是“名目众多，规制淆杂，零星分布，风气自为。欲考查而散漫难指，欲训练而扞格莫入”[1]。直隶当北京的门户，拱卫京师，必须有一支起码像点样的军队。所以，袁世凯认为，这种情况必须迅速改变。

袁世凯上任不到三个月[2]，就在 1902 年 2 月派王士珍、王英楷等到直隶的正定、大名、广平、赵州、深州、冀州等地，精选壮丁六千人，带到保定训练。同时制定了《募练新军章程》并上奏清廷。章程对招募士兵规定了严格的标准，年纪限二十岁至二十五岁，力气、身高都有相当的要求，曾经吸食鸦片的不收，曾有刑事记录的不收，五官不全、体质软弱不收，有眼疾的不收，等等。挑选的壮丁，必须是

1 来新夏:《北洋军阀》(一),上海人民出版社 1988 年版,第 758 页。

2 袁世凯 11 月 7 日受命任直隶总督,11 月 27 日接印,次日开始处理政务。

土著，必须有家属，如果发生兵丁逃亡事件，将追究家属。这些标准与湘军初创时选拔士兵极为相似。同时，对入伍的士兵规定了优厚的待遇，正兵每月饷银四两二钱，头目每月饷银五两。

1902 年 6 月，袁世凯奏准在保定创设直隶军政司（练兵处成立后改为直隶督练公所），统一负责新军的编练。袁世凯自己兼任督办，下设三处：兵备处，总办刘永庆；参谋处，总办段祺瑞；教练处，总办冯国璋。与此同时，他上奏要练成两镇新军（镇略相当于后来的师，兵力一万余人）。他在上奏中将训练的新军称北洋常备军，这就是北洋军名称的由来。与此同时，袁世凯又奏准实行常备兵、续备兵、后备兵制，相当于现代军队的现役、预备役、后备役兵制。

1903 年 12 月，清政府在中央成立了练兵处。练兵处独立于兵部之外，专门负责新军的编练。此时荣禄已经去世，练兵处的总理大臣为军机大臣、庆亲王奕劻，但奕劻并不懂军事，尤其不懂新军，清廷就让袁世凯充当会办大臣，另外加一个满人铁良“襄同办理”（即襄办）。这样的人事安排，实际直接负责的就成了袁世凯。练兵处在大臣之下设提调一名，负责日常工作，下设机构主要有军政、军令、军学三司。而练兵处提调徐世昌、军政司正使刘永庆、军令司正使段祺瑞、军学司正使王士珍，副使冯国璋、陆建章等，都是袁世凯的亲信，这练兵处简直就是直隶军政司的翻版。

由于日俄战争的刺激，新军编练的步伐大大加快。到 1905 年，也就是日俄战争结束的时候，北洋六镇已经基本练成。所谓北洋六镇，名义上四镇属于中央朝廷，两镇属直隶，但实际上都是袁世凯亲信担任军官：

第一镇为旗籍士兵，统制铁良；

第二镇统制王英楷；

第三镇统制段祺瑞，稍后由段芝贵担任；

第四镇统制先后由吴长纯、段祺瑞担任；

第五镇统制先后由吴长纯、张怀芝担任；

第六镇统制先后由王士珍、段祺瑞担任。

其中第一镇统制铁良虽为满人，且后来与袁世凯有矛盾，但此镇的第一协统领曹锟、第二协统领何宗莲都是袁世凯的亲信。以后各镇统制虽曾调换，但大体都是袁世凯亲信任职。到宣统年间，清廷罢免袁世凯之后，载沣之弟军谘大臣载涛等企图用留日士官生取代袁世凯的亲信，以排除袁世凯的势力，但因时间太短，收效不大。

除了北洋新军外，当时直隶省残存的其他军队，也为袁世凯收编。1906 年 4 月，袁世凯奏准将直隶原淮军各营改编为巡防队。后来袁将其改编为三十九营，名“北洋巡防淮军”，或“北洋巡防营”，分为前、后、左、右、中五路，以夏辛西、张勋等分别统带。驻扎直隶各地，专事弹压地方，缉捕盗贼，保护铁路、电线。此后该支军队也纳入北洋系统。

有一点需要强调：北洋新军是中国第一支比较完全意义上的近代化军队。它与湘淮军相对偏重武器更新，却忽略制度、军事思想的转变以及现代军事人才不同，北洋军在编制、指挥体系、战略战术、军官选拔上全面仿效西方，因此战斗力有很大提高。因此西方研究者认为，以往“一支小小的外国军队能够在中国登陆，并且夺获任何重要目标的日子已经过去了”[1]。

北洋新军在全国军队中处于什么样的地位？

晚清政府制定了编练三十六镇新军的计划，指令由各省组织编练，但是直到清亡，由于财力等原因，这一计划并没有实现。各省新军，要求练一镇的，往往只练成一协；要求成两镇的，往往只成一镇，或一镇加一协。其中军力比较强的是湖北、南京。另一个情况是，南方新军多为革命党人渗透，被清廷视为不可靠的军队，北洋六镇就更加得到重视。北洋六镇不仅成军早，而且训练、装备都比较好。至于旧的防军、练军，1907 年清政府命改编为巡防营，比较忠于清廷，但战斗力比新军要逊色。

这样，北洋六镇就成为全国训练最好、装备最精、粮饷最足的军队，作战能力也是全国最强的。所以，它成了袁世凯的政治资本，也是袁世凯受清廷亲贵猜疑的主要原因，所谓卧榻之侧，岂容他人酣睡。

1900 年以前，袁世凯虽然统带训练新建陆军，并成为武卫军中较强的一支，但毕竟兵员较少，实力有限。但是到了晚清新政时期编练了北洋六镇，袁世凯的实力迅速膨胀。

本来，咸丰以前，清朝的军队受中央朝廷的严密控制，从曾国藩创建湘军镇压太平天国开始，出现了军队私人化的情况，就是军

---

1 [美]拉尔夫·尔·鲍威尔：《中国军事力量的兴起》，陈泽宪译，中国社会科学出版社 1979 年版，第 275 页。

队将官由创建者个人任命，士兵由将官们自己招募，将官们听命于任命他们的个人。这样军队与清中央有了某种程度的分离。罗尔纲先生称这种情况是“兵为将有”。李鸿章编练淮军，与湘军的模式基本相同。但是曾国藩和李鸿章都是士大夫出身，他们对清廷基本是忠诚的。袁世凯就不同了。袁世凯训练并控制了北洋六镇，并刻意培养这些军人们对自己而不是清廷的忠诚，这样，袁世凯就成为名副其实的军阀鼻祖。随着清朝的灭亡，北洋军也就正式转化为军阀部队。

而随着袁世凯实力的膨胀，袁及其集团与清廷的矛盾也越来越突出。1906 年中央官制改革时，袁世凯坚持立即实行责任内阁制度，且锋芒毕露，引起清廷亲贵的猜疑。慈禧太后命北洋六镇均归中央陆军部统一管辖，只二、四两镇暂归袁世凯调遣训练，同时免去袁世凯的许多兼职，是袁世凯仕途上的一个挫败。

二、袁世凯与直隶新政

在人们的印象中，袁世凯是个极爱投机的人，似乎没有什么思想可言。不错，袁世凯确实善于投机，但是，向哪个方面投机，有时还是能显示投机者的思想倾向。例如，当 1900 年与八国联军开战时，袁世凯选择的不是听从朝廷的命令，而是弹压义和团，参加东南互保。须知此时中央朝廷的主流意见是开战，袁世凯如此做，要冒战后受责罚的危险，甚至为此掉脑袋也未可知。结果，与直隶近在咫尺且先发生义和团的山东却保持了和平。他之所以投不参战之机，是他根本上反对义和团盲目排外性的反帝方式，当然，战前他也十分清楚中国没有战胜所有列强的丝毫可能。庚子事变之后，袁世凯选择的是大力推进新政改革。

1901 年的直隶总督并不好当。一方面，战乱后的直隶百端待理，经济需要恢复，土匪需要清剿，残余的义和团需要清理，还有战败的散兵游勇需要处理；另一方面，侵华各国联军还占着天津，交涉非常困难。袁世凯就是在这种情况下上任的。这一年袁世凯四十二岁，既有一定经验，又精力旺盛。上述这些事情，袁世凯大多做好了，并得到上自朝廷下至绅士精英的赞许。除了恢复秩序、让生活走上正常轨道外，袁世凯最努力的是办新政。

清政府决定实行新政后，要求各省督抚向朝廷提出建议。1901 年 4 月 25 日，袁世凯上《遵旨敬抒管见上备甄择折》，这是新政上谕发布后地方督抚中最先上的条陈，比刘坤一和张之洞的《江楚会奏变法三折》还早，这时候他还是山东巡抚。条陈建言十事，要点为：（一）整顿京师大学堂，各省多设学堂，译外国书。（二）减科举名额而增设实科。所谓实科，即各国语言文字及各国政治经济时务的学问，三科后将旧科停止。（三）设官报局以开民智。（四）简派王公、官员赴各国游历以广见闻。（五）增官俸以养廉，就是改革不合理的官员薪俸制度。（六）设商会以振兴工商，铸统一的银币。（七）设军事学校以修武备。[1] 这些建议实际就是康有为戊戌变法建议的翻版。当然，

1 《袁世凯全集》第九卷，河南大学出版社 2013 年版，第 144-149 页。

这也说明经过庚子事变的冲击，稍具新倾向的高层官员已能接受两年多以前康有为的改革建言。

这以后，袁世凯在直隶大力推行新政，并且卓有成效，使直隶与张之洞治下的湖北一样成为当时新政的模范省。

1. 兴办新式教育

推行新式教育是晚清新政最重要的措施之一，也是袁世凯努力的重点方向。袁世凯曾强调人才是图治的根本，因此，他除了与张之洞等人不断呼吁废科举、兴学堂外，还在直隶大力兴办新式教育。

当袁世凯还没有调任直隶总督的时候，就于1901年在山东创办了大学堂，这是清廷谕令各省办学堂后率先创办的新学堂，也是中国最早的省立大学堂。它的创办几乎与清廷下令兴学的上谕同时。袁世凯采取了因地制宜、因时制宜的办法，考虑到当时还没有中小学堂，大学没有合格的生源，他将大学堂内部机构暂分三等：备斋，学习比较浅显的课程，如同各州县的小学堂；正斋，学习普通学，相当于中学堂；专斋，学习专门学，是真正的大学。袁的意思，大学堂只应设专斋，因一时无所取材，即没有合格生源，故虽有大学堂之名，暂不立专斋课程，而先从备斋、正斋入手，等到正斋学生毕业有期，再续订专斋课程，以资精进。课程方面，备斋两年，主要学习中国经史掌故、外国语言文字、史志、地舆、算术等各种浅近之学；正斋四年，学习普通学，分政、艺两门，政为中国经学、中外史学、中外治法学，艺为自然科学技术。[1]按我们今天的理解，备斋、正斋相当于预科，专斋是正式大学。这样，既不脱离实际情况，办没有实际意义的大学，又为将来真正办起合格的大学做准备。

袁世凯于1901年11月4日将学堂章程上奏，清廷认为“其教规课程，参酌中西，而谆谆于明伦理、循礼法，尤得成德达材本末兼赅之道”，命将其原奏及章程“通行各省，立即仿照举办，毋许宕延”[2]。这样，山东大学堂又成了各省创办学堂的样板（今山东大学把袁世凯创立的山东大学堂作为其起源）。

袁世凯到直隶上任后，很快就聘请美国人丁家立（Tenney Charles Daniel）为总教习，在保定创办起直隶大学堂。

袁世凯又重建原来盛宣怀创办的毁于战火的天津中西学堂——北洋大学堂，改设于天津西沽武库，1903年5月校舍完工开学，即现在天津大学的前身。

在推进新式教育的同时，袁世凯又关注教育行政机构。在清末新政以前，各省有所谓学政一职，但学政并不是固定的职务，它是由中央政府派遣的，主要职责是主持考试，也管理教育，实际主要管旧式书院，与新式教育无关，实际上等于没有管理现代教育的机构。1902年8月，袁世凯奏准在省城（保定）设学校司，作为管理全省教育事务的行政机关。学校司下设三处：专门教育处；普通教育处；编译处。

1 《改设学堂酌拟试办章程折》，《袁世凯全集》第九卷，河南大学出版社2013年版，第627—639页。

2 中国第一历史档案馆编：《光绪宣统两朝上谕档》第二十七册，光绪二十七年，广西师范大学出版社1996年版，第213页。

派前湖南按察使胡景桂为督办。这样，直隶又成为最早设立专门管理教育机构的省份。

兴办新学校，除了社会保守风气的阻力外，最难的是两个问题，一是师资，一是经费。

师资方面，解决的办法主要是办师范教育，特别是速成的师范教育，辅以派留学生学习师范及聘请发达国家人才。1902 年 8 月，与设学校司同时，袁世凯奏报设立直隶师范学堂。他在奏折中说：“育才莫先于兴学，兴学莫重于得师。……中国士子向囿于章句帖括之习，于各种新学多未讲求，自难膺教习之选。……臣现拟于保定省会，建造师范学堂一区，考选各州县举、贡、生员作为学生。先取日本译成西学普通各书，转译中文，颁发肄习，俾其易于通晓，易于成就。其教习等亦可中日参用，并因各处急需教习，拟先通融办理，于堂中分设四斋，第一斋半年毕业，二斋一年，三斋二年，四斋三年。”课程有经学、文学、公法学、财政学、史学、地学、算学、格致学、农学、体操、教育学等。[1] 以后，直隶又办了多所师范学堂，为直隶新教育的发展提供了有力的支撑。

为了解决经费问题，袁世凯也动了不少脑筋。除了政府设法拨款外，袁世凯动员士绅捐款兴学，对捐款人给予各种奖励。他自己也带头捐二万元。翰林院编修严修创办学校十一处，得到五品卿衔的赏赐。湖广总督张之洞的籍贯是直隶南皮，他捐款银二万七千余两办学，袁

1 《筹设直隶师范学堂小学堂拟订暂行章程折》《袁世凯全集》第十卷，河南大学出版社 2013 年版，第 390-396 页。

世凯特地奏请光绪帝和慈禧太后赏给所书匾额各一方。

清末新政中教育改革更显著的其实是中小学和专科学堂，换句话说，清末新政期间基本形成了我国的现代教育体系。

按照清政府学部的统计，在袁世凯转任军机大臣这年，即 1907 年，直隶有各类学堂及教育处所八千七百二十三所，居全国第一位；在校生十六万四千一百七十二人，仅次于人口大省四川；教员八千四百六十人，仅次于四川。比较一些大省，发达的广东，有学生七万五千七百三十三人；人口较多的河南，有学生三万八千八百零四人；山东，有学生五万三千九百九十六人。学生数超过十万的，只有直隶和四川。[1] 由此可见直隶教育的发展。

至于具体学校教育的情况，笔者曾专门考察过学校体育教育的情况，发现直隶在各省中是比较好的。

袁世凯不仅致力创办新式学堂，还向国外派出大量留学生。其中最多的是日本。如 1903 年直隶派到日本的官费留学生为六十人，仅次于湖北的八十一人。

2. 创办新式警察

清末新政以前，除了租界以外，中国没有现代警察制度。各级衙门中的捕役和部分绿营负责治安任务，但效率极差，而且极端腐败。中国人自己的警察制度自袁世凯始。

1902 年 5 月，袁世凯在保定创办警务总局，命赵秉钧为总办，

1 均见学部总务司编:《第一次教育统计图表》,光绪三十三年分,学部印行,台北文海出版社影印,第 27、63 页。

又聘请日本警察专家三浦喜传为顾问，仿照西法，拟订章程。保定（直隶名义上的省城）设分局五所。赵秉钧一面创办巡警学堂，一面挑选五百人组成巡警队，分布保定城乡内外，承担维持治安等职责。

与新军招募士兵类似，直隶对警员的招募也有严格的规定。按警务章程规定：保定所募巡警，必须是土著，都要有家属；必须性情平和、朴实耐劳。曾犯案被刑责者、充当兵役革退者、有过多债务者、吸食鸦片者、嗜酒滋事者、性情强暴者，都不准充当巡警。

当时巡警职责比现在警察要宽得多，除社会治安外，还有管理路灯、公共厕所、公共卫生、道路、桥梁、交通秩序、紧急救护等。到1902年8月，袁世凯向清廷报告说，保定警务已推行两月，“地方渐臻静谧，宵小不至横行，似已颇有成效”[1]。

在袁世凯将保定创办巡警的情形奏报清廷时，八国联军交还了天津，但附带了一项苛刻条件，规定天津及周围二十里内不得驻扎中国军队。要行使主权，又不能有军队，天津又当北京门户，所以各国联军给中国政府的这个条件让地方官员很为难。袁世凯采取了一个变通的办法，即化军队为巡警，他把在保定训练的新军抽出三千人，改编为巡警，驻在天津。巡警而非军队，各列强也就没有话说了。这三千人一半驻天津，称南段巡警局，负责人是赵秉钧；另一半驻塘沽、北塘、山海关等处，称北段巡警局，刘金标为总办。驻扎天津的是真正的巡警，天津以外的实际是打着巡警旗号的

1 均见《设保定警务局暨警务学堂拟定章程折》，《袁世凯全集》第十卷，河南大学出版社2013年版，第398-406页。

军队。

袁世凯转驻天津后，又创办了天津巡警学堂，1903 年底将保定巡警学堂并入，改名为北洋巡警学堂。这以后，更将新式警察制度推广到整个直隶。

1902 年 8 月袁世凯将直隶创办警政的情形上报朝廷后，过了两个月，清政府命令全国推广警政。上谕说，袁世凯奏定的警务章程，于保卫地方一切，“甚属妥善”，要各省督抚仿照直隶警务章程办理。这样，直隶的警政又成为全国的典范。

3. 振兴实业

振兴实业是清末新政的重要内容之一，袁世凯在这方面也做出了很大成绩。我们只举几个例子介绍情况。

（1）工矿业

1903 年，袁世凯创办直隶工艺局，作为倡导实业的总机关，委派周学熙（山东巡抚周馥之子）为总办。周学熙是办实业的能手，在周的努力下，直隶工艺局创办了高等工业学堂、教育品制造所、劝工陈列所，以及各种示范性的工场等近三十所实业机构，省内各府厅州县也办起工艺局厂六十五处[1]。

以创办工艺局为契机，周学熙在直隶及北方创办企业多家，多获成功。时人将其与张謇并列，称“南张北周”。

启新洋灰（水泥）公司就是当时比较成功的企业。启新洋灰公司，原名唐山细棉土厂，系 1885 年直隶总督李鸿章所创，投资银十万两，

1 《周止庵先生自叙年谱》，载周小鹏编《周学熙传记汇编》，甘肃文化出版社 1997 年版。

制水泥，由开平矿务局管辖。第二任总办张翼接办开平矿后，将该厂停办。庚子事变中与开平煤矿同为英人所骗取。1906 年，袁世凯将该厂收回，委派周学熙为总理，1907 年改名为唐山启新洋灰股份有限公司，并向农工商部立案。周学熙增加资本，扩大规模，改进工艺及设备，获得巨大成功，启新厂生产的“马牌”水泥销至全国各地。后来又与日本销华的水泥激烈竞争，幸得不败。启新成为北方最有成效的企业之一。

另一个影响比较大的企业是滦州煤矿。唐山开平煤矿原系李鸿章委派唐廷枢开办，唐廷枢去世后，由出身醇亲王奕譞府中侍从的张翼接任督办。八国联军侵华时，由于张翼的糊涂颟顸，开平煤矿矿权被英国资本家骗去。开平煤矿是李鸿章创办的洋务企业中效益比较好的企业之一，也是一个大财源。袁世凯虽曾多方努力，甚至通过中央政府让张翼到英国去打官司，都没能收回（英国法院判决张翼获胜，也就是中国获胜，但英国政府从中阻挠，开平未能交还中国），对此，袁世凯实不能甘心。1906 年，直隶工艺局总办周学熙建议，在开平旁边另外创办一个滦州煤矿，与开平竞争，挤垮开平，然后将其收回，即“以滦收开”。袁世凯予以批准，并指定：由天津官银号（督办也是周学熙）招集商股，妥定章程，觅选熟谙矿务的工程员司，迅即筹办。周学熙招股二百万两，一面派人出洋采购设备，一面即以土法先行开采。次年冬拟续招股三百万两，因英国方面的阻挠，仅招得八十万两。此后滦州煤矿与开平激烈竞争，虽然没能收回开平，但也取得了一定效益。

由于袁世凯及各方的努力，原来在近代工业比较落后的直隶，有了比较大的发展。

（2）铁路

一般人都知道著名技术专家詹天佑主持修京张铁路，但不知詹天佑背后的主持人实际是袁世凯。1905 年 5 月，袁世凯奏请筹设京张铁路（北京至张家口），在此以前，袁世凯已派詹天佑到当地勘察并估算。他说从速动工，四年可成。此路由中国筹款自造，不用洋工程师。又说可以从关内外铁路余利中每年提银一百万两作为经费。[1] 清政府批准后，袁世凯任命陈昭常为督办，詹天佑为总工程师兼会办。历时四年，1909 年建成，全长三五七里，连岔道计四四九里。1909 年 10 月 2 日，京张铁路举行隆重的通车典礼，参加典礼之中外人士达万人，邮传部尚书徐世昌致词。这是我国自行设计、施工的第一条铁路，但通车之时，袁世凯已被清廷罢免。

（3）其他

金融业方面。天津在庚子事变后，市面流通的货币不足，周转不灵，金融极为混乱，私钱遍市，物价沸腾，民生凋困。1902 年，袁世凯命周学熙办银元局。周学熙创办了造币厂，鼓铸铜元，不仅缓解了市面缺乏现金流通的问题，还为政府带来了大笔的收入。

1903 年，天津市面发生钱荒，影响了市场流通，为了解决这个问题，也为了增进天津商业发展，这年 5 月，袁世凯批准在天津设立商务公所（1905 年改名为天津商务总会）。这是各省较早设立的

1 《袁世凯全集》第十三卷，河南大学出版社 2013 年版，第 436-437 页。

商会。1903 年 6 月袁世凯委派天津商人杨俊元为总董，石元士等四人为董事，集股开设天津银行。天津银行拟集股一百万两，袁世凯并允诺官筹一百万两。[1]

农业方面。1907 年农历五月，袁世凯又在保定设立直隶农务总会，是为中国有农会之始。也是在这个月，直隶农务局又与农务总会举办第一次农产品评会，由直隶布政司增韫为会长，会上讨论直隶农业应振兴改良等事，又请外国教师演说东西洋农业情况。参加者除官绅外，有农民二百余人。据说农民听者“闻所未闻，欢欣鼓舞，莫可名言”[2]。

除了以上所述新政措施外，1907 年 3 月起，袁世凯于天津试办独立审判。设立专门的审判厅和专职的法官，进行“独立”审判，是 1906 年以后预备立宪的重要内容之一，袁世凯又走在前面。试办之地为天津府，天津府中又于天津县先行试办。袁世凯在天津府设高等审判厅，天津县设地方审判厅，又在天津城乡设乡谳局（相当于初级审判厅）四处。办事人员，选择平日对法律素有研究者、日本法政学校毕业者及原有府县发审各员，均经考试后再录用。此为清末试行独立审判之始。袁世凯 1907 年 7 月奏报清廷，说试办数月，积牍一空，民间称便，甚至外国人诉讼也有不先找该国领事而直接到审判厅起诉者。[3] 直隶试办独立审判对全国也有相当的影响，后来

1 《袁世凯全集》第十一卷，河南大学出版社 2013 年版，第 197–198 页。

2 《袁世凯全集》第十六卷，河南大学出版社 2013 年版，第 279 页。

3 《天津地方试办审判情形折》，《袁世凯全集》第十六卷，河南大学出版社 2013 年版，第 302–304 页。

法部编定《各级审判厅试办章程》，就取法天津府的《审判厅试办章程》。

清末预备立宪有一项内容是地方自治，袁世凯也走在前面。1906年8月，袁世凯在天津设自治局，试办地方自治。先设自治研究所，次拟订自治章程，次行选举，经两轮选举，选得议员三十人。1907年8月18日，举行开会式，互选议长、副议长，天津县议事会成立，为清末试办地方自治之始。

这里还要强调的是，袁世凯不只是主持直隶的新政，也积极参预全国的新政事宜。比如废科举，袁世凯和张之洞是最主要的推动者。预备立宪，袁世凯也是主要推动者。

三、袁世凯军事政治集团

随着袁世凯官职的提升和地位的提高，袁世凯集团的势力也不断扩大。这里必须指出的是，人们称袁世凯为北洋军阀的开创人，往往以为袁世凯依靠的只是军队，其实以袁世凯为核心有一个庞大的北洋政治军事集团，这个集团是晚清新政时期形成的。我们现在就通过有点枯燥的简历，观察北洋集团的情况。

北洋集团的核心成员有：官僚界的徐世昌、唐绍仪；军界的段祺瑞、冯国璋、王士珍；警察界的赵秉钧；经济财政界的周学熙、梁士诒，等等。

袁世凯集团的主要成员如下：

担任政府高级官员的有：徐世昌、杨士骧、唐绍仪。

徐世昌（1855—1939），号菊人，原籍天津，生于河南。年轻时因家贫而无力去考科举，1879 年初见袁世凯，两人气味相投，立即结拜为兄弟。徐得到袁世凯资助，得以参加科举考试。1882 年中举，1886 中进士，此后在翰林院任职十年。1896 年，徐世昌因母亲去世丁忧离翰林院职，1897 年到天津任职于袁世凯所练新军中，为总理本军参谋营务处。一位进士老爷、翰林愿意到这支小小的军队中任职，这在当时也是破除常规的事。徐机警富于谋略，善筹划，深为袁世凯倚重，自此成为袁世凯最得力的谋士，袁亦多方提拔。而北洋派的文武官员，非徐之同僚，即其部下，为北洋集团有影响的骨干之一。1901 年，经袁世凯和张之洞两大员保荐，徐世昌得慈禧太后召见，此后扶摇直上。1903 年，奕劻、袁世凯为练兵大臣，徐被保举为练兵处提调，次年即署兵部左侍郎。1905 年更为军机大臣、巡警部尚书。日俄战争后，日俄对东三省的侵略有加无已，清廷也加强了东三省的经营，于 1907 年宣布东三省改建为行省，任命徐世昌为东三省总督，并授为钦差大臣。而奉天巡抚唐绍仪，署理吉林巡抚朱家宝，署理黑龙江巡抚段芝贵，都是北洋派人。随后，徐世昌更奏准将北洋陆军第三镇全队开赴东北，再于第六镇及二、四、五镇中抽拨若干成立两混成协，亦令赴东北，驻扎于日、俄兵撤退之地，这些军队均归东三省总督节制调遣。因此北洋派的势力得以进入东北。徐为官八面玲珑，其时之官员多时倒时起，而徐则如不倒翁。宣统登基后，载沣摄政，袁世凯被革，徐仍任要职。1911 年“皇族内阁”成立，徐为协理大臣，相当于副总理。民国以后仍为政治上活跃人物，并曾任北京政府大总统。

杨士骧（1860—1909），安徽人，杨士琦之兄，进士。1900 年曾随李鸿章参与议和。袁世凯任直隶总督期间，杨由道员升任直隶布政使，1904 年出任山东巡抚。1907 年袁世凯内调为军机大臣，由杨士骧接任直隶总督。所以袁世凯虽然离开了直隶总督的位子，但这地盘暂时还是他的。袁世凯在京开销也由杨士骧负责。1909 年 6 月杨士骧卒，袁世凯已经被载沣罢免，起初清廷授予杨士骧太子少保的头衔，后又因为杨士骧与袁世凯关系密切，撤销了这个“荣誉称号”。

唐绍仪（1862—1938），字少川，广东香山（今中山，其出生地唐家湾镇今已属珠海市）人。1874 年赴美留学，即容闳所带的留美幼童之一。未完成学业即于 1881 年被召回国。1885 年到朝鲜办理税务，得到袁世凯的赏识，以后多次得到袁的提拔和举荐，因而与袁关系十分密切。1907 年出任奉天巡抚，1910 年一度任邮传部尚书。武昌起义后充当北方的议和代表，由于赞同清帝退位及共和，南方革命阵营对唐绍仪也有好感。南北统一之际，唐绍仪成为南北双方都能接受的人物，因而出任中华民国第一届内阁总理。但唐希望实行责任内阁，与袁世凯产生矛盾，后辞职并脱离北洋系。

文人谋士有：杨度、杨士琦等。

杨度（1875—1931），湖南湘潭人。1894 年中举。此后师事著名学者湘潭王闿运，学习“帝王之学”。1902 年赴日留学。1903 年参加经济特科考试，得一等第二名，但清廷怀疑其为康有为、梁启超之党，谕令拿办，杨只好再到日本留学。1905年，当选中国留日学生总会干事长。杨度曾作《湖南少年哥》，内有“中国如今是希腊，湖南当作斯巴达，中国将为德意志，湖南当作普鲁士。诸君诸君慎如此，莫言事急空流涕。若道中华国果亡，除是湖南人尽死。尽掷头颅不足痛，丝毫权利人休取”[1]句，慷慨激昂之气跃然纸上。杨度才华横溢，性格活跃，交游广泛，三教九流，皆有来往，其寓所有“留日学生俱乐部”之称，与孙中山等革命党、梁启超等立宪派亦皆有联络，为留日学生中甚有影响之人物。杨度主张“金铁主义”，金者金钱，即经济，铁者铁炮，即武力。杨度认为中国要像德国那样，有发达的经济和强盛的武力。他主张和平改革，实行立宪。1907年杨度归国，次年张之洞与袁世凯联名向清廷推荐，奉命在宪政编查馆行走，又在颐和园为清廷权贵讲解宪法。此后渐为袁世凯谋士。杨度较晚加入袁阵营，不像袁集团的其他人那样与袁有很强的隶属关系。杨度支持袁世凯，主要出于他的政治见解，即袁世凯是杨度心中能实现他金铁主义理想的人物。袁世凯被免职后，许多人避之唯恐不及，袁离京时，到车站送行者只有数人，其中就有杨度。民国初，袁世凯击败国民党，尔后欲帝制自为，杨度仍坚持金铁主义，主张君主立宪，且视袁为适当人选，并组筹安会为复辟鸣锣开道。

杨士琦（1862—1918），字杏城，安徽人，杨士骧之弟。举人。先在李鸿章手下任职，曾协助李鸿章与八国联军议和。李鸿章死后，

1　刘晴波:《杨度集》,湖南人民出版社1986年版,第95页。

袁世凯将其请到北洋幕府。杨氏兄弟与庆亲王奕劻很熟，袁世凯与奕劻的联络和结盟就得力于杨士琦的奔走、联络。杨士琦在袁世凯的举荐下，历任帮办电政大臣兼轮船招商局总办、农工商部侍郎等职。武昌起义后，袁世凯组织“责任内阁”，杨士琦担任署邮传部大臣。袁世凯企图复辟帝制时，杨士琦是重要的鼓吹者。

经济界人士有：梁士诒、周学熙。

梁士诒（1868—1933），号燕孙，广东三水人。1894 年中进士。1903 年清政府举行经济特科考试，梁士诒也应考，成绩不错，但有人在慈禧太后面前说他是“梁头康足”，即与梁启超同姓，与康有为同名（康祖诒），结果没有被录取。当时任天津海关道的唐绍仪把他介绍给袁世凯，让他担任北洋编书局总办，成为他以后的进身之阶。1905 年梁士诒任铁路总文案。1906 年清政府设邮传部，梁士诒 1907 年担任京汉、沪宁、正太、汴洛、道清五铁路提调。1907 年 12 月，邮传部成立铁路总局，梁士诒为铁路总局局长，掌握了铁路大权。清末铁路收入逐渐增多，且渐为国家财政收入大宗。梁在铁路部门安插亲信，从而形成以梁士诒为首的交通系，后来成为袁世凯集团的经济支柱。

周学熙（1866—1947），号止庵。其父周馥早年入李鸿章幕，以后得到李鸿章提拔，逐步升迁，袁世凯升任直隶总督时，周馥正任直隶布政使，后来任职至两江总督。周学熙为周馥第四子，曾中举人，但考进士不中，后来捐道员衔，1901 年分到山东任职，袁世凯命其办大学堂，从此得袁赏识。1902 年，周馥升任山东巡抚，按当时制度周学熙应该回避，所以他便到袁世凯当总督的直隶任职，当年袁世凯委派周学熙筹办银元局，次年又让他办工艺局，从此开始了经济活动生涯，以后周学熙在直隶及北方地区办多家企业获得成功，时人将其与张謇并称为“南张北周”。民国以后，曾两度任财政总长。

军界人物，这里只介绍三个人。

段祺瑞（1865—1936），1885年考入北洋武备学堂，毕业后到德国留学军事，曾到克虏伯炮厂实习。回国后在威海卫防军中任教习，袁世凯将他调入新建陆军。在袁世凯创办新军过程中，段祺瑞出力最多。袁世凯1907年向清廷上奏说：段祺瑞甲午战争以后经其“调统新军兼办理随营学堂，所有练兵章制、战法、操典，半皆由其手订。现在陆军营队，所用得力学生，亦半皆受其陶熔”，称赞段“办理学堂最久，造就人才最众，经验军事亦最有成绩可观”，又说段是“将才难得”。[1]段祺瑞职位是镇的统制[2]，但北洋系统的军官大半出自段祺瑞门下，或与段祺瑞有关，因此袁世凯故去后，能形成以段为首的皖系。辛亥革命时，南北议和已基本达成协议，但满族亲贵中有一些人反对清帝退位，希图对抗革命军到底，北洋系军人出演逼宫大戏，两度通电要求清帝退位。带头的便是段祺瑞。通电甚至声称亲贵们若不认共和，即“率全军将士入京”[3]，所以段祺瑞对达成共

1 《袁世凯全集》第十六卷，河南大学出版社2013年版，第53页。

2 辛亥革命爆发后曾署理湖广总督，率北军在湖北与南方革命军对峙。

3 中国近代史资料丛刊《辛亥革命》第八册，上海人民出版社1957年版，第179页。

和也算立了一功。

王士珍（1861—1930），直隶正定人，也是北洋武备学堂毕业。甲午战争中随叶志超部参战，平壤战役中受伤。袁世凯小站练兵，王士珍被招揽并悉心辅佐。1899年9月，王士珍、段祺瑞、冯国璋领衔编成《新建陆军兵略汇存》等书，成为袁世凯练兵的标准课本。袁任直隶总督后，王士珍成为练新军的主要助手。后来做到江北提督，一度署理陆军部侍郎。袁世凯被罢免，王士珍也称病辞官。武昌起义后，袁世凯出山组织内阁，王士珍被任命为陆军大臣。但王不赞成逼迫清帝退位，曾对逼宫的段祺瑞表达不满，清帝退位后，王辞职闲居。直到1914年，袁世凯反复邀请才又出山。王在北洋系统的影响虽大，但缺少自己构建的嫡系势力，所以后来段、冯争权，王只是居间调停，做和事佬而已。

冯国璋（1859—1919），直隶河间人，北洋武备学堂毕业。曾在聂士成军参加甲午战争，聂士成部是甲午战争中少有的获得过胜利的淮军军队，冯国璋也立有战功。战后作为驻日公使馆武官随员到日本，在日期间用心考察军事并编有兵书。袁世凯小站练兵后，将冯调入部下。冯与段祺瑞一样，既带兵也负责军事学堂。袁世凯任直隶总督后，命冯国璋督理北洋武备各学堂，袁世凯后来上奏说冯“统筹全局，躬任其难，督饬员司，同心协力，课程亲加厘订，教术务戒纷歧，规则维严，陶熔甚广”[1]。冯国璋在北洋将领中的影响仅次于段祺瑞，后以冯为中心形成直系。

1 《袁世凯全集》第十六卷，河南大学出版社2013年版，第53页。

稍了解民国历史的人都知道，段祺瑞、冯国璋都是军阀。民国初期的军阀混战，天下大乱，民生凋敝，他们要负主要责任。但正如以上所述，人们不知道的是，晚清的军事改革、中国军队近代化的重要一步，与段祺瑞、王士珍、冯国璋等人有重要关系。清末新军改革的领导人，固然是袁世凯，但袁世凯毕竟不是军人出身，军事改革具体怎样做，要依赖段祺瑞等真正的军人。因此，段、王、冯等人是袁世凯军事改革的具体实施者和执行者。

警界首脑：赵秉钧。

赵秉钧（1859—1914），字智庵，河南汝州人。1878 年投入张曜部，随左宗棠部湘军，进驻新疆。以后在直隶担任小吏，并不得志。1900 年李鸿章担任直隶总督，奏保他为知州，留直隶补用。袁世凯任直隶总督后，发现了赵秉钧的办事能力，很赏识他，尤其是他的警察才能。1902 年袁世凯在保定创办巡警，就命赵秉钧负责。以后袁世凯接收天津，警察事务也由赵负责。1905 年清政府成立巡警部，徐世昌任尚书，袁世凯推荐赵秉钧担任右侍郎。北京的警政实际上由赵秉钧一手负责，他还建立了一张特务网，监视各色人物，搜集情报，为袁世凯服务。

一般人往往以为既然称北洋军阀，即都是从晚清遗留下来的旧派人物。其实不然。这些人物有留学回来的，如较早的唐绍仪、清末留日的杨度；有旧式科举出身的，如徐世昌、杨士琦；当然更多的是军事学堂出身，如段祺瑞、冯国璋一类，即便段、冯，也有出洋经历，这恐怕是一般读者不知道的。这些人组成了一个不新不旧、亦新亦旧的集团。

除了袁世凯本身的亲信外，官场中不少人与他的关系密切，结成了一个极大的关系网。首席军机大臣、皇族内阁总理大臣庆亲王奕劻，某种意义上与他是政治盟友；军机大臣、皇族内阁协理大臣那桐与他关系密切，袁世凯被罢免后，那桐曾奏请起用袁世凯；军机大臣世续，据说与袁世凯拜过把子，袁被罢免后他与那桐一起请起用袁世凯。

1906年，袁世凯的权势达到了清末时期的顶峰，当时他的职务有：直隶总督兼北洋大臣、参预政务大臣（督办政务处）、督办电政（电报）大臣、练兵处会办大臣、督办关内外铁路大臣、津镇铁路大臣、会办商约大臣、办理京旗练兵大臣、京汉铁路大臣。这些职务大多是有权有利的，并不是一般的虚衔。对于朝政，袁世凯的意见也举足轻重。如日俄战争时，清廷就是采纳了袁世凯的意见而宣布局外中立；废除科举，清廷也是采纳了袁世凯和张之洞的建议。所以，袁世凯的权势和实力，已超过从前带兵的曾国藩和李鸿章。

但是袁世凯的权势，已经引起一些清廷亲贵及政敌的警惕。所以慈禧太后和光绪帝去世后，摄政王载沣很快于1909年1月2日将他免职。戏剧性的是，两年多以后，袁世凯再借辛亥革命之机东山再起，并且接替孙中山担任了中华民国临时大总统。

四、民国初袁式政治及其失败

由于袁世凯在民国初的政治活动，从刺杀宋教仁、击败国民党的二次革命，步步推进个人独裁，直到帝制自为并且失败，读者都很熟悉，而且后面介绍孙中山和宋教仁时还要涉及，笔者不再赘言。这里主要对袁世凯、袁世凯集团及其政权进行学理的分析。

我们中国人一般评价某一位历史人物，往往脸谱化，好就是全好，坏就是全坏。好的人物不能说他的缺点，坏的人物不能说他办的好事。其实真实的历史不是这样的，真实的历史会呈现非常复杂的情况。袁世凯就是这样。

1911 年武昌起义爆发后，由于袁世凯在清末新政改革中的努力和成就，各方对他有好感；也由于他控御着全国新军中实力最强、举足轻重的北洋六镇，又有包括政治、财政等许多方面的人才，许多人包括列强都认为只有他能稳定局势。所以，南北双方达成妥协，袁世凯接替孙中山当上了临时大总统。20 世纪人们常称袁世凯为“窃国大盗”[1]，并不准确，袁世凯当上总统有许多复杂原因，不是简单的“窃国”可以概括的。

袁世凯当了总统以后的作为与他在清末新政中的作为大不相同。如果袁世凯像孙中山、黄兴、宋教仁那样，忠于民主原则，比如孙中山辞临时大总统职，黄兴辞南京留守职，宋教仁辞农林总长职，蔡元培辞教育总长职，那么中国有机会建立一种有别于历代王朝的全新的政治，也能避免以往每隔一段时间就改朝换代的大动荡。可袁世凯不是这样，他把总统的位置看成他攫取无限权力的工具。因此，他先是

1　陈伯达著有《窃国大盗袁世凯》，影响很大。该书著于 1945 年 9 月，1949 年由当时的新华书店出版。

不愿和革命党人合作，必须得到独裁的权力，以后甚至不愿再和立宪派人士合作。

袁世凯初任总统时，政坛同盟会、立宪派、北洋派三足鼎立，维持着一种微妙的平衡。宋教仁希望实现民主宪政，同时限制袁世凯的专制独裁。在宋的主导下，1912 年 8 月同盟会改组为国民党，并于 1913 年初获得了国会选举的胜利。袁世凯的人暗杀了宋教仁，并随后击败了国民党的二次革命。这里，笔者要对“二次革命”如何发生多说几句。现在有些非历史专业的朋友，说是国民党发动二次革命，破坏了和平局面，打破了宋教仁案法律解决的可能，更使民主宪政失去一次宝贵的机会。好像国民党人倒是破坏共和和民主宪政的祸首。这明显是不了解历史，望文生义。当时人曾把二次革命称“赣宁之役”，因为战事主要在这两个省进行。后来国民党包括共产党人在述说革命历史时，也许是为显示革命党的主动，便称为“二次革命”，给人以错觉。实际上赣宁之役前，北洋军已经大兵压境，如果国民党不抵抗，只能束手就擒。所以，真正发动赣宁之役的，是袁世凯而不是国民党人。研究历史必须充分了解史料，充分了解当时的背景，不能想当然或望文生义。

赣宁之役以后，北洋系在政坛独大，形成了延续十多年的北洋军阀统治时期。

这里再讨论北洋军阀政治的特点。

大家知道，中国传统的政治体制，是君主制。专制君主制，如果从秦始皇开始算起，在中国已经有两千年以上。在传统社会里，专制君主制曾发挥了巨大的作用，中国传统文化的繁荣、大一统的局面，以及庞大的疆域,都和专制君主制有一定关系。但是到了鸦片战争以后，中国的传统政治体制却失灵了，在列强的一再冲击下，中国反应迟钝，被动挨打，甚至面临亡国的境地。这些又都和专制君主制有关。第一，传统君主制虽号称“普天之下莫非王土”，但实际是一种很松散的统治，在这种政治体制下，社会动员能力极低，再加上中国经济、科学技术的落后，所以总是遭人侵略，在对外战争中一再失败。第二，传统君主制求的是社会稳定，统治稳固，而不是社会发展，不是和别的国家竞争。这也是近代中国改革难、发展难的原因之一。正是这样的原因，传统君主制没落是必然的，除非其自身能有大的改变。第三，最高权力垄断封闭带来的领导人能力的萎缩。君主之位，必在一个家族内继承，这是君主制的根本。但是，一个家庭或家族内，绝不可能代代都适合做政治领导人。我们观察中国历史上的朝代，第一、第二代君主往往雄才大略，既牢牢控御权力，又把国家治理的比较好。但到后来则每况愈下。何以如此？第一、第二代君主往往起自民间，或曾任官员，他们知晓民间疾苦，明了人情世故，多经过残酷政治斗争的历练，有能力，有手段。但是，君位继承出自封闭的一家一姓，后代君主长在深宫，平日接触的无非是太监、宫女，那是变形了的社会，与丰富的、万千复杂多变的、真正的社会根本不能相提并论。即使有授读师傅的教导，那也往往是纸上谈兵。后代君主的能力、政治智慧萎缩是必然的，是哪个朝代也逃脱不了的铁律。处在权力顶峰的君主能力的萎缩，必然会对政治运行带来深深的影响，这是不言而喻的。更何况人的性情多种多样，有的人有才华，却对政治对权力不感兴趣，如果生在帝王家，就要被迫从事自己并不喜欢、不擅长的掌控权力的职业，其后果往往不妙，中国历史上这种例子很多。近代中国反应的迟钝，固然有多种多样的原因，而君主能力、视野、政治智慧和进取精神的萎缩，是非常重要的原因。

清朝灭亡、君主制消亡后，中国要建立什么样的政治体制，表面上是共和，但实际上国人的想法很不一样。孙中山、黄兴、宋教仁想搞民主政治，特别是宋教仁，坚持责任内阁，坚持政党政治，一度搞了轰轰烈烈的选举。但他们的理想真正能够被人信仰并愿意实行的，是少数。所谓曲高和寡。宋教仁死后，他的民主宪政的路也就基本失败了。民国年间，虽一再有人致力宪政，但都不能成功。

袁世凯要建立一个什么样的体制？笔者认为袁世凯并没有现代政治信仰，他是个机会主义者，他愿意实行一些军事的教育的经济的改革，晚清阶段他就是这样做的，而且比大多数官员做得好。但是，他完全相信权力和传统的政治手段。他要建立的是靠个人关系维持的由一个半新半旧、亦新亦旧的军事政治集团组成的政权。这种政权，第二次世界大战后许多发展中国家都有过，不独中国。

那么军阀政治有何特点呢？

1. 军阀集团主要靠个人间的关系维系

军阀是政治军事集团，但它与现代政党及一般所谓代表某个阶层的利益集团不同，没有系统的组织体系，不靠政治理念和信仰联结在一起，维系其集团的主要是个人关系。在北洋系，袁世凯是核心，北洋系的人要么是袁世凯一手提拔的心腹、老部下，要么是他的朋友。袁世凯就依赖这些人，在民国初这个旧的已去、真正新的又没来的时候建立了个人专权统治。袁之后北洋各派系也大体如此。

依赖私人关系结成政治集团，是中国传统政治的特点之一。从君主政治过渡到军阀政治，是顺理成章的，自然的。与宋教仁和民初国民党坚持的民主政治不同，不需要特别的设计，也基本不需要一致的政治信仰。中国多个朝代行将灭亡之时，群雄并起争夺政权，而每个集团，也大体是靠人际关系维系。而最能吸引人才、武力最强悍、政策能吸引精英和民众的，往往是胜利者。

军阀集团没有现代政党的组织体系，权力私相授受是其最大的特点。与国民党以及后来的共产党相比，此一特点造成其突出的脆弱性。

在君主制下，前一个核心人物也即君主去世后，正常情况下，接任的是其子嗣，除非想推翻这个王朝取而代之，旁姓任何人无法觊觎君位，因此政局还相对稳定。进入民国后，权力一般不能再父子相传（奉系例外），而由于军阀集团的私人关系，一旦核心人物亡故或出现问题，短时间内不太容易出现下一个核心人物，其所建立的派系极可能分裂内斗。古代历史上朝代更替之际未建立稳定世袭的集团，虽可能产生下一代核心首领，但极可能经过惨烈的争夺。这种争夺又极可能削弱此集团的力量。北洋系便是如此。袁世凯死后，无论是段祺瑞、冯国璋，还是曹锟、吴佩孚，没有人能够成为完全意义上的北洋系首领，厮杀与争斗中，极大削弱了北洋系，这也是国共合作的北伐战争能迅速击败北洋系的原因之一。

2. 缺少政治信仰和意识形态的支撑

传统君主制时代，中国政治上有三纲等历代逐渐发展“完善”的理论，这些理论以君主为核心并维护其地位，但也提供了官僚机构发挥作用的空间。一旦一个王朝建立并初步巩固，这些理论就会发挥作用，最大限度地维护这个王朝的统治。

在意识形态上，北洋系一直处于一种尴尬的地位。因为民国已建立，传统维护君主地位和权力的理论失去了效用，袁世凯维护个人权力时，所宣称的常常是“本大总统受人民付托之重”，也即强调他的统治符合民众的利益和愿望。即使在其推行帝制之时，也是强调君主制符合中国国情，并制造出人民拥护帝制的假象，而很难重弹以往的三纲、“普天之下莫非王土”以及百姓“食毛践土”须感恩戴德之类的陈词。另一方面，也因为是共和，北洋系不得不常常利用并强调共和这个招牌，议会、内阁这些共和国所拥有的形式，北京政府只能利用，轻易不敢废除，这与其现实的专制和军人统治构成了无法摆脱的矛盾。

当然，说军阀没有政治信仰和缺少意识形态，并不等于军人集团没有一点政治理念。袁世凯是个机会主义者，他愿意实行一些军事的、经济的、教育的改革，晚清阶段他就是这样做的，而且比大多数地方官员做得好。在民初北洋系统治时期，鼓励和支持企业发展的措施也没有停止。但是，袁世凯也好，后来的军阀也好，更相信权力和传统的政治手段。换句话说，军阀集团是靠个人关系走到一起，而不是共同的政治理念。

因为缺乏政治信仰，军阀集团中人极容易被金钱、权力、地位收买，从一个集团跳入另一个集团，这也造成了袁世凯之后北洋政治极不稳定。

3. 军阀主要靠武力维系其统治

因为缺少政治信仰，没有现代政党的组织体系，也没有现代法治精神，武力和个人关系是其维系统治的主要手段。关于武力维系统治，以往谈论已多，此处不再赘述。

4. 社会基础薄弱

表面上，在国民党被动应战的“二次革命”中，袁世凯的确得到大部分精英和民众的支持，至少是对他统治的默认，所以袁世凯能迅速取得胜利。但是这种支持是来自“非袁不可”和只有袁世凯才能控驭动荡的局势的心理，不等于北洋系的统治就完全符合社会各阶层的要求和利益。民初新型绅士对袁和北洋系的支持，属于一种“准平等”的合作，正如晚清最后几年新绅士对清政府的要求一样，即一定程度上由主要是新绅士组成的国会控制政治。这样，袁世凯和他的部下，与暂时支持他的新绅士，达到一种微妙的、脆弱的平衡。这种平衡支持他维持一种独裁统治，但是一旦他要打破这个平衡，比如要建立君主制，完全独享政权，就会失败。而经过晚清十年和民国十年新式教育的发展，新知识人正逐步取代传统绅士成为新的精英阶层。北洋系无力吸引数量日多且政治能量愈益增加的新知识人，20年代中期以后，新知识人或加入国民党或加入共产党，成为“国民革命”的主体力量。

还有，在军阀政治这种体制下，社会动员和控制能力比清政府的时候强不了多少，在对外问题上仍然是软弱无力，五四运动就是在这种情况下发生的。

军事政治集团的独裁政治，与君主制不同。君主制甚至可以把一个白痴推上国家最高领导人的宝座，军事独裁制则不能。但是军事独裁制缺乏以往君主制那样的正统观念，所以政局更不稳定。袁世凯死后，北洋系失去了核心，即使靠个人关系也难维持统一。很快便自相残杀，最后在国民革命军的打击下迅速失败。王奇生教授曾言国民党政权是弱势独裁统治[1]，相比而言，北洋军阀政治是更为弱势的独裁统治，甚至有的时候独裁都难以做到。

袁世凯死后，北洋系失去了核心，即使靠个人关系也难维持统一。很快便自相残杀，最后在国民革命军的打击下迅速失败。从 1913 年袁世凯击败国民党，到 1928 年张学良易帜宣布服从国民政府，不过十余年。北洋军阀的统治，在漫长的中国历史上，真正是短命政权。至于袁世凯去世前一年多的时间里要搞的袁家王朝，只是昙花一现，不做深入讨论。

接替北洋系建立统治的国民党政权，号称"党治"，笔者以为党治虽仍带有专制色彩，但比北洋系有一定的优越性。比如有一个比较统一的信仰，就是三民主义，有一个统一的政党，不是全靠个人关系来维持国民党这个政派的存在。在这个旗帜下，军队也相对统一，社

1 王奇生：《党员、党权与党争：1924—1949 年中国国民党的组织形态》，上海书店出版社 2003 年版。

会动员能力也远比北洋系强。

本章末了，笔者想给袁世凯下一个评语：他是一个有优点的人，甚至是优点很多的人，但却是个独裁者。历史赋予了他机会，有可能带领中国走向民主、富强之路，但他一定要做个独裁者，甚至独裁者都不满足，一定要做皇帝，结果留下个军阀混战天下大乱的局面，他本人也落下千古骂名。这是中国的不幸，也是袁世凯的不幸。

张謇

奋斗一生为强国的状元实业家

天之生人也，与草木无异。若遗留一二有用事业，与草木同生，即不与草木同腐。[1]——张謇

状元“下海”，只为强国不为钱；领袖东南，君宪、共和皆成空。这是笔者对张謇事业的概括。

很多人都知道，张謇是有名的状元实业家，但笔者主要还是把他作为一位知识人来探讨。孔子说过，“君子喻于义，小人喻于利”，此语影响极为深远。孔子的话本意并不能完全解读为读书人不能经商，但中国传统的士大夫一般只愿学而优则仕，如果不能入仕，则做社会的精神领袖；他们如果有钱，可以在乡村买地，但绝不愿参加工商实业活动。整个社会都有鄙视商人的风气。传统社会按职业和身份把人分为“士农工商”四类，工商排最末。及至近代，工商业成为世界各国竞争的焦点，有没有强大的经济力量是各国国力的主要标志，中国读书人才开始加入工商业精英者的行列，甚至以工商业活动的成功为荣。这一转变是从张謇开始的。晚清从事新式企业的士大夫不只张謇一个，但最有影响的非张謇莫属。

张謇和蔡元培的情形有些类似。蔡元培比张謇早两年中进士，戊

1　张謇:《第三养老院开幕演说》,载曹从坡、杨桐主编《张謇全集》第四卷,江苏古籍出版社1994年版,第359-360页。

戌变法失败后蔡元培辞官回故里绍兴办学。晚清的官场，多两位作为官员的蔡元培和张謇无所谓——而且他们性情诚实，不善拍马逢迎，也不太适合官场的生态。他们不做官，中国多了一位伟大的教育家，多了一位伟大的实业家，他们的业绩和影响都是没有人能取代的。

张謇的一生有两件大事：一是开启了传统士人创办现代工商业并向现代企业家转变的趋向；一是在传统社会行将结束、现代社会开始之际，带领亦新亦旧的士大夫做政治上的最后努力。

一、状元、清流、帝党——艰难的成长

张謇，字季直，号啬庵，江苏通州（今南通市）人。1853 年 7 月 1 日出生于一个农民兼小商人之家。

张謇自幼聪颖，再加上家庭有一点经济能力，父亲便命他到邻家的私塾学习，十一岁又聘请了一位姓宋的乡村塾师教他。他的家境并不富裕，读书之外，张謇还要干些杂活。因此，他往往自称为“寒士”。

1868 年，张謇十五岁，开始参加科举考试，并考取了秀才。但是这以后，其科考之路很不顺利。张謇不得不一面准备考试，一面为生计而工作。

1876 年，张謇入淮军将领吴长庆幕府。这年张謇只有二十三岁，但四十七岁的吴长庆对他很赏识、很尊敬。张謇在吴长庆幕府认识了不少文人名士，其中包括曾国藩四大弟子之一、也是桐城派学人

的武昌人张裕钊。这时他的学问才识也逐步提升，渐渐有了一些名气。1882 年，朝鲜发生壬午兵变，日本乘机加强向朝鲜渗透。吴长庆奉命率军入朝，张謇也随之赴朝。这时，袁世凯也在吴长庆手下任职，张謇认识了比他小六岁的袁世凯，并受吴长庆之托指点袁读书，但张謇感到袁世凯太过势利，因此两人关系并不融洽。1884 年吴长庆去世，张謇归国。张謇在吴长庆幕府八年，按当时人寿命来说，是从青年到中年。这期间他不但增长了能力、才干，也充实了他的世界知识。

1885 年，张謇参加顺天乡试，中举人并且是第二名，自十五得秀才，至此已过十七年。主考官为潘祖荫及光绪帝师傅翁同龢等。此时翁同龢是军机大臣、工部尚书（稍后改户部尚书），在此以前，也就是在吴长庆军中时，张謇就已与翁同龢有联系，中举以后，张謇更得翁同龢赏识。但此后张謇考进士（会试）很不顺利，四次都名落孙山。

考试的多次失利使张謇已经厌倦了科举，更厌倦死板的八股。1892 年又一次参加进士考试失败后，他不想再参加这种折磨人的考试了。

1894 年是慈禧太后的六十大寿之年，清政府特地举行恩科会试，张謇本不想应试，但是他七十六岁的父亲非常希望儿子能金榜题名，一再劝他应试，对他说："儿试诚苦，但儿年未老，我老而不耄，可更试一回。"[1] 为了安慰老父，四十一岁的张謇只得再赴京师。

1 《啬翁自订年谱》光绪二十年，载曹从坡、杨桐主编《张謇全集》第六卷，江苏古籍出版社 1994 年版，第 853 页。

由于多次的考试挫折，张謇对这次会试并不抱什么希望，所以第一场礼部会试发榜的时候，张謇根本不去听榜，不料这次他却中了第六十名贡士。[1]他的日记写道“闻报中六十名贡士”，就是说，消息是别人转告他的。接着复试得一等第十名。等到殿试的时候，阅卷大臣之一的翁同龢命负责收卷的官员，张謇交卷之后立即交给翁同龢。最后进呈光绪帝，光绪帝在翁同龢暗示下将张謇取为一甲第一名（即状元）。中状元之后，张謇想起他的母亲和早年赏识他的两位老师都已过世，已看不到他考试成功，又想到国事艰难，作为士人的一员责任重大，感慨万千，不禁大哭。从这里，我们可见科举制度固然为贫寒子弟升到社会上层提供一个机会，但对人的折磨又是何等的残酷。

张謇不久得授翰林院修撰。而张謇也成为翁同龢为首的清流派（南清流）及帝党重要人物。

从考取秀才到中状元，张謇可以说是历尽沧桑。他曾感慨地说：

> 观人于不得意时，于不得意而忽得意时，于得意而忽不得意时，经此三度，不失其常，庶可谓士。[2]

张謇中状元这年，恰好甲午战争爆发，早在战争之前，张謇及帝

---

1 相当于初试合格，合格者都会得到进士资格。但贡士须再参加名义上由皇帝主持的殿试，才排出进士的名次。

2 《啬翁自订年谱》光绪三年十月，《张謇全集》第六卷，江苏古籍出版社 1994 年版，第 839 页。

党主战。帝党谋起用恭亲王奕訢，罢免不愿意开战的李鸿章，张謇也曾单独上奏折弹劾李鸿章。但是帝党指望的恭亲王奕訢已年纪老耄，丧失了年轻时的锐气，虽起用却没有发挥多大作用。而帝党攻击李鸿章，实际上是变相表达对慈禧太后的不满而已，并不是真的想就此罢免李鸿章，因为大敌当前，还没有人可以代替李鸿章。

这年10月，甲午战争正在进行，张謇因父丧回籍守制。[1] 张謇5月29日（四月二十五）授翰林院修撰，10月16日（九月十八）得知父丧离京，通计任官不足半年。等到战败，张謇深受刺激，遂绝意仕途，发愿以教育、实业救国。这以后，世上少了一位官员张謇，却有了一位伟大的实业家！

张謇有两重似乎非常矛盾的性格：一方面书生气十足，有时甚至让人感到他有些酸，或叫迂腐；但另一方面又极能吃苦，极能办事，有一种踏踏实实的精神，长期的幕僚生活进一步强化了他的这一性格。后者可能与他出身小商人家庭、要常常为生计劳顿有关，而这又使他区别于其他能说不能做的清流派人士，也是他后来能够在极为艰难的情况下把企业创办成功的自身条件和素质。

二、状元办实业——大生集团

甲午战争失败了！败得很惨，败得让很多读书人心痛。1895年4月30日（四月初六），张謇从朋友的信中得知《马关条约》签订的消息，

1 中国古代，官员父母亡故，官员须离职守丧，清代一般为二十七个月，称守制或丁忧。

张謇的日记向来非常简单，这天却用相当于平时半个月日记的篇幅记下了《马关条约》的主要内容，他还写道："和约十款，几罄中国之膏血，国体之得失勿论矣！"[1]

张謇的心在流血！

三十多年以后，尽管时过境迁，张謇撰写自订年谱时，又将《马关条约》的主要内容写到年谱中，并加上一句话："盖赔款、割地之辱兼之。"[2]可见这奇耻大辱给他造成的刺激，这成为他决心脱离官场、从事实业的精神动力。

张謇开始办企业，我们应注意三点：第一，近代中国人办企业的艰难；第二，张謇办企业的目的，不是为了自己赚钱，不是为了发家致富，甚至不是为了出名，而是为了救国，直接动因就是甲午战败的刺激；第三，张謇办企业采用极为特别的投资方式。

事情要从张之洞署理两江总督说起。由于甲午战败的刺激，清政府中一些有见识的官员以及光绪帝已加大了改革的力度。在甲午战争以前，新式企业多为清政府一手操办，或官办或官督商办，这些企业的经济效益由于带进官场风气而大打折扣。甲午战败以后，更多的人认识到企业应该民办，而官方给以扶持。1896年2月7日，总理衙门请命各省在省会设商务局，以便振兴实业，得到光绪帝赞许。2月17日，署理两江总督的张之洞向清廷奏请在苏州、镇江、通海（今南通市）设商务局。其中通海商务局由张謇经理，苏州商务局由在籍

1 《张謇全集》第六卷，江苏古籍出版社1994年版，第371页。

2 《张謇全集》第六卷，江苏古籍出版社1994年版，第853页。

国子监祭酒陆润庠经理，镇江商务局由在籍礼科给事中丁立瀛经理。这是全国最先创办的商务局。张之洞的想法，就是要这些在籍绅士利用他们的声望和社会关系在创办近代企业过程中发挥作用。其中陆润庠是同治年间状元，他在苏州创办了苏纶纱厂。“状元办厂”，后世传为佳话。但是陆润庠办工厂两年后就又去当官了，张謇则成为第一代民营企业家的代表人物。

张謇接受办厂的任务并不是很痛快的。他毕竟书生气十足——晚清清流派的人士大都有这个弱点：能坐言不能起行。而且张謇的最大兴趣还不是实业，而是教育。他认为中国要发展，要摆脱被动挨打的境地，一定要发展现代教育，培养新式人才。但是办教育需要钱，所以还是要从办企业入手。1896 年农历三月，张謇开始与两江总督刘坤一（甲午战争后刘坤一回任两江总督，张之洞回任湖广总督）商议设纺纱厂。

张謇在自订年谱中记述办纱厂的起源：

（1896 年）三月，与两江总督刘岘庄（坤一）议兴通州纱厂。先是南皮（张之洞）以中日马关约,有许日人内地设工厂语，谋自设厂，江南北苏州、通州各一。苏任陆凤石（润庠），通任余，各设公司，集资提倡……余自审寒士，初未敢应，既念书生为世轻久矣，病在空言，在负气，故世轻书生，书生亦轻世。今求国之强，当先教育，先养成能办适当教育之人才。而秉政者既闇蔽不足与谋,拥资者又乖隔不能与合。然固不能与政府隔，不能不与拥资者谋。……踟蹰累日，应焉。[1]

张謇为将要办的纱厂取名“大生”，来自儒家经典《易》的“天地之大德曰生”。张謇解释说：

我们儒家，有一句扼要而不可动摇的名言“天地之大德曰生”。这句话的解释，就是说一切政治及学问最低的期望要使得大多数的老百姓，都能得到最低水平线上的生活……后来张之洞把纺织机器运到南通，要求我组织公司，我接受此机器之后，即以大生两字命名，就是“天地之大德曰生”的涵义……换句话说，没有饭吃的，要他有饭吃；生活困苦的，使他能够逐渐提高。这就是号称儒者应尽的本分。[2]

由上可知，张謇办企业，除了他念念不忘的强国外，就是关怀民生，照顾民生。民生与强国，一而二，二而一。这便是张謇的胸怀与抱负。

然而，一介书生，平地办企业，谈何容易！资金、管理人才、技术人员、熟练工人、设备、场地、原料、销售市场……，哪怕只一项解决不好，办企业就会成为泡影。

办企业最难的是缺乏资金，为了筹集资金，张謇真是历尽艰辛。

1 《啬翁自订年谱》光绪二十二年，《张謇全集》第六卷，江苏古籍出版社 1994 年版，第 855 页。为便于读者阅读，删去了少量文字。

2 刘厚生：《张謇传记》，上海书店 1985 年影印，第 251–252 页。

正如他所说，他是“寒士”出身，并没有很多钱。创办企业的时候，只能象征性地入股银二千两。张謇最初联络通州、海门和上海共六人投资，其中上海三人，通州、海门三人。他的老朋友沈燮均（敬夫）最为支持，一直与他共事。但是招股的时候，上海的商人观望不前，好几个股东中途退出，资金几乎成空。直到1896年农历十月，湖北原来要建而未成的纺纱机器四万多纱锭因久搁上海欲出售，张謇与上海商务局议定，将这些机器作为官股，采取官商合办的形式，机器作价五十万两，张謇再筹集五十万两商股。可是集资时，“凡以纱厂集股告人，闻者非微笑不答则掩耳却走”[1]。第二年农历六月，张謇只好与盛宣怀议定，将四万纱锭一分为二，两人各领二万，这样张謇集资可以减至二十五万两。即便如此，张謇为筹集资金还是心力交瘁。他曾想过退缩，但还是咬牙挺过来了。张謇自记，他筹办纱厂数年中的生计，都依靠在书院任教的薪水，没有从纱厂领过一文钱。张謇在沪、在京曾数度无钱吃饭，而以状元之尊，卖字以充食资旅费。他在1897年11月（光绪二十三年十月，时在上海）的日记中写道：

十月八日 中夜霍乱吐泻。九日委顿竟日。十一日渐能饮食。十四日旅费不足，卖字。[2]

1 张謇:《大生纱厂第一次股东会之报告》(1907),《张謇全集》第三卷,江苏古籍出版社1994年版,第82页。

2 《张謇全集》第六卷,江苏古籍出版社1994年版,第400页。

张謇患腹泻，病还没全好，就须卖字换旅费。他身上一个钱也没有吗？显然不是。但那钱是办企业用的，那是张謇的理想和信念，不能把理想和信念花掉！这就是张謇，这就是我们中国第一代企业人！

1898 年 3 月，纱厂动工。

1899 年 5 月 8 日，试车成功。

1899 年 5 月 23 日，大生纱厂正式投产。

但此时资金已耗尽，开工后需棉日多，周转非常艰难。走投无路的张謇和他的同事们做了一个背水一战的决定：

> 定计尽花纺纱，卖纱收花，更续自转，至不能有花纺纱，则停车而闭厂以还股东。[1]

就是说，在流动资金极度缺乏的情况下，只就手里的棉花纺纱，并尽快卖掉棉纱买棉花，维持非常紧张的生产。幸而当时机纱涨价，销售顺利，到 10 月情况已缓解，机纱销售顺利，买棉供应纺纱，机器不曾停歇，纱厂获得了巨大的成功。

张謇的成功还是有些有利条件的，专门研究张謇的章开沅先生认为：第一，当时通海地区有一个相当大的棉纱需求市场，当地手工织布业非常发达，原料本为传统土法纺的棉纱，机纱出现后，因为机纱远比土纱便宜，遂改为机纱，而上海来的进口棉纱还没有控制当地市

1 张謇:《大生纱厂第一次股东会之报告》,《张謇全集》第三卷,江苏古籍出版社 1994 年版,第 86 页。

场。第二，通海一代棉纺织业素来发达，大生纱厂可以招到有一定技术水平的工人，工资又比上海低，降低了经营成本。第三，与张謇共事的是一批有相当经营经验的商人，他们的经验对企业的发展有一定的作用。特别是一直与张謇共事的助手沈燮均，有事业心，有胆识，有毅力，在资金最困难的时候，沈燮均竟将自己布庄的布运到上海出售，关闭自己的布店用以支持大生纱厂，真有点破釜沉舟的气度。[1]

除了章开沅先生说的三条外，笔者认为其实还有第四条，那就是两江总督刘坤一的支持。[2]

而接下来的几年，张謇努力经营，并获得巨大的成功。他在南通等地创办十余家工厂，其中有八家纱厂。极为难能可贵的是，他并不是把事业局限在企业上，大生集团成功后，他还创办多所学校，又办南通博物苑、图书馆等社会事业，因为他的志向是救国、强国，不是赚钱，强国需要多方面的努力。而张謇创办的工厂、学校、博物苑、图书馆等，很多至今还保留在南通，仍为他的家乡做着贡献，他也长久为世人景仰。

张謇以状元创办实业并获得成功，开通风气，对当时及以后的士人带来了极大影响。一位湖南绅士叫龙璋。他中过举人，在江苏沭阳、如皋、上元、泰兴、江宁担任过知县，其中如皋、泰兴都离南通不远。他受张謇的影响，毅然辞去官职，回到故乡湖南创办新式企业。他办

1 章开沅:《开拓者的足迹——张謇传稿》,中华书局 1986 年版,第 63–66 页。

2 张謇之子张孝若认为,张謇一生得到助力最大的,一为翁同龢,一为刘坤一。见张孝若:《南通张季直先生传记》,中华书局 1930 年印行,台北文海出版社影印,第 83 页。

的轮船公司曾与日本等外国企业进行激烈竞争。他的企业虽然没有张謇的规模大，但在湖南当地也很有名气，所以龙璋担任过湖南总商会的总理。进入20世纪以后，读书人办企业，就不再羞羞答答，而是理直气壮。像范旭东，是留学日本京都帝国大学（现京都大学）的高材生，民国年间他创办永利碱厂，对我国化工工业的发展起了很大作用。而其源头，可说是以状元办企业的张謇。

前面说的毛泽东谈论中国工业发展之时，曾说过，有四个人不能忘记，其中便有“讲到轻工业，不能忘记张謇”[1]。足见张謇在政治家心中的分量。

三、拯救光绪帝、策划东南互保
——初步参加政治活动

张謇创办企业的巨大成功，给他带来了更大的声望，在政治上也逐渐成了举足轻重的人物。

甲午战争以后，康有为、梁启超等发起维新变法，并得到了光绪帝的支持，但是张謇并没有参与。

作为与翁同龢关系亲密的帝党成员，张謇同情康、梁，也曾列名上海强学会。但是，他性情持重，不大赞成激进的变革，认为强国应当从教育和实业入手。而且他辞官不做，也是不想直接参加政治活动。1898年张謇恰好入京，负责筹办京师大学堂的协办大学士

1　丁守和:《关于近代史人物研究和评价问题》,《近代史研究》1983年第4期。

孙家鼐奏请清廷任张謇为京师大学堂教习，他辞谢不就。张謇在自订年谱中写道：

在京闻康有为与梁启超诸人图变政，曾一再劝勿轻举，亦不知其用何法变也。至是张甚，事固必不成，祸之所届，亦不可测。

对康有为的某些做法，张謇也不赞成：

康本科进士也，先是未举，以监生至京，必遍谒当道，见辄久谈……见其仆从伺应，若老大京官排场，且宾客杂遝，心讶其不必然，又微讽之，不能必其听也。[1]

但是张謇对变法改革是同情的，所以变法失败以后，在慈禧太后企图废黜光绪帝的关键时刻，张謇没有沉默，他积极参与了一些幕后活动。这可以说是张謇第一次参与重大的政治活动。张謇参加政治活动，有一个背景，那就是他中了状元之后，社会地位得到极大提高，之后办企业成功成为社会表率，更受到地方大员的重视。他可以很方便地与总督、巡抚等地方大员交往，出入其衙门，有的关系还很密切。张謇创办大生纱厂就先后得到张之洞、刘坤一的支持，以后他与两江总督端方（满族，后一度任直隶总督）、江苏巡抚瑞瀓（满族，后任

1　均见《啬翁自订年谱》光绪二十四年六月，《张謇全集》第六卷，江苏古籍出版社 1994 年版，第 858 页。

湖广总督）、江苏巡抚程德全的关系都很好。至于整个中国地方绅士名流的地位和转变，以及其积极参预政治，我们后面还要介绍。

如前面慈禧太后一讲所述，1898 年保守派镇压维新派，摧毁了变法后，企图废黜甚至害死光绪帝。他们先是宣布光绪帝病重，准备废黜甚至加害，这引起各方严重关注。这时，张謇已不能置身事外。在上海，上海电报局总办经元善联合上海名人章炳麟、唐才常等一千二百三十一人签名致电总理衙门，反对废黜光绪帝。上海工商界亦集会抗议，甚至倡议罢市。张謇则暗中策划、协助两江总督刘坤一反对废立阴谋。

张謇在 1898 年 10 月 6 日（八月二十一）日记记："闻荣禄有密电，事大可骇，新宁（刘坤一湖南新宁人）持正论云。""荣禄有密电"，应即传闻慈禧太后命荣禄征求各省督抚关于废黜光绪帝的意见，而刘坤一明确反对。据张謇的日记，这段时间张謇正好在南京。刘坤一反对废立阴谋的意见，张謇即便不是亲自听刘坤一所说，也是听刘的亲信所说。这以后，张謇有了进一步的行动。10 月 9 日（八月二十四）日记记："介汪笃甫、王寿芸恳新宁上《太后训政保护圣躬疏》。"也就是通过朋友，劝刘坤一直接上书。刘的意见正与张謇相同，所以看来刘不但是欣然同意，还请张謇代拟奏稿。

张謇自订年谱是这样记述这件事的：

为新宁（刘坤一）拟《太后训政保护圣躬疏》，大意请曲赦康、梁，示宫庭之本无疑贰，此南皮（张之洞）所不能言。刘于疏尾自加二语："伏愿皇太后、皇上慈孝相孚，以慰天下臣民尊亲共戴之忱。"乃知沈文肃（沈葆桢——引者注）昔论刘为好幕才，章奏语到恰好（原文疑印刷错误，当为"恰到好处"），盖信。[1]

可见，张謇直接策划了刘坤一的上书。

1898年10月12日，两江总督刘坤一上《太后训政保护圣躬疏》，明确反对废黜光绪帝。奏折中有这样两句话："君臣之分已定，中外之口难防。"可以理解为：我只承认光绪帝是我的皇帝，如果让别的人做皇帝，我刘坤一不认。北京的一小撮保守派，遮不了天，废立阴谋中外都会反对。刘坤一是湘系最后一个有较大影响的高级官员，他坐镇东南，有相当实力，他的上书是后党不敢公然废黜光绪帝的因素之一。

由于国内各方的努力，再加上各列强普遍反对废黜光绪帝，保守派一时没敢贸然行动。

张謇第二次参与重大政治活动是在义和团战争中。

1900年，北方义和团进入北京、天津，他们反对列强侵略，但是盲目排外，企图消灭一切外国人，破坏一切与外国有关的事物，包括中国自己的铁路、中国自己的电线等现代设施。清廷保守派则企图利用义和团实行废立阴谋。6月21日，清廷向列强宣战，列强则组成八国联军侵华。南方各省怎么办？如果都参加战争，中国一国肯定

1 《啬翁自订年谱》光绪二十四年八月，《张謇全集》第六卷，江苏古籍出版社1994年版，第858页。

敌不过列强，何况中国又刚刚在甲午战争中失败；如果地方大员不参战，那是违旨抗命。

在这关键时刻，一些东南士绅在幕后进行活动，主张东南各省不要跟随北京朝廷参战，张謇是关键人物。张謇亲自劝刘坤一联合张之洞违旨不参战，他在《啬翁自订年谱》中记：

> 议合刘（坤一）、张（之洞）二督保卫东南。余诣刘陈说后，其幕客有沮者。刘犹豫，复引余问："两宫将幸西北，西北与东南孰重？"余曰："无西北不足以存东南，为其名不足以存也；无东南不足以存西北，为其实不足以存也。"刘蹶然曰："吾决矣。"告其客曰："头是刘姓物。"即定议电鄂约张（之洞），张应。[1]

最后由两江总督刘坤一和湖广总督张之洞领头，与各国订立了"东南互保"的协议，规定各列强不出兵长江流域，而刘坤一和张之洞负责在辖区弹压义和团一类的排外活动。因此，1900年的战争实际只限于直隶（今河北省），其他各省，除沙俄趁机出兵东三省外，基本没有遭到战争的破坏。

当然，东南互保的最终决策者还是刘坤一和张之洞，但张謇参与谋划，起了重大作用。除了推动互保的实行外，张謇参与的意义还在于其代表了东南的士大夫对互保的有力支持。

1901年以后，清政府开始推行新政。此时张謇的实业已小有成

1 《张謇全集》第六卷，江苏古籍出版社1994年版，第861页。

就，在东南一带的影响进一步增大。清政府推行新政，张謇受到相当的鼓舞。为了向清廷复奏新政办法和建议，刘坤一曾邀张謇到南京商议。张謇用了半个月时间撰写长篇《变法平议》。张謇的好友汤寿潜、沈曾植也各写一篇，这些都成为刘坤一和张之洞《江楚会奏变法三折》的基础。[1]

笔者为什么不厌其烦地讲述张謇在 19、20 世纪之交参与一些政治活动，而且是在幕后运作政治活动呢？当时上海、江浙一带已经产生了一些带有新倾向且有影响的新人士，他们有的办企业，有的办教育，当他们的事业逐渐成功以后，开始希望参与政治，这种参与不是做官，而是以在野的身份参与。另外，中国传统士大夫有极为浓厚的家国情怀，与传统商人截然不同，士大夫即使不在朝，也不能完全忘情政治。国家的前途命运自是他们念兹在兹的事情。比如蔡元培，是浙江绍兴人，1892 年进士。戊戌变法时，蔡元培做翰林院编修，有一定地位但没什么实权，他同情维新派，但当时康有为、梁启超受皇帝重视，炙手可热，蔡元培不喜欢攀附权贵，所以没有与康、梁结交。变法失败后，蔡元培认为是反对改革的多，拥护改革的少，仅凭少数人想获取政权，排斥保守派，改革没有不失败的道理。所以戊戌政变一个月后，蔡元培辞去官职，返回江南，从此献身教育。蔡元培的思

1 三折由张之洞处主稿，但刘坤一将张謇、沈曾植、汤寿潜三稿均寄张之洞处参考，见刘坤一致张之洞电："张、沈稿已寄呈。汤代袁道拟禀，十一抄寄，已到否？鄙见张、汤稿宏深博大，意在一劳永逸。惟积习太深，一时恐难办到。沈稿斟酌损益，补偏救弊，较为切要，其中只科举学堂分途考试、不废八股尚须酌改耳。似可用沈稿为底本，再得我公斧正(原文为'政'—引者)润色，必卓然可观。"光绪二十七年三月十五日到，载苑书义等主编《张之洞全集》第十册，河北人民出版社 1998 年版，第 8562 页。

想发展方向和张謇不一样，庚子事变以后，蔡元培开始倾向革命，进士老爷革命，这在当时是很难想象的事情。而张謇坚持推进改革，并且稳健地在幕后运作。可以说，到了20世纪初，在上海为中心的东南一带，激进的希望革命的人士，蔡元培最著名；稳健的，希望推进清政府改革的，则以张謇为中心。两人都是众望所归。张謇在世纪之交的活动，就代表了主张和平改革的新人士的意愿。1900年以前，这些新人士人数还不多，1901年清政府推行新政以后，数量迅速增加，并分化为革命派和立宪派。

为了促进民族企业的成长，清政府于1903年设立了商部。商部成立后，颁布了一些鼓励创办新式企业的措施。1903年11月9日，商部奏准颁行《奖励公司章程》。其中规定，凡集股五千万元以上者，准作为商部头等顾问官，加头品顶戴，赐双龙金牌，可三代世袭商部四等顾问官。1904年4月，商部奏请任命第一个商部头等顾问官，并加三品卿衔，这位顾问官就是张謇。

四、推动立宪——新绅士领袖

张謇参预的上述政治活动都是幕后的。他真正公开参加政治活动并揭橥自己的政治理想，是大清朝最后几年的立宪运动。张謇办企业为的是国家的富强，他的企业成功了，但他并不能满足，因为他不能忘记初心。所以，推动整个国家的改革和进步是他早晚要做的事情。

1903年5月到7月，张謇到日本考察，前后六十多天。他先参加日本第五次国内劝业博览会，之后在日详细考察实业、教育。日本的快速发展，以及日本君臣一心的进取精神，给张謇留下深刻印象。

他在日本札幌写了一首小诗《一人》：

> 一人有一心，一家有一主。东家暴富贵，西家旧门户。东家负债广田原，西家倾家寿歌舞。一家嗃嗃一嘻嘻，一龙而鱼一鼠虎。空中但见白日俄，海水掀天作风雨。[1]

诗中指中国不知变通，日本"暴富贵"，而中国却还是"旧门户"；讽刺慈禧太后倾国家财力办她的寿辰；日本励精图治，中国则苟安目前；中国本为"龙"，如今却败落成"鱼"，日本原为"鼠"，如今已成长为"虎"。

归国后，张謇印行《癸卯东游日记》。这以前，张謇致力实业、教育，对政治直接参与并不算多，经过在日本的考察，他认为中国也应该学习日本的君主立宪制。此后张謇更多关注、策划政治改革，并向权臣张之洞、袁世凯、铁良等通过通信或当面陈说的方式论及立宪的好处。日俄战争爆发以后，张謇推动立宪的活动更加积极，而随着立宪运动的兴起，张謇就成为江浙地区乃至全国立宪派的领袖。

有三件事可以显示张謇为立宪所做的努力和他的风格。

第一件是1904年5月，张謇为湖广总督张之洞、两江总督魏光焘拟"请立宪奏稿"，稿子曾修改七遍，并有四五个人参与修改，但

1 《张謇全集》第五卷，艺文下，江苏古籍出版社1994年版，第131页。

可能因为时机不成熟，也可能两位总督意见不统一，此稿似未奏上。稿虽然没有奏上，但已显示了张謇的努力方向，那就是推动清政府实行立宪制度。

第二件是与袁世凯恢复交往。张謇在吴长庆幕府中认识袁世凯，后因道不同不相与谋。等到张謇向张之洞陈说立宪时，张之洞嘱张謇与直隶总督袁世凯商量，张謇好友后来也成为立宪派活跃分子的浙江汤寿潜也是这种意见，所以，已与袁世凯二十年不通音信的张謇于 1904 年 5 月致书袁世凯。袁复函答云“尚须缓以俟时”[1]，意思是还要等待时机。但张謇没有放弃，以后又多次与袁世凯探讨立宪问题。

第三件是争取慈禧太后支持。1904 年 6 月，张謇刻印《日本宪法》，托人送内廷十二册。之后张謇听说，慈禧太后读了张謇送的书后，在召见枢臣时说：“日本有宪法，于国家甚好。”而大臣们并没有心理准备，所以“枢臣相顾，不知所对，唯唯而已”。军机大臣瞿鸿禨急忙派人到上海购买关于宪法宪政的书籍。8 月，张謇又以所印《日本宪法义解》《议会史》送给慈禧太后信任的侍郎铁良。[2]

由上面几件事可以看出张謇的行事风格，即说服最有权势的人物，争取他们支持他的主张，尽量避免他们（包括慈禧太后在内）的反感，减少推行他的主张的阻力。这和康有为只争取光绪帝，甚至试图推倒慈禧太后的做法形成鲜明对照。我们还要指出的是，张

1 《啬翁自订年谱》，载《张謇全集》第六卷，江苏古籍出版社 1994 年版，第 865 页。

2 《啬翁自订年谱》，载《张謇全集》第六卷，江苏古籍出版社 1994 年版，第 865-866 页。

謇不是那种登高一呼、万众响应的人物，他不是孙中山，甚至不是康有为、梁启超那种大刀阔斧改革的类型，他更喜欢渐进的、润物细无声一类的工作。

日俄战争结束后，立宪的呼声更为高涨。在各方的努力下，1905年，清政府派载泽、端方、戴鸿慈等五大臣出洋考察政治，实际就是考察各国的宪政。其中端方曾任江苏巡抚，后来又任两江总督，与张謇的关系密切。五大臣归来后，一致奏请实行君主立宪制度。于是1906年9月1日，清政府宣布“预备仿行宪政”。以后，又决定在各省设谘议局，中央设资政院，并于1908年颁布了《钦定宪法大纲》。

说到立宪运动和张謇的影响，有一个非常重要的背景，那就是绅士阶层的变化。绅士本是中国传统精英，在社会上有非常大的影响。世纪之交，1901年以前，在上海、江浙一带已经有一批新派人士，但他们的数量还比较少，影响还有限。1901年清政府推行新政以后，有更多的传统绅士改变了过去保守的立场，他们有的创办新式学校，有的创办新式企业，有的到日本等国考察，有的甚至自己直接到国外留学。就在这一过程中，他们的思想观念逐渐发生了一定程度的转变，他们和新的事物联结在一起。因此，可以称之为新绅士。而这一次的变化，不仅是东南，而是遍及全国大部分地区。在清政府实施新政改革以前，绅士就在地方有着相当大的影响，他们是地方事务的活跃分子，地方官一定程度依赖他们并对他们礼让三分。但是，他们是分散的，各自为政的，尽管他们有共同的经历、共同的思想，也可能有共同的利益，但是，直到1905年，可以说在政治上，他们互相之间很少联络，在全国范围内，他们还不能向社会明确表达他们的诉求，或者说，他们还不算一个阶级。但是，清政府的预备立宪，使他们发生了又一个重大的变化。清政府预备立宪中设立的谘议局、资政院，给他们提供新的合法的活动场所，再加上报纸、杂志、电报等大众传播媒介和信息手段的迅速增加，轮船、火车提供的较以前大为便利的交通，就使新绅士形成全国性的集结。由于预备立宪，清廷放松了对集会结社的限制，他们有机会成立立宪团体，一旦有了一致的政治要求，此处一声号召，全国立即呼应。

换句话说，新绅士形成了一个全国范围的势力，后来的史学家称其为立宪派。

张謇成功办起了新式企业集团，他又是状元，所以更为江浙沪的新绅士推重，成为这些人的领袖。这些新绅士中，执舆论宣传牛耳的是在海外的梁启超，而在国内最有影响的就是张謇。

由于宣示预备立宪，清政府对舆论的控制有所放松，戊戌政变以后悬为厉禁的政党结社也已经松动。于是立宪派人士开始组织各种政治性的团体。1906年12月16日，上海及江浙绅商成立预备立宪公会，举郑孝胥为会长，张謇、汤寿潜为副会长。预备立宪公会为带有政党性质的政治结社，也可以叫准政党。当时国内成立了好几个立宪团体，预备立宪公会是其中人数最多、影响也最大的。许多知名立宪派人士参加了预备立宪公会，而其灵魂实为张謇。预备立宪公会以推动立宪、普及宪政知识为宗旨，出版《预备立宪公会报》(后改为《宪志》)，并印行多种宣传宪政的书籍。

预备立宪公会最大的事情就是呼吁尽快召集国会。此时国家面临的外患日益严酷，尤其是刚刚生死相搏的日俄两国，反倒勾结起来，企图瓜分、霸占我国东北。受此刺激，张謇一反过去的做法，从幕后走到了前台。立宪派人士认为，只有召集国会，实行立宪制度，才能集中全国的力量，才能避免被瓜分。因此，他们把努力的方向集中在开国会上。

1908 年 6 月 30 日，预备立宪公会由郑孝胥、张謇、汤寿潜领衔，致电宪政编查馆，请两年内开国会。7 月 11 日，再电请开国会。本来他们打算再接再厉，继续请求，但这年 11 月光绪帝和慈禧太后相继去世，政局不明朗，需要观察，所以暂时停止了请愿活动。

慈禧太后和光绪帝去世后，尚在幼年的溥仪继位，其父载沣摄政，年号宣统。宣统年间，一群少壮亲贵把持中央朝廷，国事不见好转，腐败愈演愈烈，外患日甚一日。张謇是愿意承认甚至维护大清朝统治的，但在他的内心深处，对少壮亲贵们实在是不信任，他觉得这些亲贵们少不更事，求他们不贪污腐败已经很难，要他们在内外交困的时候领导国家走出危机，几乎是不可能。这不是张謇一个人的看法，是立宪派新绅士们的共同见解。他们觉得只有迅速开国会，由国会产生真正的责任内阁，才能扭转国家的颓势。其实张謇等人没有公开说出来的愿望，是要由新绅士们组织国会，并由新绅士们来组织内阁，领导国家，国家才有希望。退一步，也要由一个有能力的汉大臣出来组阁，奕劻那样的贪腐官僚，他实在是不能信任。

1909年9月，各省完成了谘议局的选举。谘议局类似省议会，是清政府预备立宪的重要措施之一。9月16日，江苏谘议局选举议长，张謇当选。10月14日，除少部分省区外，各省谘议局同时开幕。张謇等立宪派有了一个正式的可以合法活动的场所。

江苏谘议局成立后，张謇一面组织谘议局的活动，一面把请愿立即召开国会作为他政治活动的主要目标。

当江苏谘议局成立时，张謇就与支持立宪的江苏巡抚瑞澂商定，由瑞澂邀各省督抚奏请速设责任内阁，由张謇邀各省谘议局请愿速开国会。于是张謇直接出面，邀请各省谘议局派代表到上海商议请愿速开国会事。

1909年12月17日，有七省代表已到上海，于是开会，之后又有九省代表陆续到会。由各省民意代表集中开会讨论时局并决定去向，这在中国历史上恐怕是第一次，而这个集会是张謇发起的。各省议员认为："亲贵分赃之政府，决无统治全国之能力。为国家及人民计，只有实行立宪，速开国会，为最好之万应灵丹。"[1] 速开国会，设立责任内阁就成为代表们的核心诉求。各代表先后开会六次，议决推举直隶的孙洪伊、湖南的罗杰等二十余人为进京请愿代表。又议定成立请愿速开国会同志会。会后，各代表经汉口乘火车赴京。这就是后世所称的国会请愿运动。

请愿代表赴京之前，张謇作《送十六省议员诣阙上书序》，强调，在国家存亡的关键时刻，必须开国会，切实实行立宪，才能救亡图存。

1　刘厚生：《张謇传记》，上海书店1985年影印版，第176页。

其中说：

我中国神明之胄，而士大夫习于礼教之风，但深明乎匹夫有责之言，而鉴于亡国无形之祸，秩然秉礼，输诚而请，得请则国家之福，设不得请而至于三、至于四、至于无尽，诚不已，则请亦不已，未见朝廷之必忍负我人民也。即使诚终不达，不得请而至于不忍言之一日，亦足使天下后世，知此时代人民固无负于国家，而传此意于将来，或尚有绝而复苏之一日[1]。

沉痛恳挚之情跃然纸上。

国会请愿得到绅商学界的支持。当时湖南长沙修业学校教员、后来成为中共元老也是毛泽东老师的徐特立，为了呼吁早开国会，以补救时艰，甚至以刀切断左手小指，血书“请开国会，断指送行”八字，送请愿代表。

但是，1910年前后三次请愿国会都被清廷拒绝了。这使张謇非常失望。1909年11月3日，也就是张謇谋划向清廷请愿开国会的时候，夜与汤寿潜等朋友闲谈：

挹之言：“以政府社会各方面之见象观之，国不亡，无天理。”余言：“我辈尚在，而不为设一策，至坐视其亡，无人理。”记此

1 《张謇全集》第一卷，江苏古籍出版社1994年版，第128–129页。

一段议论留示儿子。[1]

这显示了张謇极为矛盾的心态。明知大清朝已不行，还要尽量挽救它，所谓宁人负我，我不负人。但是，张謇心目中的“国”，有时与大清朝是一体的，有时又可以分开，所以，在他的内心深处，必要的时候，可以为了“国”而不要这个清朝。而一些比较激进的立宪派人士已经暗中与革命党联络，准备武力推翻清政府。

1911 年 5 月 8 日，清政府宣布成立责任内阁。但这所谓责任内阁的十三名国务大臣中，汉族仅四人，满族九人中皇族竟有七人，故当时社会就讽刺其为“皇族内阁”。对此，张謇极为失望。多年以后，他在自订年谱写道：

> 政府以海陆军政权及各部主要，均任亲贵，非祖制也；复不更事，举措乖张，全国为之解体。至沪，合汤寿潜、沈曾植、赵凤昌诸君公函监国（摄政王载沣）切箴之，更引咸（丰）、同（治）间故事，当重用汉大臣之有学问阅历者。赵庆宽为醇（醇亲王）邸旧人，适自沪回京，属其痛切密陈，勿以国为孤注。是时举国骚然，朝野上下，不啻加离心力百倍，可惧也。[2]

1 《张謇全集》第六卷，江苏古籍出版社 1994 年版，第 627 页。

2 《张謇全集》第六卷，江苏古籍出版社 1994 年版，第 872—873 页。括号内解释文字为引者所加。

然而，张謇是大清朝的状元，他要尽最后的忠告；他认为，一旦大清朝垮台，所带来的社会动荡将会破坏他的实业教育计划，甚至中国有可能被列强瓜分。

但是，张謇并不想为清朝殉葬，如果清朝灭亡，那么取代它的理想人物是袁世凯。1911 年，张謇进京途中走访了已被载沣罢免、在河南彰德“隐居”的袁世凯。

五、武昌起义以后的艰难转变

武昌起义前夕，张謇恰好到武汉办事，但他对革命党人准备起义的事毫不知情。1911 年 10 月 10 日，也就是武昌起义那一天，张謇在汉口活动，晚上八点登上东行的轮船。张謇在船上亲眼见到武昌城起义军燃放用作联络信号的火光，在日记中写道：“行二十里犹见火光。”[1]12 日，船停靠安徽省城安庆时，张謇见到电报，才知道武昌革命党起义，已占领武昌。

张謇虽对清廷不肯开国会不满，但还是不能接受革命。10 月 14 日，张謇拜见江宁将军铁良，请他出兵武汉镇压革命军，同时奏请清廷速定宪法。铁良请张謇与两江总督张人骏商议。次日，张謇拜见张人骏，请张人骏援武昌清军。谁知张人骏大骂立宪，并指责湖广总督瑞澂支持立宪，认为都是立宪惹的祸，不肯援武昌。直到 10 月 21 日，张謇还致电清内阁，请宣布立宪开国会，希望以改革平息革命。

1 《张謇全集》第六卷，江苏古籍出版社 1994 年版，第 659 页。

张謇是个真实坦诚的人，按道理说，到了民国年间，武昌起义以后仍试图镇压革命的事，至少会被人指责，但张謇毫不避讳，他在日记中对此事记的还少，写自订年谱时做了更详细的记述，由此可见张謇的为人。

这以后，形势急转直下。10 月 22 日，长沙、西安宣布独立，湖南、陕西两省加入革命阵营；10 月 23 日，九江新军起义；10 月 29 日，山西宣布独立；30 日，昆明新军起义；31 日南昌新军起义。

在江浙一带，11 月 3 日，上海革命党起义，随后占领上海；11 月 4 日，杭州新军起义，张謇的老朋友汤寿潜做了革命政府的都督。紧接着，11 月 5 日，与张謇关系很好的江苏巡抚程德全宣布江苏（江苏巡抚驻苏州）独立。

如果说上海、江苏、浙江独立前，张謇还希望清廷通过改革以平息革命，以免大的社会动荡和生灵涂炭。但这以后，张謇明白，清廷已是大势已去，这期间，他的立场逐渐转变。

11 月 8 日，张謇致电袁世凯，劝他尊重民意，赞同共和。算是直接表态。同日，他的家乡通州宣布光复，张謇的哥哥张詧当了通州革命军的总司令。

11 月 13 日，张謇公开表示赞同共和，并与熊希龄、汤寿潜等致电蒙古各界人士，请他们赞成共和。

11 月 14 日，清廷谕派张謇、汤寿潜、谭延闿、江春霖、梁鼎芬等十二位知名人士为各省宣抚使，图消弭革命。张謇在报纸上看到这个消息后，在日记中写道："何宣何慰耶？" 拒绝了清廷的任命。

清廷于11月1日解散皇族内阁后，11月16日，袁世凯责任内阁正式成立，并任命张謇为农工商大臣，张謇电辞。这以后，他更开始积极参加革命阵营的活动。

11月21日，共和革命阵营的江苏省议会开会，张謇被选为议长。

11月23日，清廷收到伍廷芳、张謇、唐文治、温宗尧联名电，请清帝退位，宣布共和。该电由美国使馆转给清廷，这是张謇首次向清廷公开表明政治态度。

张謇公开要求清廷退位，说明张謇心中，实行君主立宪以强国的理想已经成空，并被彻底放弃。张謇在日记中写道："此十月非可等例于前此之十月。"这个月的二十四日，即公历12月4日，张謇剪掉了象征臣服清朝的辫发，在日记中写道："去辫发寄退翁，此亦一生记念日也。"[1]退翁就是张謇之兄张詧，号退庵、退翁。

张謇七十周岁时为自己编"自订年谱"，在自序中说，他从二十岁开始写日记，直到七十岁，"此四十八年中，一身之忧患学问出处，亦尝记其大者，而莫大于立宪之成毁"[2]。他撰写年谱，就是为了把这段事情写下来告诉后人。立宪运动的失败，仍然让他痛心。

张謇为大清朝做了最后一件事，那就是草拟清廷退位诏书，系胡汉民请张謇拟。当然，这也是为国家、为民国做的一件大事。

1912年2月12日，清廷正式宣布退位。一个时代终结了！

张謇在辛亥革命前夕的这些活动有着特别的意义和重要影响。第

1 《张謇全集》第六卷，江苏古籍出版社1994年版，第661页。

2 《啬翁年谱自序》，《张謇全集》第五卷上，江苏古籍出版社1994年版，第299页。

一，张謇办企业成功之后，渐渐成为江浙、上海一带新绅士的领袖，对政局有极大的影响。除了他自身的活动能力外，他有两个头衔起了巨大的作用。一个头衔是状元，一个头衔是成功的企业家。这两项巧妙交织在张謇一个人身上，已经算是出奇了，但更重要的在于他的这两个身份都能得到社会或东南社会精英的认同，这也表明社会公认的价值观的一些变化。有了这个认同，张謇事实上成为立宪派尤其是江浙立宪派的领袖，或叫东南领袖。

第二，张謇能够对江浙上海的督抚发生一定的影响。如果再加上江、浙、沪的其他绅商人士，对督抚的影响就更大了。戊戌年鼓动刘坤一上疏反对废黜光绪帝，庚子年支持东南互保，辛亥年支持程德全宣布江苏脱离清政府独立，都是如此。这也表明了一个事实，即清朝政权自咸丰、同治以后逐渐衰落，权力下移，督抚甚至像张謇这样的绅士能够干预朝政。而督抚与地方有力绅士的契合表明当时中国社会的地方对中央的分离倾向。清朝最后的灭亡已顺理成章，不过是已经极为衰微的政府受到最后一击退出历史舞台而已。

这里我们也谈谈张謇的政治理念。张謇不是理论家，他不是梁启超，也不是康有为、严复、谭嗣同，他是个做实际事务的人，不讲究理论。但他又是个政治影响很大的人，既然不尚理论，就很难从张謇的著作中探求他的政治理念，而需要到他的行动中来探索。他的政治理念有两个：一是渐进，不主张突然的变革，不希望剧烈的社会震荡。这与他持重务实的性格有关。但是，他的这个愿望并没有达到。甚至他自己在晚清的活动，虽然不直接反对清政府，但实际上国会请愿对清政府的统治造成了冲击。二是希望强有力人物的统治。其实这也是民国初年相当流行的见解。这种见解，也使他与袁世凯在清末民初结成了特殊的关系。以这两点为前提，张謇愿意接受现代文明，推动中国适应世界发展的潮流。正因为如此，他除了办新式企业外，还创办了许多公共事业，如学校、图书馆、博物苑等。

六、恩恩怨怨袁世凯

从辛亥革命爆发前夕到1916年袁世凯死去，张謇与袁世凯有一种非常特殊的恩怨交织的关系。但是放大到整个社会场景中，这种关系又绝不仅仅是个人之间的恩恩怨怨，而是张謇为代表的政治势力即新绅士的一种选择，这种选择又给晚清民初的政局带来了重大的影响。

早在吴长庆幕府时，张謇就结识了袁世凯。当时吴命袁随张读书。张謇后来回忆，当时他曾命题让袁世凯做八股文，袁不能成篇，且颇以为苦。但是偶尔令其办理事务，则井井有条，颇为干练。[1] 在朝鲜，袁世凯的地位不断上升，而袁世凯对张謇的称呼，则随袁的地位的变化而变化，先是夫子、老师、先生，然后是某翁，最后竟是某兄（袁生于1859年，小张謇六岁）。

在张謇的眼里，袁世凯是一副小人得志的嘴脸，再加上袁世凯对

1　刘厚生:《张謇传记》,上海书店1985年影印,第6–7页。

提拔他的吴长庆忘恩负义。所以，尽管张謇盛赞袁世凯的才干，但与袁世凯是“道不同，不相谋”，后来两人就断绝了联系。

戊戌政变后，荣禄进京，由袁世凯护理直隶总督，张謇在日记中写道：“闻袁世凯护北洋。是儿反侧能作贼，将祸天下。奈何！”[1]一说“能做贼”、再说“祸天下”，可见张謇对袁世凯印象之恶劣。

但是，清末新政中袁世凯骄人的成就，让张謇对其刮目相看。张謇争取清政府实行立宪制度时，开始与几乎二十年不通音迅的袁世凯联络。待到几次国会请愿失败，大清朝已是风雨飘摇，虽然张謇对袁世凯的人格还不大相信，但在清朝将亡的时候，他已经把袁世凯的出山作为一种选择了。

前面提到，1911 年 6 月张謇北上赴京，途中曾主动到河南彰德（今安阳）走访隐居的袁世凯。他与袁世凯究竟谈了些什么？张謇后来没有多谈。他当时的日记只写了这样的话：“午后五时至彰德，访袁慰廷于洹上村，道故论时，觉其意度视廿八年前大进，远在碌碌诸公之上……夜十二时回车宿。”[2]他们整整谈了七八个小时。这么长的时间，他们都说了些什么？按照当时随张謇北上的刘厚生的说法，很可能是讨论怎样避免天下大乱，甚至是清亡以后之事，张謇要求袁世凯负起责任，而他自己则表示支持——实际上也是当时政治上活跃的立宪派人士的支持。

1　光绪二十四年八月十日日记，《张謇全集》第六卷，江苏古籍出版社 1994 年版，第 414 页。

2 《张謇全集》第六卷，江苏古籍出版社 1994 年版，第 650 页。

张謇在北京逗留一段时间后，离京时顺便在天津参观考察。从李鸿章开始，直隶总督已经常驻天津而不是名义上的省城保定，而天津的市政及种种设施，与直隶总督极有关系。张謇很有感慨："观罪犯游民工厂，规模极备。周览马路，又至图书馆之设置。慰廷要是不凡，但气稍粗犷耳，举世督抚，谁能及之？"[1] 这话当时记在日记里，多年后又写在自订年谱中，可见印象深刻。

江、浙、沪光复后，张謇于 1911 年 12 月 10 日来到上海，此时上海、苏州、南京、杭州都已是革命阵营的天下，张謇也已决心站到革命阵营。但是，他初与革命党人接触，已觉察到未来建设的难度。他在日记中写道："至沪，知党人意见之复杂。破坏易，建设难。谁知之者！"[2]

的确，推倒一个已经十分衰弱的旧政府容易，但如何建设一个新的中国难之又难。

难度之一就是各方对建设一个什么样的中国意见不一。

革命党的主流派孙中山、黄兴、宋教仁等，希望建设真正的共和国，实行西方那样的民主制，他们坚信那样可以很快把中国引向富强，也最符合人类文明的发展潮流。但是，许多张謇一样的中国士大夫对孙中山等并不了解，对他们的治国能力有怀疑，对他们的理想也觉得太过高远，难以办到。

重新出山的袁世凯，希望建立以他自己为核心的强有力政府，而

1 宣统三年闰六月十四日日记，《张謇全集》第六卷，江苏古籍出版社 1994 年版，第 875 页。

2 《张謇全集》第六卷，江苏古籍出版社 1994 年版，第 661 页。

袁世凯自己要拥有绝对的权力。虽然袁世凯在清末是立宪的积极主张者，但从他后来的所作所为看，他并不是宪政的真正信仰者。

以张謇为首的立宪派人士，在大乱之后，又面临严酷的国际形势，非常希望建设一个强有力的政府，由强有力人物来领导这个衰弱危险的国家。而他们心目中合适人物，不是南京临时政府的临时大总统孙中山，而是袁世凯。

1912 年 1 月 1 日，中华民国正式宣告成立。1 月 3 日各省代表会通过孙中山提出的国务员名单，张謇被任命为实业部总长，他的老朋友汤寿潜为交通部总长，与他关系不错的原清江苏巡抚程德全任内务部总长。各部总次长名单如下：

陆军部总长黄兴、次长蒋作宾

海军部总长黄钟瑛、次长汤芗铭

司法部总长伍廷芳、次长吕志伊

财政部总长陈锦涛、次长王鸿猷

外交部总长王宠惠、次长魏宸组

内务部总长程德全、次长居正

教育部总长蔡元培、次长景耀月

实业部总长张謇、次长马君武

交通部总长汤寿潜、次长于右任

从这份名单看，虽然张謇等人没有掌握陆军、海军、财政、外交几个要害部门，但是孙中山等革命党人还是有意联合立宪派人士。然而张謇的经历、学问、教育、理念等方面与孙中山等革命党人差异还是太大，在他的眼里，仍然认同袁世凯是一个建设人才，而革命党人大多是一些能破坏不能建设的少不更事之徒。所以在后来革命党与袁世凯的争夺中，他的立场倾向于袁世凯而不是革命党。

张謇倾向袁世凯，另一位在海外流亡多年的立宪党舆论骄子梁启超也放下过往的恩怨，转而支持袁世凯。整个立宪派新绅士基本倾向支持袁世凯。而立宪派虽缺少实力，但由于他们对社会的广泛影响，他们的向背对于两派的胜利有着重大的甚至决定性的意义。

袁世凯就在立宪派新绅士的支持下，凭借着北洋系的军事政治实力击败了国民党。

国民党的二次革命失败后，1913 年 9 月，袁世凯任命熊希龄为国务总理组织内阁，张謇担任工商总长。立宪派名流梁启超任司法总长，汪大燮任教育总长，再加上熊希龄自己，号称“第一流人才内阁”。

但是袁世凯对熊希龄、梁启超、张謇等只是利用。他不是用这个难得的统一和西方列强忙于第一次世界大战的机会发展经济，增强国力，而是在自觉完全控制了全国以后，帝制自为。

袁世凯帝制闹剧上演后，张謇终于彻底失望。据张謇自订年谱，1915 年筹安会成立后，他曾苦劝袁世凯，但袁作何表示不得而知。于是张謇先请假，随后返南方，然后便坚决辞职，与袁世凯脱离了关系。到此时，张謇愿意支持的共和实际也落空了。

1915 年 12 月 20 日，袁世凯称帝的同时，封徐世昌、赵尔巽（清末东三省总督、民国清史馆馆长）、李经羲（李鸿章侄，即李鹤章子，清末云贵总督）、张謇为“嵩山四友”，这四人可以不称臣。张謇没有接受。

张謇对袁世凯态度的变化，实际上意味着立宪派人士对袁世凯态度的变化。张謇的持重性格使他没有公开反袁，而另一位也曾一度拥袁的梁启超则公开揭橥反袁旗帜，并在发动护国起义上起了很大的作用。

1916 年 6 月 6 日袁世凯病死，张謇当天就得到了消息。他在日记中感慨写道："三十年更事之才，三千年未有之会，可以成第一流人，而卒败于群小之手。谓天之训迪吾民乎，抑人之自为而已。"[1] 显然仍为袁世凯惋惜，并将复辟帝制的责任归于袁世凯左右怂恿他搞帝制的人士。

袁世凯死后，张謇基本上不再过问全国政治。

张謇一生从状元实业家出名，但其实一生都是"士"，如果说曾国藩带领中国的士人从传统的修齐治平转向追求国家的富强，张謇则处于从传统士人向现代知识人转化中。他一生追求的是国家富强。无论他理想的教育救国，近乎误打误撞成功办企业，还是失败的参与政治，维护清朝又最终放弃清朝，支撑他的都是最终的信念——国家富强。从张謇身上，我们能看到传统士人向现代知识分子的艰难转型，也能看到转型时代士大夫的追求。

张謇卒于 1926 年 7 月 17 日。就在这个月，国民革命军誓师北伐。1928 年 6 月，北伐军占领北京，同年 12 月张学良宣布东北易帜，服从南京国民政府领导，北伐完成。推动国民革命和北伐的，主要是清

1 《张謇全集》第六卷，江苏古籍出版社 1994 年版，第 717 页。

末新政以来成长起来的新知识人，而科举士人——这些曾经的社会精英，已不再是社会的领导者。

历史又翻过了一页。

梁启超

不失赤子之心的启蒙者

平生多变，不善政治强为政治，碰壁者多顺利者少；

妙笔文章，启蒙一代青年学子，世纪之交任公第一。

梁启超，字卓如，号任公，又号饮冰室主人，1873 年 2 月 23 日生于广东新会县（现为江门市新会区）茶坑村。梁启超的祖父是秀才，曾做过县的教谕。父亲也是读书人，但没有考取功名。梁家半耕半读，经济状况大概属于乡间的小康之家。

新会处于珠江三角洲，是近代中国风气开化较早的地方。笔者曾几度到新会参加康有为、梁启超及维新运动的学术讨论会，据新会市的地方官员讲，新会是我国华侨最多的一个县（新会一度为县级市），可见此地对外交往之多。虽然如此，梁启超最初还是与那个时代的大多数读书人一样，走的是读书考科举，争取“学而优则仕”的路。

在中国近现代史上，梁启超是位少见的小神童。1882 年他九岁时，便参加了科举考试。1884 年十一岁便考取了秀才，而此时梁启超的父亲却还什么功名都没有考上。1889 年，梁启超中举人，这年他才十六（周）岁。就在科举之路一帆风顺的时候，1890 年梁启超拜见康有为，对此他生动地记述：

> 时余以少年科第，且于时流所推重之训诂词章学，颇有所知，辄沾沾自喜。先生（康有为）乃以大海潮音，作师子吼，取其所挟持之数百年无用旧学更端驳诘，悉举而摧陷廓清之。自辰入见，及戌始退，冷水浇背，当头一棒，一旦尽失其故垒，惘惘然不知所从事，且惊且喜，且怨且艾，且疑且惧，与通甫（陈千秋，康有为弟子）联床，竟夕不能寐。[1]

之后，梁启超毅然退出有名的学海堂，拜康有为为师，他后来回忆说“生平知有学自兹始”[2]。此时梁启超已是举人，康有为却还是秀才，举人拜秀才为师，恐怕整个中国近代史上也不多见。

从此，梁启超走上了一条与科举考试做官、光宗耀祖完全不同的道路。而在他的政治生涯中，也遇到了与以往不同的问题，那就是中国已不止是否要吸收学习西方技艺的问题，而是要不要改变中国的制度——两千年来延续下来的制度，以及如何改变制度的问题。这些问题几乎困扰梁启超一生。

梁启超的本性是个读书人，书生气极为浓厚，但并不妨碍他几乎一生的政治热情。而他从政的最大特点是多变，或者说是忽温和忽激进的多变。

---

1 梁启超：《三十自述》，载林志钧编《饮冰室合集·文集之十一》第二册，中华书局1989年影印，第15—19页。

2 梁启超：《三十自述》，载林志钧编《饮冰室合集·文集之十一》第二册，中华书局1989年影印，第15—19页。

一、维新健将

拜康有为为师后，梁启超很快成为康有为最得力的助手。[1] 由于梁启超文笔特别好，康有为的很多主张甚至是经梁启超宣传才广为人知的。

梁启超在维新运动中做了几件大事：

1. 任《时务报》主笔

晚清时期，中国有了报刊这种面向大众的媒体。主办者可以通过报刊宣传自己的主张，趋新思想家们正可以借助报刊“开民智”，即启蒙大众。而让梁启超成为舆论界骄子、近代中国最有影响的宣传家的，就是报刊。

首先让梁启超知名的是1896年8月在上海刊行的《时务报》。《时务报》名叫“报”，实际是一份政论旬刊，或介于政论杂志与报纸之间。梁启超担任这份旬刊的主笔，政论的撰稿人。《时务报》是宣传维新变法最有影响的刊物，而该刊之所以获得了那么大的影响，主要是因为有梁启超。该刊自第一期起，连载梁启超所撰《变法通议》，前后凡二十篇。文章的开头就这样说：

> 法何以必变？凡在天地之间者，莫不变……上下千岁，无时不变，无事不变，公理有固然，非夫人之为也。

---

1 陈千秋1895年因病早逝，只有二十六岁。

《论不变法之害》中写道：

> 变亦变，不变亦变。变而变者，变之权操诸己，可以保国，可以保种，可以保教。不变而变者，变之权让诸人，束缚之，驰骤之，呜呼！则非吾之所敢言矣[1]。

这种酣畅淋漓的语言极能打动人心。梁启超后来描述的确是实情："甲午挫后，《时务报》起，一时风靡海内，数月之间，销行至万余份，为中国有报以来所未有，举国趋之，如饮狂泉。"[2] 梁氏大名随着刊物的发行不胫而走，而《时务报》的影响也因梁启超的文章而大增，成为宣传维新变法最有影响的刊物。如果我们仔细研读《变法通议》全文，会注意到梁启超"变"的呼吁与李鸿章的"变局"其实是有继承关系的，而变的内容则大大超过了李鸿章《筹议海防折》的设计。

梁启超一生影响最大的不在于他是一个活跃二十多年的政坛风云人物，而在于他是一个天才的宣传家，近代中国最有影响的启蒙思想家。梁启超思维敏捷，接受新事物极快，写作速度极快，常常能达到每日五千字，且不用修改直接刊出；他能迅速将各种新学说、新思想介绍给国人；他独创了一种半文半白的文体，生动流畅，浅显易懂，却又不失雅致，极具煽动力量，读了让人感觉就像长江大河，奔腾而

1 均见《变法通议》，林志钧编《饮冰室合集·文集之一》，中华书局 1989 年影印，第 1、第 8 页。

2 梁启超：《清议报一百册主祝辞并论报馆之责任及本馆之经历》，林志钧编《饮冰室合集·文集之六》，中华书局 1989 年影印，第 52 页。

下，酣畅淋漓，让人不知不觉跟着任公先生走。梁启超自己也说：

其文条理明晰，笔锋常带感情，对于读者，别有一种魔力焉[1]。

2. 主讲湖南时务学堂

甲午战败，让湘军崛起以来极为自负的湖南精英深感耻辱，所以甲午战后湖南知识人努力输入西学、创办新式企业，恰好此时期任职湖南的都是较开明的官员，所以湖南成了维新运动中最有生气和影响的省份。湖南时务学堂是湖南巡抚陈宝箴奏请创办的，旨在培养新式人才，由进士熊希龄任总理。时务学堂 1897 年 11 月开学，梁启超被聘任为时务学堂中文总教习。梁启超虽已是举人，但这年只有二十四（周）岁。

怎样办这个学堂呢？梁到长沙后，给学生订了一个《湖南时务学堂学约》。学约共十章，分别为立志、养心、治身、读书、穷理、学文、乐群、摄生、经世、传教。梁启超的用意，就是鼓励学子读有用之书，以天下为己任，奋起救亡图存。如“立志”篇即教读书人“当思国何以蹙，种何以弱，教何以微，谁之咎欤？四万万人，莫或自任，是以及此”[2]。换句话说，就是读书人要奋起救国，而救国必须变法。

1 《清代学术概论》，林志钧编《饮冰室合集·专集之三十四》，中华书局 1989 年影印，第 62 页。

2 林志钧编:《饮冰室合集·文集之二》，中华书局 1989 年影印，第 23 页。

梁启超的教学方法，兼用学校、书院之长。他学了康有为办万木草堂的一些经验，但又不止此，比他的老师要激进得多。据梁后来回忆：时务学堂除课堂讲授外，“最主要者为令诸生作札记，师长则批答而指导之，发还札记时，师生相与坐论。时吾侪方醉心民权革命论，日夕以此相鼓吹，札记及批语中盖屡宣其微言”。又忆：“启超至，以《公羊》、《孟子》教，课以札记，学生仅四十人（应指第一次招考的学生），而李炳寰、林圭、蔡锷称高才生焉。启超每日在讲堂四小时，夜则批答诸生札记，每条或至千言，往往彻夜不寐。所言皆当时一派之民乐论，又多言清代故实，胪举失政，盛倡革命。”[1]学生札记的批语，梁启超有非常激进的话，我们试举几例：

今日欲求变法，必自天子降尊始，不先变去拜跪之礼，上下仍习虚文，所以动为外国讪笑也。

屠城屠邑，皆后世民贼之所为，读《扬州十日记》，尤令人发指眦裂。

后一句直指清朝入关时屠杀之惨，带有明显的对清朝不满的倾向。

二十四朝，其足当孔子至号者无人焉。间有数霸者生于其间，其余皆民贼也。

1 均见丁文江、赵丰田编《梁启超年谱长编》，上海人民出版社 1983 年版，第 83–84 页。

等于否定历代君主制。又鼓动设议院，说议院中国古已有之：

议院虽创于泰西，实吾五经诸子传记，随举一义，多有其义者，惜君统太长，无人敢言耳。[1]

前面说过，湖南在维新运动中极有生气，但是矛盾也最激烈。原因是一些绅士们包括曾经支持改革的王先谦等人接受不了时务学堂的激进思想，所以纷争不断，湖南又是绅权非常重的地方，连巡抚都要对绅士们礼让三分，所以梁启超倍感压迫。1898 年初，梁启超辞去时务学堂中文总教习职，到了北京。戊戌政变以后，时务学堂被取消。时务学堂存在的时间虽然很短，但在中国近代史上非常有名。它培养了一批优秀学生，革命家蔡锷、教育家范源濂就是其中的佼佼者；而中国近代史上很多著名人物如熊希龄、谭嗣同、唐才常、陈宝箴、黄遵宪等，都与这个学堂有关。

到北京后，梁启超曾参与康有为保国会等活动，为维新改革而奔走。

3. 上书要求废八股

改革科举制，是康有为等维新人士一直坚持的。康有为对科举多所批评，但鼓励弟子们参加考试，因为通过考试入仕，进入官员阶层，可以更有效地促进改革。1898 年，就是众所周知的百日维新这一年，

1 均见《湖南时务学堂课艺批》，中国近代史资料丛刊《戊戌变法》第二册，上海人民出版社 1957 年版，第 548–549 页。

也是会试（举人考进士）年。而此时科举考试的弊端也更为明显，尤其是八股的形式和考试范围只限于中国古代典籍。这年 5 月，梁启超联合在京准备参加考试的百余举人上书，要求废除八股（注意：是废除八股的考试模式，不是彻底废除科举制）。上书直指八股试帖是“愚士”的工具，导致“学非所用，用非所学”，要求改为考试实用的学问。[1]但是考试大变革等于破坏只习惯旧模式和传统知识的举子的前程，结果令参加会试的许多举人不满，他们甚至要殴打梁启超，都察院、总理衙门也都不肯代奏，上书自然无法送到皇帝手里。梁启超并不放弃，稍后他又代御史宋伯鲁起草《请变通科举改八股为策论折》，光绪帝看到宋伯鲁的奏折后，下诏废八股、改试策论。由此可见梁启超的作用。

4. 被光绪帝召见但未得重用

1898 年 7 月 3 日，也就是《定国是诏》颁布（6 月 11 日）后二十多天，光绪帝召见梁启超，这也是梁启超与光绪帝的唯一一次见面。召见时光绪帝命梁启超进呈所著《变法通议》。召见后光绪帝给梁启超一个六品卿衔，主要职任是办理译书局。这是一个较低的职务，而梁启超若要向皇帝建言，仍不能直接上书，需要通过其他大臣。就是说，梁启超没有得到重用。我们联想到稍后谭嗣同等“军机四卿”的任命[2]，就能体会到这一点。其原因，据当时与维新党人有密切关系、

1　丁文江、赵丰田编：《梁启超年谱长编》，上海人民出版社 1983 年版，第 114–116 页。

2　1898 年 9 月 5 日，光绪帝命杨锐、刘光第、林旭、谭嗣同赏加四品卿衔，在军机章京上行走，参预新政事宜。此前谭嗣同只有“江苏候补知府”的官衔，实无正式官职。

政变后也逃到日本的王照记述："清朝故事，举人召见，即得赐入翰林，最下亦不失为内阁中书。是时梁氏之名，赫赫在人耳目，皆拟议必蒙异数。及召见后，仅赐六品顶戴，是仍以报馆主笔为本位，未得通籍（指任官）也。传闻因梁氏不习京语，召对时口音差池，彼此不能达意，景皇（光绪帝）不快而罢。（是时梁氏口音呼孝字如好，呼高字如古，诸多类此，此余所亲闻者。）"[1] 当然，真正的原因也可能是光绪帝不想太刺激保守人士，所以一时不能重用梁启超。

正当百日维新如火如荼进行时，霹雳一声，慈禧太后于1898年9月发动政变，软禁光绪帝，杀害维新志士，并废除维新措施。幸而，康有为在英国人的掩护下脱险；梁启超则在日本人的掩护下脱险，前往日本。

二、徘徊的舆论界骄子：君宪、共和革命还是开明专制？

1898年10月，梁启超乘船前往日本，满腔悲愤的他赋诗《去国行》，其中写道：

> 吁嗟乎，男儿三十无奇功，誓把区区七尺还天公。不幸则为僧月照，幸则为南洲翁。不然高山蒲生象山松阴之间占一席，守此松筠涉严冬，坐待春回终当有东风。吁嗟乎，古人往矣不可见，山高水深闻古纵。潇潇风雨满天地，飘然一身如转蓬，披发长啸

1 中国近代史资料丛刊《戊戌变法》第二册，上海人民出版社1957年版，第573页。

览太空，前路蓬山一万重，掉头不顾吾其东。[1]

诗中提到好几位日本人，僧月照、西乡隆盛，都是维新志士，僧月照在安政大狱中死难，西乡隆盛则领导了倒幕运动，所以梁说“不幸则为僧月照,幸则为南洲翁”。而高山彦九郎、蒲生君平、佐久间象山、吉田松阴都是日本思想家，其中后二人是日本幕府末期思想家，为日本的思想启蒙做出了卓越贡献。梁启超就是要学习这些人。

1. 创办《清议报》与《新民丛报》

梁启超于 1898 年 12 月创办了《清议报》。《清议报》为旬刊，每十日出版一次，先用孔子纪年，右侧再并排清朝纪年。宗旨是开民智、振民气，鼓吹君主立宪。梁启超有名的记录戊戌变法的《戊戌政变记》即在该刊刊出。1899 年 1 月 2 日，梁启超在《清议报》第二号开始刊登谭嗣同的《仁学》，自此《仁学》广为世人所知，其中对清王朝乃至君主专制的激烈批评，极富煽动力。

1901 年冬，《清议报》一百期的时候，因为失火停刊，但梁启超很快又于 1902 年 2 月在横滨创办影响更大的《新民丛报》。

《新民丛报》的主旨就是启蒙。我们从《新民丛报》的章程可以看出梁启超的用意，刊名系取《大学》新民之意，“以为欲维新吾国，当先维新吾民。中国所以不振，由于国民公德缺乏，智慧不开，故本报专对此病而药治之”。这和后来鲁迅的改造国民性的主张可谓英雄所见略同。为刊物撰稿最多者，也是梁启超。梁启超因此极为忙碌，

1 丁文江、赵丰田编:《梁启超年谱长编》,上海人民出版社 1983 年版,第 159 页。

常常每天撰文五千言。《新民丛报》曾刊登梁启超《新民说》《开明专制论》、康有为《辨革命书》等文。初时宣传维新，介绍西方新学说，对青年学子影响极大。黄遵宪曾评论梁启超在《新民丛报》的文章："惊心动魄，一字千金，人人笔下所无，却为人人意中所有，虽铁石人亦应感动，从古至今文字之力之大，无过于此者矣。"[1]后同盟会成立，《新民丛报》仍然坚持保皇改革之论，而反对革命，因而与革命派的《民报》等报刊发生论战。1907 年停刊。

至清廷垮台之前，梁启超又曾创办过《国风报》《政论》等报刊；民国年间，曾主办《庸言》《大中华》。但影响最大的还是《时务报》《清议报》《新民丛报》。作为启蒙宣传家，他最辉煌的时代是 1896 年至 1907 年这十多年，是真正的舆论界骄子。

梁启超接受新事物特别快，他讨论和宣传过的东西特别庞杂，涉及政治、法律、经济学、哲学、社会学、史学、文学等多个学科。晚清崇尚新学的年轻人，多半都有读梁启超文，崇拜梁启超的一个阶段。当然，这些青年人后来很多加入了革命阵营。

郭沫若在自传中就说：

> 梁任公地位在当时确实不失为一个革命家的代表……在他那新兴气锐的言论之前，差不多所有的旧思想、旧风习都好像狂风中的败叶，完全失掉了它的精彩。二十年前的青少年……可以

1 黄遵宪致梁启超函，见《梁启超年谱长编》，上海人民出版社 1983 年版，第 274 页。

说没有一个没有受过他思想或文字的洗礼的。[1]

不仅年轻人，笔者在阅读晚清资料的时候，甚至发现清廷的起居注官恽毓鼎也经常看梁启超主办的《新民丛报》。恽毓鼎能看到，意味着相当多的官员也能看到。而那时梁启超还是清廷的“通缉犯”。

另一方面，流亡日本的前几年，梁启超的思想经历了一次激进的演变，差一点成了革命党。

梁启超到日本以后，由于变法失败的刺激，也由于亲眼看到日本政府的奋斗进取精神，反观中国政府的保守拖沓，形成鲜明对照，他对清政府的统治愈趋反感。1901 年，清政府实行新政，此后陆续赦免了当年参与戊戌变法而受到处分的官员，但就是不赦免康有为、梁启超，并将两人与孙文（孙中山）并列，为清廷不赦免的三个“乱党”。这也使梁启超相当愤懑。早在戊戌变法以前，康、梁等维新派人士就曾与孙中山和兴中会有过接触，到日本以后，梁与孙中山及兴中会另一重要人物陈少白来往更多，甚至介绍章太炎结识孙中山。梁启超一度已准备与兴中会合作成立一个共同的倾向革命的组织，并举孙中山为会长，梁启超为副会长。据说康有为的弟子中有十三人赞成两党联合。坚决反对革命的康有为得知后，去信大骂梁启超，并严命梁到檀香山等地。师命难违，后来梁启超中断了与革命党的来往。

2. 倡新民——改造国民性

梁启超流亡日本后，认为中国要维新改革也好，要转弱为强也好，

1 郭沫若:《少年时代》,人民文学出版社 1979 年版,第 112 页。

关键的关键是改造国民。《新民丛报》创刊时刊名取“新民”二字，即为此意。该刊第一号刊登梁启超的长文《新民说》，至1906年方全部刊完。他还用“中国之新民”作为自己文章的笔名。由此可见“新民”的呼吁在他思想中的地位。

“新民”的“新”，如果做形容词讲，就是新的国民；如果做动词讲，是将中国人改造成为新的国民。[1]笔者的理解，梁启超是将这两者都包含在内了。所以，新民也者，实改造国民性之意也，用今天的话说，就是实现人的现代化。这在近代中国，是一个重要的话题。

梁启超认为，国家的强盛与否是由国民的文明程度决定的。他说：

> 国民之文明程度低者，虽得明主贤相以代治之，及其人亡则其政息焉……国民之文明程度高者，虽偶有暴君污吏，虔刘一时，而其民力自能补救之而整顿之[2]。

梁启超大力抨击中国之旧道德、旧观念，主张树立新道德、新观念。某种意义上可以说，梁启超大半生都是在做这种“新民”的工作，也就是启蒙。当然，梁启超并不是完全抛弃旧道德、旧观念，所以他又说：“新民云者，非欲吾民尽弃其旧以从人也。新之义有二：一曰

1 以笔者的阅读范围，较早对此做出解释的是张灏，见张灏著《梁启超与中国思想的过渡》（崔志海、葛夫平译），江苏人民出版社1995年版，第107页。

2 《新民说》第二节《论新民为今日中国第一急务》，《饮冰室合集·专集之四》，中华书局1989年影印，第2页。

淬厉其所本有而新之；二曰采补其所本无而新之。”[1]那么，中国国民需要什么新道德、新观念呢？梁启超用多个小节论证，包括公德、国家思想、进取和冒险精神、权利意识、自由、自治、进步、私德、自尊、合群、义务思想、尚武、政治能力等诸方面。以我们今天的理解，就是现代公民应该具备的素质、观念和行为模式，而要摒弃传统社会的与20世纪不相合的观念和生活方式。

对于《新民说》，有学者认为，“《新民说》是20世纪初中国启蒙思想最优秀的代表作”[2]。台北“中央研究院”近代史研究所黄克武教授，曾专门研究新民说，他的著作《一个被放弃的选择：梁启超调适思想之研究》[3]，对中国近代没有按照梁启超新民说的思想，走调适的、渐进的路，也就是英国人的渐进式的路，表示惋惜。

这里要说一下近代趋新的知识人的困扰：要适应世界发展潮流，也避免中国落后挨打的局面，中国必须变。那么，是先改变制度还是先改变人？先改变人，往往是改良主义，或和平的、渐进的改革；先改变制度，往往是激进的政治改革或革命。而梁启超本人，就常在渐进改革和激进革命之间犹豫徘徊。

3. 君主立宪的宣传

晚清新政时期，立宪或宪政是时髦的新名词，大凡接触一些新知识的国人，都会知道。特别是1905年以后，上自清廷，下到新绅士、

1 《新民说》第三节《释新民之义》，《饮冰室合集·专集之四》，中华书局1989年影印，第5页。

2 耿云志、崔志海：《梁启超》，广东人民出版社1994年版，第115页。

3 台北“中央研究院”近代史研究所1994年版；新星出版社（北京）2006年版。

新学堂或留学的新知识人，都把实行立宪作为强国的重要手段，而这些大都与梁启超有关。某种意义上可以说，梁启超是晚清宣传宪政民主最有影响的人物，比主张推翻清廷实行共和的革命党人还要突出。他不但写了大量宣传宪政的文章，对国内宪政运动发生了巨大的影响，而且还亲自组织宪政团体，鼓动国会请愿运动——直接向清政府要求甚至胁迫其实行宪政。但是，梁启超在实行宪政方面又表现出极多的犹豫。

在《时务报》上，梁启超就宣传过君主立宪，但限于议院等问题。而1900年以前，也有一些开明的中国知识人赞美乃至主张仿效西方政治，认为如此可以富强，但对西方政治却缺少细致和深入的考察。比如西方的立宪政治，被很多人概括为“君民共主”，并且希望中国也能设立类似议会的机构，但是，几乎没有人谈到宪法问题，没有人谈人人都要遵守特别是当权者要遵守宪法问题。而没有宪法，没有法治，没有对权力的限制，谈何宪政？即便在号称不成文法的英国，也有《自由大宪章》。真正把这些问题提上日程的，是梁启超。

1898年流亡日本以后，梁启超的视野大大开阔，他系统了解了西方的宪政制度和理论，当然，在这一过程中，梁启超的宪政观念也受到日本不小的影响。

1899年梁启超发表《各国宪法异同论》，介绍各国宪法及其异同。文章虽简略，却正式谈论了宪法问题，涉及立宪君主制及现代宪政国家的根本。

1900年梁发表《立宪法议》[1]，正式提出中国应实行立宪制度。梁启超认为“世界之政有二种：一曰有宪法之政（亦名立宪之政）；二曰无宪法之政（亦名专制之政）”。此处的“政”，笔者理解，就是今天常说的“政治”和“制度”。梁启超指出，西方国家，都是立宪之政，只有俄罗斯、土耳其还是专制之政。

凡是立宪之政，必有宪法，梁启超解释：

> 宪法者何物也？立万世不易之宪典，而一国之人，无论为君主，为官吏，为人民，皆共守之者也。为国家一切法度之根源。此后无论出何令，更何法，百变而不许离其宗者也。

按梁启超的理解，立宪政治的关键，是对权力的规范和限制：

> 立宪政体，亦名为有限权之政体。专制政体，亦名为无限权之政体。有限权云者，君有君之权，权有限，官有官之权，权有限，民有民之权，权有限。

他又把世界各国的政体分为三种，即君主专制政体、君主立宪政体、民主立宪政体。他认为君主专制政体和民主立宪政体都有难以克服的弊病，而君主立宪是最好的政体：

1　以下引证均见《立宪法议》，载《饮冰室合集·文集之五》，中华书局1989年影印，第1-7页。

君主立宪者，政体之最良者也。民主立宪政体，其施政之方略，变易太数，选举总统时，竞争太烈，于国家幸福，未尝不间有阻力。君主专制政体，朝廷之视民如草芥，而其防之如盗贼；民之畏朝廷如狱吏，而其嫉之如仇雠，故其民极苦，而其君与大臣亦极危。如彼俄罗斯者，虽有虎狼之威于一时，而其国中杌陧而不可终日也。是故君主立宪者，政体之最良者也。地球各国既行之而有效，而按之中国历古之风俗，与今日之时势，又采之而无弊者也。

当时实行君主立宪的英国、德国、日本都是强国，尤其日本是由落后国家急起直追成功的典型，所以，梁启超的思路今天我们很容易理解，因为那时追求宪政就是为了国家的富强。至于实行宪政的次序，他提出了一个“路线图”:（1）首先明确宣告实行君主立宪的宗旨；（2）派重臣到各国考察宪政、法律，以一年为期；（3）考察大臣回国后，开设立法局，负责起草宪法;（4）将宪法草案广泛征求各方意见，五年或十年后颁布；可以定二十年预备期。

1902 年再发表《论政府与人民之权限》，其中对传统的“仁政”提出质疑：

中国先哲言仁政，泰西近儒倡自由，此两者其形质同而精神迥异，其精神异而正鹄仍同，何也？仁政必言保民，必言牧民，牧之保之云者，其权无限也。故言仁政者，只能论其当如是，而无术以使之必如是。虽以孔孟之至圣大贤，哓音瘏口以道之，而不能禁二千年来暴君贼臣之继出踵起，鱼肉我民。何也？治人者有权，而治于人者无权[1]。

梁启超的意思是，中国的仁政，或者我们现在常说的民本主义，虽说保证社会的安定和人民的幸福都是其目标之一，但是西方的民主制，人民有权监督政府，政府无法压迫人民；而中国人民无权监督政府，所以并不能保证政府总能施行仁政，甚至不能阻止暴君贼臣的出现。同时期，梁启超还说："盖法律者，除保护人自由权之外，无他掌也。"[2] 显示梁启超对立宪精神有更深入的认识。

晚清真正的立宪运动，还是受日俄战争刺激兴起的。本书前面张謇一讲，曾介绍过张謇 1903 年东游日本后主张立宪。由此可见，梁启超的立宪主张是较早的，或是超前的，而观察他的设计，又是谨慎的，可行的。

4. 主张开明专制，与革命党论战

1903 年 2 月开始，梁启超游历美洲。其中仅在美国就游历半年。游历之初，梁启超还认为中国需要革命。1903 年 4 月 1 日，梁启超在给师弟徐勤（君勉）的信中还说："中国实舍革命外无别法，惟今勿言耳。"同一封信还称清政府派到日本监督留学生的满族官员良弼

1 《论政府与人民之权限》，《饮冰室合集·文集之十》，中华书局 1989 年影印，第 5 页。

2 丁文江、赵丰田编：《梁启超年谱长编》，上海人民出版社 1983 年出版，第 238 页。

为“满洲鬼”。4 月 15 日，梁在给徐勤的信里仍说“深信中国之万不能不革命”[1]。

但是，随着在美国游历的展开，梁启超逐渐否定了自己一度有过的激进主张。他认为国人素质太低，不能言共和，言论一变而趋向温和，并否定革命。改变的原因，有康有为的逼迫和影响，有对美国社会矛盾的失望，有对中国人文明程度的新认识，等等。

不仅如此，1906 年 1 月，梁启超又在《新民丛报》发表《开明专制论》。他说中国现今不但不可实行共和立宪，也不能实行君主立宪。为什么？他说人民的程度尚未及格，施政的机关也没有准备好。今日之中国，应当实行开明专制，以为将来立宪的预备。什么是开明专制？梁的解释是施政以被专制的客体利益为准。用今天的语言解释，为统治者自己的利益而实行的专制，就是野蛮专制；为人民的利益而施行的专制，就是开明专制。他举例说：

> 法王路易第十四曰：“朕即国家也。”此语也，有代表野蛮专制之精神者也。普王腓力特列曰：“国王者国家公仆之首长也。”此语也，则代表开明专制之精神者也。[2]

他的想法大体相当于现今我们常说的权威主义、威权主义。但是问题的要害在于，如何保证统治者实行的是开明专制而不是野蛮专

1 丁文江、赵丰田编：《梁启超年谱长编》，上海人民出版社 1983 年版，第 318、320 页。

2 《饮冰室合集·文集之十七》，中华书局 1989 年影印，第 23 页。

制？梁启超并不能说明。就如前面所说的梁启超对中国传统仁政的质疑：不受约束的统治者，不能保证其施行仁政，或开明专制。至于如何促使清廷行开明专制，他的主张是一为劝告，一为要求，不可出于暴动。可见梁启超此时的保守趋向。

1905年同盟会成立后，梁启超更直接反对革命，并以《新民丛报》为阵地，与革命党论战。

1906年，梁启超在给康有为的信中甚至说：

> 革党现在东京占极大之势力，万余学生从之者过半……东京各省人皆有，彼播种于此间，而蔓延于内地，真腹心之大患，万不能轻视者也……今者我党与政府死战，犹是第二义；与革党死战，乃是第一义。有彼则无我，有我则无彼。[1]

上述梁启超的信虽然有康、梁立宪保皇派与革命党争夺海外地盘的因素在，但不难看出他当时的政治倾向。

1905年前后的革命党人，大都是二十多岁的小青年，梁启超的文章伴随了他们的成长历程，梁启超对清政府及专制主义的批评、对人民权利和宪政的宣传，以及刊发的谭嗣同的《仁学》，都对青年学子有重要的影响。可以说，梁启超是他们的启蒙者。但是，这些青年远比梁启超激进，这是他所始料不及的。

1　丁文江、赵丰田编:《梁启超年谱长编》,上海人民出版社1983年版,第373页。

三、回归民主：从促开国会到拥护共和

然而时间不长，梁启超的想法又变了，从谨慎的、长期的立宪预备，到主张速开国会。

1905 年，日俄战争结束。这场战争的结果对中国产生了巨大的影响。从具有新思想的一些绅士到政府中一些趋新的高官，许多人认为是日本的立宪战胜了俄国的专制，中国要强国御侮，除实行君主立宪外，没有其他途径。同一年，清政府派五大臣出洋考察政治，考察政治大臣归国后，1906 年 9 月 1 日，清政府宣布"预备仿行宪政"，这给梁启超以极大鼓舞。这以后梁启超逐渐放弃他的长期立宪预备的观点，转而主张速开国会。

为了推动清政府立宪，1907 年 10 月 17 日，梁启超组织成立了一个立宪团体，名政闻社，设于日本东京。由于康有为、梁启超还是清廷的"通缉犯"，都不便出面为社长，于是推举以善演说的马良（即创建复旦大学的马相伯先生）为总务员，康梁派的两位骨干徐佛苏、麦孟华为常务员。政闻社的宗旨自然是推动立宪的完全实现，近期则是推动早开国会。政闻社发行月刊《政论》，其第一期所载《政闻社宣言书》揭示政纲为：第一实行国会制度、建设责任政府；第二厘定法律、巩固司法权之独立；第三确立地方自治、正中央地方之权限；第四慎重外交、保持对等权利。次年正月政闻社本部由东京迁到上海，又于各省设分支机构，会员遍及十数省。1908 年 7 月，在清政府法部任职的政闻社成员陈景仁领衔通电，要求三年内开国会，并将反对

立宪的官员于式枚革职。结果触怒清廷，下令查禁政闻社，又将陈景仁革职。政闻社只好宣布解散，《政论》也被迫停刊。此时距政闻社成立不及一年。

梁启超并不气馁，1910 年 2 月 20 日，再创办《国风报》旬刊。《国风报》在日本编辑，在上海出版。以忠告政府，指导国民，灌输世界之常识，造成健全之舆论为宗旨。《国风报》以大部篇幅宣传君主立宪，呼吁速开国会，成为立宪派的重要刊物。1910 年，立宪派人士发起了三次声势浩大的国会请愿运动。梁启超在国会请愿中，撰写《国会期限问题》《为国会期限问题敬告国人》《论请愿国会当与请愿政府并行》《国会与义务》《立宪九年筹备案恭跋》《论政府阻挠国会之非》等文，宣传宪政，为国会请愿运动造势，成为舆论的指导。

他还明确主张，中国应实行英国式的立宪而不要德、日式的立宪：

> 近年以来，默察时势，窃以天若相中国，使得举立宪之实者，则将来政权所趋，其必成为英国式之政党政治，而非复德国、日本式之官僚政治。[1]

我们今人以事后诸葛亮观察，当年的英国已经实现了较为完备的民主制度，尽管英国的民主是渐进的。反过来，德、日虽有宪法，却保留了大量的专制残余，后来成为法西斯专制国家与没有真正的民主

1 《读十月初三日上谕感言》，《饮冰室合集·文集之二十五》上，中华书局 1989 年影印，第 151 页。

制有绝大的关系。

1911 年，因为立宪派一再请愿马上开国会得不到清廷的同意，再加上清廷始终不肯赦免康有为、梁启超二人，愤懑之下，梁启超的激进思想又一次被点燃。他在报纸上公开说：将来的世界辞典中，绝对不会有“宣统五年”这一词汇（清廷宣布宣统五年召开国会）。同盟会组织的黄花岗起义失败后，梁启超评论：“在今日之中国而持革命论，诚不能自完其说；在今日之中国而持非革命论，其不能自完其说抑更甚……（革命党）死于斯难者，其中不乏爱国热诚磊落英多之士”，什么原因使革命党人铤而走险呢？是政府的腐败，“政府日日以制造革命党为事，日日供给革命党以发荣滋长之资料，则导全国人心理尽趋革命亦宜”。“革命党之萌芽畅茂，正未有已时。野火烧不尽，春风吹又生。其不至驱全国人尽化为革命党焉而不止”[1]。隐藏在梁启超心中的革命念头，再一次呼之欲出。

武昌起义爆发后，国内许多立宪派人士参与了革命活动，形势急转直下，走投无路的清廷不得不于 1912 年 2 月 12 日宣布退位。

虽然有过犹豫，有过因国家动乱被列强瓜分的忧虑，但梁启超还是选择了支持民国。但是，他的老师康有为死不肯承认共和，誓做清朝遗老。这一次，梁启超不再听命恩师，两人终于分道扬镳。

1912 年 10 月，梁启超回到阔别十四年的祖国。

---

1 《粤乱感言》，原载《国风报》，引自《饮冰室文集》之二十七，中华书局 1989 年影印，第 65-67 页。

四、再变：拥袁与反袁

1. 强有力政府

归国前后，梁启超发表了《新中国建设问题》《中国立国大方针》《敬告政党及政党员》等文章。一方面主张实行法国式的内阁制，另一方面又主张“强有力政府”。在拥护共和的前提下，梁启超反对实行美国式的总统制，他认为总统制不合中国国情，在美国式的总统制下，如果给总统的权力过小，将成为一个软弱无力的政府；如果给总统的权力过大，则势必返于专制，而且容易导致反复的革命，中南美各国就是其例。梁启超主张实行当时法国式的内阁制，但不要过多的党，而采取英国式的两党制，实行政党内阁，“内阁必由国会下院多数党之领袖组织之”[1]。他认为这样“阁、会（议会）一体”，政局稳定，既能组织强有力的政府，又能阻止政府为所欲为。实际上，在当时中国人的心中，美国与法国体制的区别在于是否给总统较大的权力，或者说是集中一些权力，还是分散一些权力。显然，按照梁启超的上述理论，是分散一些权力。可是他在实际政治活动中选择支持临时大总统袁世凯，而与主张政党内阁、限制总统权力的宋教仁及同盟会——国民党对抗。这一切显示，即使清王朝没有了，梁启超的政治主张和策略仍然常相矛盾。

与梁启超一样，晚清立宪派人士在进入民国以后，也大多支持袁世凯。其实，与张謇相比，梁启超与袁世凯有着更深的过节。戊戌政

1 《中国立国大方针》，《饮冰室合集·文集之二十八》，中华书局 1989 年影印，第 64 页。

变之后，很多人都以为是袁世凯向荣禄告密，说康有为等有杀荣禄、囚禁慈禧太后的策划，直接促发了慈禧太后发动政变，从而导致变法夭折，光绪帝被囚，六君子被杀。改革开放以后，经许多学者研究，慈禧太后发动政变在先，袁世凯告密在后，因此政变不是告密引起的。[1]但是，政变的扩大、六君子被杀却与袁世凯告密直接相关。所以，流亡海外的梁启超曾经把罢免袁世凯、报戊戌年之仇，作为自己的活动目标之一。但是，避免社会动荡，避免瓜分危机的期盼，促使梁放弃了过去的恩怨，转而在辛亥革命爆发后支持袁世凯。张謇尚实际，梁启超长于宣传，但二人对袁世凯的想法惊人的一致。

袁世凯方面，也对梁启超及立宪派人士极力拉拢。1911 年 11 月 16 日，袁世凯组织责任内阁，就任命梁启超为法部副大臣，等于向梁递上了橄榄枝，梁启超虽不就任，但此事已预示了梁、袁的和解。1912 年 2 月，梁启超致书袁世凯，赞扬袁氏“功在社稷，名在天壤”，主张“今后之中国，非参用开明专制之意，不足以奏整齐严肃之治”。梁启超还为袁世凯出谋划策，要袁世凯暗中建立支持自己的政党，“暗中为舆论之主，而表面自居舆论之仆”，以便操纵政治。[2]

1913 年 3 月，北洋系洪述祖等谋划刺杀了国民党代理理事长宋教仁。1913 年 5 月，梁启超组织进步党，与同盟会改组的国民党抗衡。同年，袁世凯击败国民党的二次革命，在二次革命中，梁启超和进步

1 孔祥吉:《关于戊戌政变二三事之管见》，载《戊戌维新运动新探》，湖南人民出版社 1988 年版；戴逸:《戊戌年袁世凯告密真相及袁和维新派的关系》，载《清史研究》1999 年 1 期。

2 丁文江、赵丰田编:《梁启超年谱长编》，上海人民出版社 1983 年版，第 615-618 页。

党支持了袁世凯，这也是袁世凯能够顺利取胜的原因之一。1913 年 9 月，袁世凯任命梁启超为司法总长，此届内阁，总理为梁启超的好友熊希龄，农商总长为张謇，教育总长为另一位进步党人汪大燮。号称“第一流人才内阁”。这是梁启超及立宪派人士与袁世凯合作的最好时候。

用现代语言来说，袁世凯的政府是个独裁制的政府或权威主义的政府，梁启超对袁世凯的支持，说明了相当多的知识人、精英分子对中国究竟如何才能走向富强的想法，即与其用民主，不如要权威主义。这也涉及后来中国政治的走向。

2. 反对帝制

梁启超支持袁世凯，决非是与袁世凯有什么私人感情，更不是为了升官发财，而是在梁的心目中，袁世凯是一个稳健的、有行政经验的、能够推进国家建设的人物，相对孙中山及革命党而言，袁世凯更合乎梁启超内心深处施行开明专制的人选。

但是国民党失败后，袁世凯继续推行专制独裁，或者趋向只专制无开明，后来干脆将进步党也一脚踢开，令梁启超渐渐不满。1914 年 2 月，梁启超辞去司法总长职，他任此职尚不及半年。但梁并未与袁世凯决裂，造成决裂的是袁世凯的帝制运动。

梁启超拥袁，是希望在袁世凯强有力的领导下，建设一个富强的中国，不是希望中国倒退，更不容许出现一个袁家王朝。1915 年，袁世凯的帝制运动步步推进，梁启超曾致长函劝阻，其中写道：

启超诚愿我大总统以一身开中国将来新英雄之纪元，不愿我

> 大总统以一身作中国过去旧英雄之结局。
>
> 立国于今世，自有今世所以生存之道，逆世界潮流以自封，其究必归于淘汰。[1]

可谓苦口婆心。梁启超又面见袁世凯，希望其打消帝制之念，袁世凯却矢口否认。等到筹安会成立，公开鼓吹帝制时，梁启超遂决心反袁。他写了长文《异哉所谓国体问题者》，痛斥帝制及鼓吹者。袁世凯命人贿赂梁启超二十万元，请他不要公开发表，又加以威胁，但梁启超一概不听，将文章公开发表，各大报纸又争相转载，在社会上产生了很大影响。陈寅恪先生回忆说：

> 忆洪宪称帝之日，余适旅居旧都，其时颂美袁氏功德者，极丑怪之奇观。深感廉耻道尽，至为痛心。至如国体之为君主抑或民主，则尚为其次者。迨先生《异哉所谓国体问题者》一文出，摧陷廓清，如拨云雾而睹青天。[2]

与此同时，梁启超暗中策动他的学生、原云南都督蔡锷秘密离京，经日本返云南。12月25日，蔡锷在云南举兵反袁，各地很快响应，这便是护国运动。

---

1 丁文江、赵丰田编：《梁启超年谱长编》，上海人民出版社1983年版，第715–716页。

2 陈寅恪：《读吴其昌撰梁启超传书后》，载陈美延编《陈寅恪集·寒柳堂集》，生活·读书·新知三联书店2001年版，第166页。

1916年6月袁世凯病死。这以后，梁启超虽仍参与政治，但已不似以往那样热心。再过两年，他逐渐退出政界，潜心学术。

五、转型的时代，矛盾的人

综观梁启超的一生，政治立场多变，忽激进，忽温和。对于宪政问题，更表现出太多的矛盾和变化，或者说，梁启超在理论上比较多地鼓吹宪政，而在实际政治运作中，更多地倾向权威主义或开明专制。

梁启超就是这样一种多变的性情，晚年他曾评论自己说：

> 其保守性与进取性常交战于胸中，随感情而发，所执往往前后相矛盾。尝自言曰："不惜以今日之我，难昔日之我。"
>
> 启超与康有为有最相反之一点，有为太有成见，启超太无成见。其应事也有然，其治学也亦有然。有为常言："吾学三十岁已成，此后不复有进，亦不必求进。"启超不然，常自觉其学未成，且忧其不成，数十年日在旁皇求索中。故有为之学，在今日可以论定；启超之学，则未能论定。[1]

笔者以为并非是他的性情朝三暮四、翻云覆雨，恰恰相反，梁任公是个真诚的人，具有赤子之心的人。他的多变，除了容易受各种外

1 《清代学术概论》，《饮冰室合集·专辑之三十四》，中华书局1989年影印，第63、65–66页。按原文"保守性"为"保持守性"。

在因素影响外，更多是客观因素，反映了时代的复杂性和知识人的困惑与彷徨。

为什么会有如此艰难的选择？以下几点应予注意：

第一，在实用主义的影响下——可以为了强国要民主，也可以为了强国随时抛弃民主。

对于梁启超的政治生涯来说，他的几乎唯一的目的是救国，救国的最好途径，晚清时期，是激进变革、革命，还是缓进改良、改革？在民国初年，能够领导好中国的，是不是袁世凯？适合中国的体制，是不是“强有力政府”？可能有时候，梁启超做梦都在思考这些问题。这些问题不仅是梁启超的问题，也是那一代知识人面临的艰难抉择，甚至到今天仍然让人困惑。

对于梁启超和大多数当时中国的知识人而言，宪政民主是手段，是工具，不是目的。这与西方文艺复兴、启蒙运动以来的思想发展历程不同。

比如对于立宪的价值，梁启超就强调强国。为什么立宪能救国？早在 1899 年，梁启超就在《清议报》论述，立宪政治兴民权，民权兴则人民自会起来救自己的国家。“国者何？积民而成也；国政者何？民自治其事也；爱国者何？民自爱其身也。故民权兴则国权立，民权灭则国权亡……故言爱国必自兴民权始。”[1]

所以，如果觉得别的办法能够强国，甚至见效更快，民主宪政就可能被丢弃。

1 《爱国论》，《饮冰室合集·文集之三》，中华书局 1989 年影印，第 73 页。

第二，中国深厚的专制传统的影响。

自秦以来，中国有两千年以上的专制政治传统，这种传统对国人的思想、观念、行为模式的影响可谓深入骨髓。两千年的传统，何能在鸦片战争后的几十年去掉？梁启超本人曾讨论这种“奴隶”性格：

> 暴君民贼，私天下为一己之产业，因奴隶其民，民畏其威，不敢不自屈于奴隶，积之既久，而遂忘其本来也。后世之治国者，其君及其君之一二私人，密勿而议之，专断而行之，民不得与闻也；有议论朝政者，则指为莠民，有忧国者，则目为越职……譬之奴隶而干预主人之家事，则主人必怒之，而旁观人必笑之也……有国者只一家之人，其余则皆奴隶也。[1]

正因为这种深厚的专制传统的影响，梁启超的时代，表层观念上，作为一种工具比较容易接受宪政的教条，但内心深处——弗洛伊德所说的无意识或潜意识——实在是更容易接受权威主义（民初叫“强有力政府”），而不是民主宪政。

比如梁启超是这样理解自由的：“自由云者，团体之自由，非个人之自由也；野蛮时代个人之自由胜，而团体之自由亡，文明时代团

1 《爱国论》，《饮冰室合集·文集之三》，中华书局 1989 年影印，第 70 页。

体之自由强，而个人之自由减。”[1] 由此可以看出，尽管梁启超无数次抨击专制，谈论自由，但他对自由的理解，与西方主流思想家还是有不小的差异。

第三，中西民主的不同背景——自生与嫁接。

在西方，民主政治是从社会内部自生的，即便如此，也经过长期的有时甚至是激烈的斗争和冲突才达成的。而在中国，民主宪政是外来的东西，要嫁接到中国社会，显然不是容易的事。

在梁启超的时代，既提出民主，又不能真正实行民主。

对于梁启超来说，既要建立一个能够整合社会、具备社会动员能力、能够抗衡列强侵略的强有力的国家政权，又希望国家政权能够具有充分的合法性；而现代政权的合法性，显然需要充分的民意基础，需要在宪法的架构下运行，这涉及国家能否长治久安。

但是，嫁接到中国的民主，与中国的专制传统，与国人潜在内心深处的行为模式，其实是不同的、矛盾的，很容易水土不服，就像嫁接的植物更难生长一样。况且中国没有一个持续的、深入的启蒙运动，对传统专制、人治的批判与清算总是不够。

第四，梁氏所处的新绅士阶层的信仰。

如果说晚清之时推翻清政府实行共和要动乱、要破坏、要流血，但是民国初年已不存在这样的问题，完全可以利用民国建立的机会——极为难得的机会，立即实行真正的宪政，但是梁启超选择了独

1 《新民说》第九节《论自由》，《饮冰室合集·专集之四》，中华书局 1989 年影印，第 44—45 页。

裁的而非真正民主的袁世凯，这不能不让人怀疑梁启超以及他代表的新绅士真正的政治信仰到底是什么。

事实上，新绅士阶层虽然在晚清最后一段时间请愿开国会，呼吁立宪君主制，但他们内心深处的真正信仰，实际是强有力的政府以及强有力的人物。只有这样才能解释这个阶层的所作所为。

梁启超的政治理念和行动充满了矛盾，经常左右摇摆。这种情况，不止是梁启超自己所说的多变，或“以今日之我与昨日之我战”，而是反映了在中西冲撞的大变动时代、民族危机空前的时代思想家的彷徨。梁启超的矛盾、困惑与彷徨，可以说一直延续到今天的中国知识人。

六、新史学与“史界革命”

近代以前中国的传统学问，大抵以孔孟先贤的教导为本，清人曾概括为义理、考据、辞章，到了曾国藩，又增加了“经济”（可以理解为经世致用）。读文科出身的朋友都可以看出，比较现代文科学术研究，义理、考据、辞章、经济都很笼统，且有的方面涵盖了现今学术的多个学科。至于自然科学和技术，不在士大夫的钻研之列。19、20世纪之交，受欧风美雨的影响，中国知识人的学问、知识体系都发生了天翻地覆的变化，现代学术从萌芽到初步建立。这以后，才有现代学术分科的哲学、政治学、经济学、法学、历史学、社会学、人类学，等等。[1] 梁启超的著作便涉及多个学科，更重要的是，梁启超是中国现代学术特别是历史学的重要奠基者之一。20 世纪 20 年代，梁启超正式担任清华学校 [2] 教师。1925 年更成为清华国学研究院四大导师之一，其他三人为王国维、陈寅恪、赵元任，他们都是大师级的学者。

就现代文科学术的各门类而言，笔者更关注历史学从传统到现代史学的转折。其他学科没有能力阐述和讨论，所以，这里只能略谈梁启超对现代中国历史学的影响。

1902 年 2 月 8 日，梁启超在《新民丛报》发表《新史学》。在文中，他把史学提高到“国民之明镜”“爱国心之源泉”的高度，他说“今日欧洲民族主义所以发达，列国所以日进文明，史学之功居其半焉”。

梁启超在《新史学》中批评中国旧史学有四大病：

第一是“知有朝廷而不知有国家”。他尖锐地批评道：“二十四史非史也，二十四姓之家谱而已……吾国史家，以为天下者君主一人之天下，故其为史也，不过叙某朝以何得之，以何而治之，以何而失之而已。舍此则非所闻也。”

第二是“知有个人而不知有群体”。

第三是“知有陈迹而不知有今务”。

第四是“知有事实而不知有理想”。

---

1 关于中国现代学术体系的建立，参见左玉河《从四部之学到七科之学》，上海书店出版社 2004 年版。

2 1928 年，清华学校正式更名国立清华大学。

梁启超大声疾呼“史界革命”。他把史学的繁盛提高到民族生存昌盛的高度。他写道：

> 今日欲提倡民族主义，使我四万万同胞强立于此优胜劣败之世界乎？则本国史学一科，实为无老无幼无男无女无智无愚无贤无不肖所皆当从事，视之如渴饮饥食，一刻不容缓者也……
>
> 呜呼！史界革命不起，则吾国遂不可救，悠悠万事，惟此为大！[1]

20世纪的中国史学，脱离了梁启超所批评的旧史学那种帝王家谱的传统，在历史观、方法论和著述体例方面发生了巨大的变化。史家大多相信进化论，用理性的精神去理解、解读历史，出现了王国维、陈垣、陈寅恪、胡适、顾颉刚、钱穆、郭沫若、范文澜、侯外庐等卓有成就的学者。梁启超的《新史学》便是中国近代新史学的开端，而梁启超也是20世纪有影响的史家之一。

《新史学》以后，梁启超20年代又发表过《中国历史研究法》《中国历史研究法补编》《清代学术概论》《五十年中国进化概论》等著作和论文，至今仍是史学家的必读书。2002年为梁启超发表《新史学》一百周年，许多地方都曾举办座谈会之类的纪念活动。

梁启超不但提倡“史界革命”，他还倡导小说界革命、诗界革命，并产生了巨大的影响。1902年11月，梁启超于日本创办《新小说》

1 均见《饮冰室合集·文集之九》，中华书局1989年影印，第1–7页。

期刊，他在创刊号上发表《论小说与群治之关系》一文，倡言“小说界革命”，谓今日欲改良群治，必自小说界革命始，欲新民必自新小说始。欲以新小说改良社会，在晚清思想界有一定影响。

马克思曾说，但丁是中世纪最后一位诗人，也是新时代的第一位诗人。笔者想，梁启超正处在中国新旧过渡时代，也是但丁一样的人物，他是旧时代最后的知识人，也是新时代的第一位知识人。无论是他的老师康有为，还是做了高官的张之洞，都还是传统知识人。而梁启超以后，在清末新教育体系中成长起来的年轻一代，比如陈天华、宋教仁、胡汉民、鲁迅、邹容、陈独秀、李大钊等，已是第一代现代知识分子。梁启超正好是过渡者。他一生经历的政治波动，思想的多变，正是过渡时代知识分子的写照。

孙中山

打破旧世界的革命先行者

对于孙中山的生平和思想，中外学者做过非常多的研究，关于他的著作、传记可能有上千种，论文和纪念文章更是难以计数。但是，他又是后人对他的解释和认识最有歧异的近代人物之一。尤其是孙中山晚年的活动和思想，后人的解释更是分歧百出。中国共产党和中国国民党都自认是他革命事业的后继者，但两党两度合作又两度生死相搏，这一事实，说明认识孙中山有多么困难。本讲所叙述的仅仅是笔者作为一个普通的史学工作者对孙中山的认识，未必正确，谨供各位读者朋友参考。而且，孙中山一生的活动实在太过丰富，读者对孙中山又大多比较熟悉，这里只能就若干问题略作介绍和讨论，并阐述笔者的一些想法。

一、独特的出身和早年经历

孙中山，原名孙文。他的一生使用过许多名字。现在，中国人一般称其为孙中山，日本学者习惯称其为孙文，而美、欧学者则称其为孙逸仙（Sun Yat-sen）。

孙中山的出身背景和早年经历很特殊，与一般中国知识人、官员都不同。

孙中山 1866 年出生于广东省香山县（孙中山去世后改名中山县，

改革开放以后再改为中山市）翠亨村。翠亨村处于珠江三角洲，离澳门只有三十多公里，体力较好的成年人步行一天便可以从翠亨村到达澳门。改革开放后，中山市率先发展，现在是中国最富裕的地区之一。

由于地理位置的关系，珠江三角洲一带是西方势力和西方影响都率先渗透的地方，同时也是近代中国最先对外开放和感受外来文化影响的地区，这里的人率先背离中国传统，倡导学习西方。另一方面，在没有现代交通的年代，这里又与北京距离遥远，是清朝统治薄弱的偏远地区，起义者和革命者容易在这里滋生和成长。最早的中国留美学生之一，并且是中国第一个获得美国大学学位的学生容闳，出生地在香山县南屏镇（今属珠海特区），比翠亨村更靠近澳门。太平天国领导者洪秀全、冯云山和洪仁玕出自花县（今广州花都区），算是珠江三角洲的边缘。洪仁玕还写下《资政新篇》，主张学习西方。另外，维新运动的倡导者康有为是南海人，梁启超是新会人。算是孙中山的老师、被人们称作早期启蒙思想家之一、居住在香港的何启，也是南海人。出身买办商人，后来进入李鸿章等创办的洋务企业工作，也被人们称为早期启蒙思想家的郑观应是香山人。我们注意上述人物的出身背景，会发现除了康有为和梁启超外，他们都没有传统的功名——进士或举人，换句话说，他们没有传统士大夫的地位和经历，当然他们的学识并不低下贫乏，只是他们是从另一个途径获得知识的，他们已经背离或正在背离传统社会。由以后的叙述我们可以看到，孙中山也正是如此。以色列学者史扶邻把他们称之为“边缘集团”[1]，但是换一个角度，笔者更愿意把他们视作前沿人——率先接受外来影响的前沿地带的前沿人。孙中山的家乡和幼年成长环境，就是这样一个地域背景。

孙中山的家庭是比较贫寒的，孙中山幼年参加过不少体力劳动。1871年，孙中山的长兄孙眉到檀香山谋生，后来经营成功，孙中山家的经济状况因此大为改观。1879年，孙中山到檀香山投奔他的哥哥。[2]他在这里进入英国教会办的意奥兰尼学校学习，这所学校全部用英语教学。1882年毕业后，他又入夏威夷群岛的最高学府奥阿厚书院学习，这是美国教会办的学校。

在到檀香山之前，因为家境并不富裕，孙中山九（周）岁才进村塾读书，时间只有两三年，大概只能读到《三字经》《千字文》之类较简单的入门书。孙中山自己就说：“忆吾幼年，从学村塾，仅识之无。不数年得至檀香山，就傅西校，见其教法之善，远胜吾乡。”[3]换句话说，孙中山在少年时代没有接受传统士大夫们都要接受的儒家教育，至少是没有系统接受儒家教育，反倒是较系统地接受了西方式的教育。孙中山对西方式教育及其文化相当着迷，他在奥阿厚书院学习不久后，就想正式接受洗礼入基督教。

1 史扶邻：《孙中山与中国革命的起源》，中国社会科学出版社1981年版。

2 关于孙中山赴檀香山年代，有不同说法，参见陈锡祺主编：《孙中山年谱长编》，中华书局1991年版，第24页。

3 《在广州岭南学堂的演说》，中国社会科学院近代史研究所中华民国史研究室等编《孙中山全集》第二卷，中华书局1982年版，第359页。

由于哥哥孙眉强烈反对孙中山入基督教，孙中山于 1883 年回到中国。但是回到中国的孙中山并没有研习传统学问，而是到香港的学校读书。在当时绝大多数读书人仍在努力研读八股、争取考科举的氛围下，孙中山的做法是耐人寻味的，因为这时他的家庭已完全有经济能力让他学习儒家经书和八股文，以便通过科举考试获取功名，可以进入上等人的社会，获得一官半职。须知此时包括南海人康有为（比孙中山大八岁）在内的绝大多数读书人都正在这条路上辛勤跋涉。而孙中山的智商是完全有可能走通这条路的。是孙中山自己对科举丝毫不感兴趣吗？是哥哥孙眉的支持吗？还是孙中山曾在澳门当过鞋匠的父亲孙达成的意愿？可能都有。这一点足以说明孙中山周围的人的价值取向。当孙中山 1892 年从西医书院毕业时，他已经二十六岁了。

在相当长的时间里，孙中山的汉文阅读能力甚至不如他的英文阅读能力。直到 1894 年上书李鸿章的时候，他写的文章还需要陈少白等人的润色。他最初阅读中国古典文献，需要先读译成英文的，然后再读中文的。如果说孙中山周围的文化氛围首先影响到他的话，那么早年的孙中山没有接受系统的传统教育这一事实，则对他以后选择反清革命的人生道路进一步产生影响。

珠江三角洲独特地域文化的影响、家庭的背景，再加上他早期受教育的经历，都从某种意义上决定了孙中山以后的人生。

当然，有的朋友会有一个疑问：孙中山是一个完全西方化的人吗？过去许多西方人确实是这样认为的。笔者认为还不能这样说。孙中山所受的学校教育是西方式的，但是即使是在檀香山，他也是生活在华人社会里，他的思想、感情、思维方式和行为模式还应该是中国人的，或主要是中国人的。不过，他比同时代的许多人更多地受到西方影响也是事实。

1894 年，正是甲午战争爆发那一年，孙中山写了一封约八千字的《上李鸿章书》。上书刊登在《万国公报》上，得以保留下来。上书强调："欧洲富强之本，不尽在于船坚炮利、垒固兵强，而在于人能尽其才，地能尽其利，物能尽其用，货能畅其流"，如果只是追求"船坚利炮"，是"舍本而图末"[1]。所谓"人能尽其才，地能尽其利，物能尽其用，货能畅其流"，就是发展现代教育，发展现代农业，发展大工业，发展现代商业。通览孙中山的上书，思想内容和深度并没有超出一再上书皇帝的康有为，建议的系统性和语言的迫切性也不如康有为。李鸿章没有接见孙中山，当时他正忙于指挥战争，没有时间仔细倾听一个并不出名的年轻人的陈述，何况这陈述还不是针对最紧迫的战争的。所以，他的上书失败了。

二、革命初期——边缘人的革命

上书失败后，孙中山又到夏威夷。在哥哥孙眉的支持下，孙中山组织了兴中会。学界一般认为，兴中会是个革命团体，或者至少在兴中会的核心成员中，已经把推翻清政府以振兴中华作为自己的宗旨和

1 广东省社科院历史研究室等编:《孙中山全集》第一卷，中华书局 1981 年版，第 8 页。

目标。不久孙中山回到国内。1895年，孙中山与以杨衢云为首的辅仁文社联合成立香港兴中会，并准备发动反清起义。

孙中山绝对不是遇到挫折就退缩的人，从他以后的经历我们应该明白，他反倒是一个屡败屡战、愈挫愈勇的人，那么，是什么使孙中山一次上书不成就走上了革命的道路，而康有为却可以一而再、再而三地上书以求得皇帝的支持？这还要从他的经历中寻求答案：孙中山少受传统的儒家教育，他不是传统的士大夫，他的头脑中根本就没有传统的那套忠君观念。所以，他不同于康有为，上书不成，他立即开始了另一种活动，也就是革命。

以往的中国大陆著作都说孙中山是中国民族资产阶级的代表，是民族资产阶级中下层领导了辛亥革命。但事实上使孙中山走上革命道路的，是他的出身和教育、地域文化背景，而不是他与资产阶级的联系。按照传统的关于资产阶级的理论，如果说孙中山与他领导的革命党是民族资产阶级或其中下层的代表，那么必须在孙中山组织兴中会的时候（也正是维新运动发轫的时候），中国就有了一个资产阶级。这个阶级已经如此成熟，不仅已经分化出民族资产阶级和官僚资产阶级，甚至在民族资产阶级之中，又分化出上层和中下层。而这实际是不可能的！因为在甲午战争之时，中国还只有少得可怜的现代经济！它不可能支撑起以这种经济为背景和活动舞台的新阶级。[1] 更何况，孙中山和兴中会的同志们与中国现代经济最发达的上海地区的资本家几乎

1 林增平：《中国民族资产阶级形成于何时？》，《湖南师院学报（哲学社会科学版）》1980年第1期；《近代中国资产阶级论略》，《中华学术论文集》，中华书局1981年版。

处于隔绝状态。

让我们考察一下兴中会骨干的出身和经历背景。

杨衢云（1861—1901），比孙中山大五岁，辅仁文社领导人，曾与孙中山竞争兴中会的领袖。他原籍福建，出生于香港。他在香港的英国人办的学校读书，毕业后在香港担任英语教师、招商局职员、外国洋行职员。从他的经历看，他也像孙中山一样没有受到系统的传统教育。[1]

郑士良（1863—1901），广东人，比孙中山年纪略大。他与会党有广泛的联系，但是他的求学也是在广州和香港外国人办的学校，曾与孙中山为医校同学，并且也受洗入基督教。

陈少白（1869—1934），广东新会人。在孙中山的朋友圈中，陈少白受的传统教育算是比较多的，所以中文的功底比较好。1888 年他十九岁的时候，入美国传教士在广州办的格致书院，次年入基督教。1889 年，陈少白结识孙中山，由于孙中山的影响，陈少白也入香港西医书院学习。

陆皓东（1868—1895），出生于翠亨村，少年时代与孙中山即为好友。陆皓东在上海就学于电报学堂，毕业后进入电报局工作。他与孙中山同时受洗为基督徒。孙中山上书李鸿章时，陆皓东随行。

谢缵泰（1871—1938），原籍广东，出生于澳大利亚，在香港政

1 史扶邻指出，杨衢云对政治的兴趣是在一种比孙中山更为欧化的背景中成长起来的。杨衢云的反清思想比孙中山还早。见《孙中山与中国革命的起源》，中国社会科学出版社 1981 年版，第 41 页。

府当职员。他也是基督教教徒，毕业于香港皇仁书院。他是辅仁文社成员，杨衢云的挚友。

邓荫南（1846—1923），年长孙中山二十岁，檀香山华侨富商，结识孙中山后便一生追随。兴中会成立后离开檀香山回国进行革命活动，并变卖家财充当革命经费。

黄咏商，生卒年不详，香港商人，其父即与容闳一同去美国留学的黄胜。

其实，兴中会还有一位幕后的总军师，他就是香港议政局议员、律师何启。何启（1859—1914），广东南海人，在英国学的法律，可以说是一位西方式的绅士，由于与胡礼垣合著有《新政真诠》一书，被历史学家视为早期启蒙思想家。

这里列举的兴中会骨干之所以以香港兴中会为主，是因为檀香山兴中会的政治宗旨不够明确。檀香山兴中会的会员，除个别人外，大多数并没有参加后来的革命运动，包括其正副主席刘祥与何宽在内。[1]

上述这些兴中会骨干有一些明显的共性：第一，他们与孙中山一样没有受过系统的中国传统教育，他们所拥有的是西方的知识和技术。第二，与前者相关，他们没有进士、举人甚至秀才的传统功名，因此，他们不但不能被传统士大夫认同，甚至可能会被认为是一群没有文化的人。第三，他们没有显赫的家族和地位。第四，他们大

1 对于大多数会员来说，檀香山兴中会可能是一个类似甲午战后国内维新派人士创办的宣传改革的团体，而只有少数人知道孙中山的真正意图并支持他的革命。参见林增平：《孙中山民主革命思想的形成》第一部分，《历史研究》1987 年第 1 期。

多是孙中山的广东同乡，或广东的出国华侨。第五，他们大多是基督教教徒。他们所受的教育、出身、地域，使他们最容易萌生反抗现存体制的思想。

兴中会的基本成员，是旅居海外的华侨和国内他们能够影响得到的部分会党。有学者根据冯自由《革命逸史》的不完全记载，对 1894 年、1895 年参加兴中会的一百七十八人的身份背景做了统计，其中商人九十六人，工人三十九人，会党十二人，自由职业者九人，公务员十人，农牧等六人，军人四人，学生两人。而其中 79% 是华侨。[1] 这里需要指出的是，所谓商人，并非近代企业的经营者，在这九十六个商人中，没有一个是产业资本家，他们大多是小店主，有的不过是我们今天所说的“个体户”而已。[2] 兴中会武装起义依赖的力量主要是会党。但会党不是兴中会的社会基础，而是作为一种可利用的对于现存社会秩序的破坏力量。孙中山等人走上革命道路，也决非会党的影响。

显然，兴中会的基本群众与骨干的出身背景非常近似，这些人不是深深扎根于中国社会之中，而是游离于传统社会体制之外。

从以上这些人的出身背景来看，我们还可以说，1900 年以前的兴中会，是个在国内缺乏社会基础的组织，这些背离中国传统的人物只局限在珠江三角洲这样的地区和海外华侨中。[3] 康有为的变法固然由于社会基础薄弱而失败，而兴中会革命比康有为变法的社会基

1 章开沅、林增平主编:《辛亥革命史》上册,人民出版社 1980 年版,第 90 页。

2 冯自由:《革命逸史》第四集,中华书局 1981 年版,第 25-45 页。

3 冯自由认为,兴中会存在期间会员总数不满五百人。见《革命逸史》第四集,中华书局 1981 年版,第 64 页。

础还要薄弱，士大夫们把这一小撮革命者当作洪水猛兽，所以兴中会的革命在 1901 年以前闹不起来几乎是必然的，甚至不能发动一次像样的起义。孙中山只是孤独的先行者，他真正发动起革命还要等待中国社会的一些变化。如果没有庚子事变对清廷的打击，没有后来的晚清新政对社会的重大影响，孙中山、杨衢云的革命可能就是孤独的绝响。

我们把上海与珠江三角洲做一下比较，就会印证孙中山及兴中会的活动与资产阶级无关。1900 年以前，中国为数有限的新兴企业家差不多都集中在上海，与他们联系较多的知识人也集中在上海和江浙一带。如果说孙中山和兴中会成员是资产阶级，他们的出身和活动更应该在上海、江浙而不是广东。

总之，1900 年以前孙中山和兴中会的革命，是边缘人的革命。中国社会的精英阶层，无论是主张迅速改革的康有为，还是希望缓进以教育和实业救国的张謇，都不赞成兴中会的革命，至于连改革都拼命反对的保守派，就更不用说了。清政府通缉孙中山的时候，把他的名字写成“孙汶”，把他描绘成一个江洋大盗，以致一些不了解孙中山的读书人以为孙中山目不识丁，这都与孙中山的边缘身份以及他是读书人却不是读中国一般读书人读的传统书籍有关。

1901 年以后，形势迅速变化，在新政的背景下，新学堂和留学教育产生了大量新知识人，他们将逐渐取代旧的士绅阶层成为中国的社会精英。晚清最后十年，他们在列强侵略的压力下迅速转向革命。有关晚清新知识阶层的产生，我们将在后面两讲中讨论，这里不做详细分析。1903年以后，孙中山转向新知识阶层寻求力量，因而成立同盟会。这以后，孙中山领导的革命不再是极少数的、边缘阶层的革命，能够得到更多人的响应。

三、辛亥革命时期的三民主义

孙中山是从1894年开始真正的革命的，但是革命以后建立什么样的国家，最初他其实是很朦胧的。大约到1903年，他的想法渐渐成熟。1905年8月同盟会成立时，孙中山正式提出“驱除鞑虏，恢复中华，创立民国，平均地权”的十六字纲领，获得同盟会通过。这是孙中山对未来国家有系统性想法的标志。

1905年11月同盟会机关报《民报》创刊，孙中山在发刊词中正式提出“三民主义”。之所以叫“三民”，是仿美国前总统林肯的“民有、民治、民享”的说法。

1906年秋冬间，同盟会领袖孙中山、黄兴、章太炎等在东京制定《革命方略》。《革命方略》中最重要的是《军政府宣言》，此宣言应为同盟会成立时所拟订，但后来是随着《革命方略》的流传，其中稍微具体解释了十六字纲领。

1906年12月2日，同盟会于日本东京召开《民报》周年纪念大会，孙中山在会上作长篇演说，重点阐述三民主义。

孙中山早期（辛亥革命时期）的三民主义思想主要就是由《民报》发刊词与《军政府宣言》和《民报》周年纪念大会演说三个文献组成。

需要说明的是，晚清革命党人虽然多为新知识人，但真正对革命理论进行系统思考的并不多，特别是对推翻清朝以后建设什么样的国家，思考更少。孙中山不愧为革命的领袖，他的思考和阐述确实要比一般革命党人要深入得多。

1. 民族主义

晚清革命，革命党人宣传最多也最引人注目的便是民族革命。

在孙中山眼里，民族主义就是“驱除鞑虏，恢复中华”。也就是推翻清政府，或者叫反满。《军政府宣言》的原文是：

> **一、驱除鞑虏** 今之满洲，本塞外东胡。昔在明朝，屡为边患。后乘中国多事，长驱入关，灭我中国，据我政府，迫我汉人为其奴隶，有不从者，杀戮亿万。我汉人为亡国之民者二百六十年于斯。满政府穷凶极恶，今已贯盈。义师所指，覆彼政府，还我主权。其满洲军人等，如悔悟来降者，免其罪；敢有抵抗，杀无赦！汉人有为满奴以作汉奸者，亦如之。
>
> **二、恢复中华** 中国者，中国人之中国；中国之政治，中国人任之。驱除鞑虏之后，光复我民族的国家。敢有为石敬瑭、吴三桂之所为者，天下共击之！[1]

在《民报》周年庆祝大会演说中，孙中山强调，民族主义是推翻

1 《军政府宣言》，《孙中山全集》第一卷，中华书局 1981 年版，第 296–298 页。以下引《军政府宣言》同，不再注。

满清统治，但“并非是遇着不同族的人便要排斥他，是不许那不同族的人来夺我民族的政权”，“惟是兄弟曾听见人说，民族革命是要尽灭满洲民族，这话大错。民族革命的原故，是不甘心满洲人灭我们的国，主我们的政，定要扑灭他的政府，光复我们民族的国家。这样看来，我们并不是恨满洲人，是恨害汉人的满洲人。假如我们实行革命的时候，那满洲人不来阻害我们，决无寻仇之理”[1]。

分析辛亥革命时期孙中山的民族主义，有两点值得注意：

一是“反满”问题的含义。在晚清革命党人的宣传品中，常常称统治中国的满族为“异族”，说“我汉人为亡国之民者二百六十年”。革命党人就是要推翻这个“异族”的统治，所以叫“恢复中华”或“光复”，而同盟会成立前的一个重要的以江浙、安徽人士为主的革命团体，就叫“光复会”。1949 年以后，中国大陆史学家为民族团结计，非常避讳这一点，甚至到现在，清亡已百余年，还有不少人尤其是官方避讳这个问题。原因在于清亡以后，一些别有用心的外国列强，尤其是日俄两国，故意说满族人不是中国人，中国东北（他们称之为“满洲”）不是中国领土，以此为他们分裂直至侵占中国东北寻找根据。回避“反满”问题的用意，在于避免不怀好意的外国人的借口，也为了避免给国内民族关系添乱。实际上，绝大多数国家的地域和国内民族，都有一个形成过程，形成的过程也是多种多样。如果按照某些西方人的逻辑，现在美国的欧洲移民应该全部回到欧洲

1 《在东京〈民报〉创刊周年庆祝大会的演说》，《孙中山全集》第一卷，中华书局 1981 年版，第 324–331 页。下引同，不再注。

去，让原住民印第安人决定是否给他们移民签证；而美国前总统奥巴马则不是“美国人”。笔者认为满族人民融入中华民族大家庭有一个漫长的过程，应该是从清朝入关开始，到民国年间完成。而抗日战争胜利以后，日本侵略势力彻底离开中国东北，到现在已有七十多年，东北已不存在分裂或者被肢解的问题（附：笔者出生在黑龙江省海伦县，晚清时是海伦府，今为海伦市），所以“反满”的问题我们无须避讳。

其实革命党人的真实想法是非常复杂的，当他们做反清宣传时，可能会把清廷说成是“异族”，但当中国的领土权益受到列强威胁的时候，许多人又会毫不犹豫支持清政府抗争，从这个角度又是认同了清政府是中国政府。比如宋教仁在清政府与日本就现在吉林的一块领土交涉时，不但写出《间岛问题》证明该地为中国领土，还主动将该书送给清政府作为交涉的参考。

及至辛亥革命发生，清政府退位后，“驱除鞑虏”已无意义，孙中山又提出“五族共和”（汉满蒙回藏）。即融中国国内各族群，为一个中华民族，这个提法或口号，具有非常大的意义。

二是反对列强侵略问题。20世纪80年代以前，受那时“左”的思想的影响，学界对资产阶级立足于批判，提到同盟会纲领的时候，总要指出同盟会不敢明确提出反对帝国主义侵略，并认为这是资产阶级软弱性的表现之一。现在看来，这一看法受那个时代的影响是显而易见的。但是，同盟会的纲领，或者孙中山的民族主义，没有直接关注当时中国面临的十分严峻的列强瓜分的形势是事实。怎么解释这个现象？笔者认为，在如何对待列强的问题上，孙中山的确与20世纪初产生的新知识分子比如陈天华、宋教仁等以及章太炎的观念不太一样。事实上，反对列强侵略和瓜分的民族主义，是新知识分子最突出的特征，所以笔者称他们为新民族主义知识人或民族主义新知识人。孙中山作为边缘人的革命者，虽然转向了新知识人，但他的成长过程和革命经历，还是与20世纪初产生的新知识人有很大的不同。在同盟会里，孙中山和章太炎、宋教仁等许多人都有分歧和矛盾，除了地域、行事风格等因素外，这种对待列强观念的差异应是原因之一。

2. 民权主义

民权主义即建立民国，也就是按西方共和国的形式建立新国家。《军政府宣言》说：

> 今者由平民革命以建国民政府，凡为国民皆平等以有参政权。大总统由国民公举。议会以国民公举之议员构成之。制定中华民国宪法，人人共守。敢有帝制自为者，天下共击之！
>
> 我等今日与前代殊，于驱除鞑虏、恢复中华之外，国体民生尚当与民变革，虽纬经万端，要其一贯之精神则为自由、平等、博爱。故前代为英雄革命，今日为国民革命。所谓国民革命者，一国之人皆有自由、平等、博爱之精神，即皆负革命之责任。

在《民报》周年庆祝大会的演说中，孙中山有更明确的表述：

至于民权主义，就是政治革命的根本。将来民族革命实行以后，现在的恶劣政治固然可以一扫而尽，却是还有那恶劣政治的根本，不可不去。中国数千年来都是君主专制政体，这种政体，不是平等自由的国民所堪受的。要去这政体，不是专靠民族革命可以成功……研究政治革命的工夫，煞费经营。至于着手的时候，却是同民族革命并行。我们推倒满洲政府，从驱除满人那一面说是民族革命，从颠覆君主政体那一面说是政治革命，并不是把来分作两次去做。讲到那政治革命的结果，是建立民主立宪政体。照现在这样的政治论起来，就算汉人为君主，也不能不革命。

革命之后创立共和国，今天看来也许是顺理成章的事，但在当时则属破天荒。因为中国自周秦以来，都是君主制，共和制打破了数千年的传统；而当时世界上的大多国家，包括各列强在内，也还是君主制。我们还必须了解民权主义的另一重意义，就是革命党领袖孙中山自己不会做皇帝，更不会把国家当作他的私有物。

更进一步的是孙中山和革命党人关于国家主权的认知。1912 年，南京临时政府的参议院制定《临时约法》时，孙中山坚持，一定要写进“中华民国主权，属于国民全体”[1]，后来《中华民国临时约法》第

1　罗福惠、萧怡:《居正文集》,华中师范大学出版社 1989 年版,第 95 页。

二条为“中华民国之主权属于国民全体”[1]。第一次明确国家是属于全体国民的，不是属于哪个皇帝或者总统大人的。

民权主义的含义显然是比较明确的，但有一个问题还是需要特别指出来，这就是孙中山的革命程序论。

在《军政府宣言》中，规定革命后要经过三期，即三年“军法之治”、六年“约法之治”，然后到达与一般民主共和国家相同的“宪法之治”。所谓“军法之治”和“约法之治”，就是不同程度的革命军事专政。军法之治期间，军政府独揽政权；约法之治期间，中央仍是军政府独揽政权，但在地方实行地方自治。而“军法之治”和“约法之治”的时间合起来长达九年。这叫作革命程序论。这一独特的设计，是想在推翻清政府之后用革命军事专政来扫除旧的制度和风俗习惯，并且培养国民对于民主共和的习惯，“俾我国民循序以进，养成自由平等之资格”[2]。但是另一方面，在“军法之治”和“约法之治”的九年中，不仅要由军政府来实行统治，并且军政府有无上的权威，类似英国克伦威尔和法国拿破仑时代，其权威甚至比之拿破仑有过之而无不及。换一个说法，《革命方略》的规定意味着以专制来实行民主。理论上，当“约法之治”结束后，军政府再自动让出权力，即“全国行约法六年后，制定宪法，军政府解兵权、行政权，国民公举大总统及公举议员以组织国会。一国之政事，依于宪法以行之”[3]。此种

1 《孙中山全集》第二卷，中华书局 1982 年版，第 220 页。

2 《孙中山全集》第一卷，中华书局 1981 年版，第 298 页。

3 《孙中山全集》第一卷，中华书局 1981 年版，第 296-298 页。

设计，与梁启超在清末曾一度倡导的“开明专制”“强有力政府”有很多共同之处，而与美国这样典型的民主共和国的发展历程有相当的差异。

辛亥革命爆发后，同盟会并不能有效控制政权，而且不久孙中山就辞去临时大总统职位，袁世凯接替这个职务，因此革命程序没有能够实行。但是孙中山的这个设计与他后来思想的发展趋势很有关系，我们后面再讲。

3. 民生主义

孙中山思想中更有特色的是民生主义，也就是“平均地权”。《军政府宣言》中规定：

> 文明之福祉，国民平等以享之。当改良社会经济组织，核定天下地价。其现有之地价，仍属原主所有；其革命后社会改良进步之增价，则归于国家，为国民所共享。肇造社会的国家，俾家给人足，四海之内无一夫不获其所。敢有垄断以制国民之生命者，与众弃之！

简单说来，民生主义最简单的表述就是“核定地价，涨价归公”八个字。

为什么这样做？孙中山的意思是防止欧美机器工业发展以后出现社会问题，因此，把解决政治问题的革命和防止社会问题的革命，一次解决。在《民报》周年庆祝大会的演说中，孙中山说：

> 人的眼光要看得远。凡是大灾大祸没有发生的时候，要防止他是容易的；到了发生之后，要扑灭他却是极难。社会问题在欧美是积重难返，在中国却还在幼稚时代，但是将来总会发生的……我们实行民族革命、政治革命的时候，须同时想法子改良社会经济组织，防止后来的社会革命，这真是最大的责任……文明有善果，也有恶果，须要取那善果，避那恶果。欧美各国，善果被富人享尽，贫民反食恶果，总由少数人把持文明幸福，故成此不平等的世界。

孙中山甚至认为，实行了这“核定地价，涨价归公”以后，“于国计民生，皆有大益……行了这法之后，文明越进，国家越富，一切财政问题断不至难办。现今苛捐尽数蠲除，物价也渐便宜了，人民也渐富足了……中国行了社会革命之后，私人永远不用纳税，但收地租一项，已成地球上最富的国”。

孙中山还说：

> 总之，我们革命的目的是为众生谋幸福，因不愿少数满洲人专利，故要民族革命；不愿君主一人专利，故要政治革命；不愿少数富人专利，故要社会革命。这三样有一样做不到，也不是我们的本意。达了这三样目的之后，我们中国当成为至完美的国家。

孙中山的主张借鉴了美国学者亨利·乔治的理论。亨利·乔治著有《进步与贫困》一书，主张取消其他税收，只收地税的单一税制，避免大地主靠垄断土地致富，让财富更加平均，可以实现人类文明共享的社会主义。但是认为实行平均地权就可以解决一切社会问题的见解，今天看来，显然是把复杂的问题简单化了。

这里我们要指出的是，清末革命党中，很多人对各种各样的社会主义学说感兴趣，孙中山是突出的一个。事实上，自 19 世纪 40 年代以后，曾多次出现类似社会主义的思想。太平天国领导者洪秀全在他的宣传品中，希望在现实世界建立一个人人平均、人人饱暖、天下一家的理想社会，或者说他的人间天国。这也是他动员下层民众加入太平天国的利器。康有为撰著《大同书》，描绘出一个科学文化高度发达、社会富裕、人人各得其所的大同社会。及至晚清革命兴起，章太炎、黄兴、宋教仁等有代表性的革命党人，都对平均地权或社会主义有浓厚的兴趣，即使不想在中国马上实行，也非常赞赏社会主义学说的思想价值。比如宋教仁，从前很多人，包括国民党和共产党的学者，都曾说宋教仁是“二民主义”，这是他们误解，实际上宋教仁非常关注社会主义学说，甚至亲自翻译有关文献，并在杂志上宣传。这些事情说明了在近代中国这个大变动的时代，社会主义在人们心中占有重要的位置，为以后中国实行社会主义提供了相当深厚的思想基础。

民生主义在孙中山的思想中一直占重要的地位，后来孙中山还提出“节制资本”“国家社会主义”等主张,即限制私人资本经营的范围,一些控制国家命脉的产业，如铁路、矿山等，应由国家经营。1927年以后，国民党政府对许多涉及经济命脉的产业，或由国家垄断，或由国家占有优势的地位，与此有一定的关系。另一方面，国民党“均富”的观念非常强，至今在台湾地区都有深厚的影响。

四、20 年代的政治转变

孙中山晚年的政治思想及其追求，是争议极大的问题。特别是，中国共产党和中国国民党都主张自己是孙中山革命事业的继承人，并对他的某些话做有利于自己的解释和引申，所以要厘清孙中山晚年的思想有很多困难。笔者认为孙中山晚年的思想有三大特点：一是转向反帝民族主义，二是形成有特色的“以党治国”理论，三是与中国共产党、苏俄的合作。

1. 转向反帝民族主义

前面说过，在辛亥革命时期，孙中山与陈天华、宋教仁、章太炎等革命党人不同，他一般不直接提反对帝国主义，而事实上反对列强侵略是20世纪初新知识人最重要的特征。但是,第一次世界大战以后,孙中山比较多地讲反对帝国主义侵略，或者说他逐渐转向反对帝国主义的民族主义。

一是提出半殖民地或次殖民地的概念。

不了解近代历史的人往往以为这个概念是共产党人独自的发明，

因为很多人从毛泽东的《中国革命和中国共产党》《新民主主义论》等著作中了解这个概念。其实孙中山早有类似的说法，不过和后来我们常说的半殖民地有一些不同。

据笔者的了解，孙中山常常说中国是“次殖民地”，他说这半殖民地人民的地位和处境，还比不上殖民地，所以叫次殖民地。比如在《三民主义·民族主义》演讲中就说：

> 全国人至今还只知道是列强的半殖民地。这半殖民地的名词，是自己安慰自己，其实中国所受过了列强经济力的压迫，不只是半殖民地，比较全殖民地还要厉害。比方高丽是日本的殖民地，安南是法国的殖民地；高丽人做日本的奴隶，安南人做法国的奴隶。我们动以“亡国奴”三字讥诮高丽人、安南人，我们只知道他们的地位，还不知道我们自己所处的地位实在比不上高丽人、安南人。由刚才所说的概括名义，中国是半殖民地，但是中国究竟是那一国的殖民地呢？是对于已经缔结了条约各国的殖民地，凡是和中国有条约的国家，都是中国的主人。所以中国不只做一国的殖民地，是做各国的殖民地；我们不只做一国的奴隶，是做各国的奴隶……中国还比不上安南、高丽。所以做一国的奴隶，比较做各国的奴隶的地位是高得多，讲到利益来又是大得多。故叫中国做半殖民地，是很不对的。依我定一个名词，应该叫作“次殖民地”。[1]

1 《民族主义》第二讲，《孙中山全集》第九卷，中华书局1986年版，第201–202页。

照我的研究，中国现在还不能够到完全殖民地的地位，比较完全殖民地的地位更要低一级。所以我创一个新名词，说中国是"次殖民地"，这就是中国现在的地位。[1]

中国革命的目的，就是要摆脱这种次殖民地的地位。按照1924年《中国国民党第一次代表大会宣言》的说法，就是"国民党之民族主义，其目的在使中国民族得自由独立于世界"[2]。

二是指出正是帝国主义列强的侵略，造成了中国的贫困和落后。

孙中山指出，中国受列强的压迫，"一是受政治力的压迫，二是受经济力的压迫，三是受列强人口增加的压迫。这三件外来的大祸已经临头，我们民族处于现在的地位，是很危险的"[3]。

后来，中国国民党和中国共产党都认为，是帝国主义的侵略造成了中国的贫困和落后，造成了中国的分裂和割据。所以，国民革命的口号就是外抗强权，对内打倒军阀。

三是直接要求废除不平等条约。

进入20世纪以后，中国知识人和官员们比较多地认识到了中外条约对中国的不平等，但弱国无外交，中国还没有大张旗鼓地反对不平等条约。第一次世界大战结束，巴黎和会上中国代表团曾提案修改条约，但遭到和会拒绝。20世纪20年代以后，民族主义高涨，废除

1 《三民主义·民族主义》第六讲，《孙中山全集》第九卷，中华书局1986年版，第241页。
2 《孙中山全集》第九卷，中华书局1986年版，第118页。
3 《三民主义·民族主义》第五讲，《孙中山全集》第九卷，中华书局1986年版，第232页。

不平等条约开始成为知识精英的口号。在《中国国民党第一次代表大会宣言》的对外政策部分，第一条就是废除不平等条约："一切不平等条约，如外人租借地、领事裁判权、外人管理关税权以及外人在中国境内行使一切政治的权力侵害中国主权者，皆当取消，重订双方平等、互尊主权之条约。"[1] 孙中山甚至在遗嘱中还特地写了"废除不平等条约"这句话。

孙中山转向反帝民族主义，对国民党有很大影响。20 年代以前，国民党虽然名声很大，也时常能拥有广东的地盘，但是在全国的实力还是有限。而中国的新知识人经过晚清和民初两个阶段新教育的发展，有了更大的队伍和更多的人数。辛亥革命后，知识人有过短暂的彷徨，但是 1919 年巴黎和会中国所遭受的屈辱，以及随之而发生的五四运动，把中国青年知识人再次引向民族主义。国民党对民族主义的倡导，有利于吸引年轻的知识人，再加上人们对北洋政府施政的失望，青年知识人不是投向中国国民党，就是投向中国共产党，大大加强了国民党的力量。

孙中山新的民族主义观点为后来的国民党所继承。比如蒋介石在《中国之命运》中多次强调这个观点，并以抗战期间废除了不平等条约为荣。其实这民族主义也正是中国国民党和中国共产党的共同点，所以两党才能够两度合作。

四是求得国家的统一。

当武昌起义爆发，起义各省结成革命阵营的时候，下一个重要任

1 《孙中山全集》第九卷，中华书局 1986 年版，第 122 页。

务便是统一国家。为了国家的统一和避免大规模的流血，孙中山宁愿辞去临时大总统职位，并放弃了自己提出的革命程序的主张。袁世凯在世时，至少中国大部分表面还是统一的。但袁世凯去世后，北洋系内部很快就四分五裂，由北洋系实现统一更是无可能。分裂割据的状况，不仅使人民遭受了痛苦，更是助长了列强的侵略野心。所以统一是人心所向，也是中国历史发展的必然。而孙中山晚年的活动重心，就是统一国家，实现他理想的三民主义。

2. 以党治国

前面说过，早在辛亥革命时期，孙中山就有革命程序的理论。也就是革命发动起来以后，有相当长一段时间的革命军事专政时期，或者叫革命党专政时期，这个时期革命党独揽政权。但是民国初年的形势，这个革命程序没有办法实行。那时宋教仁组建中国第一大党国民党，希望两党竞争，实行政党内阁，实现民主宪政，孙中山支持了宋教仁的工作。但是，宋教仁被暗杀去世，紧接着国民党的二次革命失败，孙中山很快改变了他短暂的直接施行民主政治的想法。1914 年，孙中山组织中华革命党，按《中华革命党总章》的规定："自革命军起义之日至宪法颁布之时，名曰革命时期，在此时期之内，一切军国庶政，悉归本党负完全责任。"[1] 及至 20 世纪 20 年代，特别是苏俄革命的启示，孙中山的以党治国思想逐渐成熟。

以党治国实际应该包括两个方面，一个是如何治党，即国民党应

1 中国社会科学院近代史研究所中华民国史研究室等编：《孙中山全集》第三卷，中华书局 1984 年版，第 97 页。

该是个什么样的党；一个是治国，即国民党与国家及国家政权的关系。

一是如何建党治党。

1905年成立的同盟会，虽说是革命党，但实际上是比较松散的组织，成员的行动有很大的自由，不一定受组织约束。内部分歧也比较大，屡屡发生矛盾。后来章太炎、陶成章等甚至另立光复会。宋教仁等组织同盟会中部总会，虽然得到黄兴支持，但似乎没有得到孙中山的同意。

1912年成立的国民党，基本是按照西方政党的模式组建的，各地虽有分支组织，但多半是组织选举的机构，只要投国民党的票，就可以是国民党党员。

1914年成立的中华革命党，强调了党的领袖的权威和权力，但靠的是孙中山个人的权威和魅力，组织方面还是相当松散。护国运动以后，1919年，孙中山再把中华革命党改组为中国国民党，但组织仍比较松散。

及至苏俄革命的成功渐渐为孙中山了解，他希望建成苏共那样组织严密、信仰统一、行动高度一致的党，或者说，一个高度政治动员社会动员型的党。所以，从1912年的国民党，到1924年国民党改组，孙中山的建党思想有了非常大的变化。那就是这个党要有严密的组织，必须是一个领袖，一个主义（共同的信仰）。

1924年中国国民党第一次全国代表大会通过的党章，设有总理一章，其中规定："第十九条 本党以创行三民主义、五权宪法之孙先生为总理。第二十条 党员须从总理之指导，以努力于主义之进行。

第二十一条 总理为全国代表大会之主席。第二十二条 总理为中央执行委员会之主席。第二十三条 总理对于全国代表大会之议决，有交复议之权。第二十四条 总理对于中央执行委员会之议决，有最后决定之权。”[1] 从这个规定可以看到党章中给党的领袖多大的权力。

但是，国民党还是有过去的传统，即同盟会和1912年国民党松散的传统，不论是孙中山在世，还是他去世以后，一个领袖、一个主义基本办到了，但是组织严密、纪律严格、行动高度一致这一条，国民党始终没有做到。

二是党与国家与人民的关系。

前面说过，孙中山心目中党与国家的关系，其实在同盟会纲领《军政府宣言》中已经初露端倪，就是革命后的一段时间里应该是革命党独揽政权。但是1912年国民党的观念是多党竞争，最好是两大党互相竞争，政党轮替。中华革命党再改为革命程序，即革命后革命党一党执政。及至受苏俄革命的启发，一党执政的观念最后明确。

在孙中山的心目中，不但国民党要独揽政权，而且还负有教育人民、训导人民的责任，当然也是一种权力。

但是，在后来国民党的政治实践中，国民党与政权的结合基本都是在中央的层面上，而地方上则党是党，地方政府是地方政府。换句话说，就是国民党的组织控制中央政权，但基本没有控制地方

1 《孙中山全集》第九卷，中华书局1986年版，第154页；参见李云汉《中国国民党史述》第五编《附录》，台北中国国民党党史委员会1994年版，第114页。

政府。这一问题，北京大学王奇生教授有很深入的研究[1]，笔者不再赘述。至于军队里，也主要靠个人关系（黄埔系等）而不是依赖党的组织。

其实，仔细思考“以党治国”概念，有党组织治国、党义治国、党员治国、党的领袖独断治国等。这里面有交叉，也有区别。但孙中山似还没有机会考虑这些问题。

总的来说，20 世纪 20 年代，孙中山想学苏俄共产党和苏俄革命，但是，无论是他的观念里还是国民党的政治实践，都学得并不彻底。从国民党自身建设来说，国民党还是有浓厚的个人关系色彩，靠个人关系进行政治运作，这个色彩没有北洋系浓，但是仍然存在。孙中山在世的时候，靠他的个人魅力和地位、权威，使党的领导者都服从他，孙去世以后，没有一个人有他这样的资格和权威，所以个人关系就非常重要。

3. 孙中山与苏俄关系及苏俄模式

在孙中山的研究中，最有争议的是孙中山与俄国模式或俄国道路的问题，以及与苏俄关系问题。

众所周知，中国大陆方面认为，孙中山晚年提出了新三民主义，就是联俄、联共、扶助农工三大政策。而正是在孙中山的主持下，国民党与共产党合作，并在孙中山去世后不久取得了打倒北洋军阀的初步胜利。而国民党方面则认为没有这样的政策，即便有，也是为取得

1 王奇生：《党员、党权与党争：1924—1949 年中国国民党的组织形态》，上海书店出版社 2003 年版。

国际上（苏俄）对中国革命同情和支持的一种策略。

困难的是，孙中山自己在不同的场合有过很多互相矛盾的言论，这给后人留下了不同解释的空间。比如，1923 年 1 月在与苏俄派至中国特命全权大使越飞联合发表的著名的《孙文越飞联合宣言》中，第一条就是“孙逸仙博士以为共产组织，甚至苏维埃制度，事实均不能引用于中国。因中国并无使此项共产制度或苏维埃制度可以成功之情况也”[1]。这是对苏俄也是对外公开说的。但是 1924 年他在致蒋介石的函中又明确说：“盖今日革命，非学俄国不可……我党今后之革命，非以俄为师，断无成就。”[2] 须知这是私人函件，且是写给国民党人的，不是对外宣传，可以代表孙中山的真实想法。

笔者认为，既然他的说法不同，我们很难单纯地从他的言论来判断他的抉择，只有从他的行为来推断他的真实想法。

笔者认为，他确实要“以俄为师”，但又不是完全学习，他受苏俄的影响，主要体现在下面几个方面：第一，孙中山最有兴趣的是苏俄的建党方式，他要把国民党建成一个战斗力极强的党，这个党组织严密、纪律严明、信仰一致、行动统一、朝气蓬勃，能适应革命和建设国家的需要。军队也要在党的领导下，建立党代表制，保证军队为党的主义而战。第二，建立一党领导国家的体制。第三，反对帝国主义列强。这一点我们在前面已经叙述，笔者认为反帝理论的发挥，也

1 中山大学历史系孙中山研究室等编：《孙中山全集》第七卷，中华书局 1985 年版，第 51—52 页。

2 《致蒋中正函》，广东省社会科学院历史研究所等编：《孙中山全集》第十一卷，中华书局 1986 年版，第 145 页。

与苏俄的影响有一定关系。

在探讨孙中山受苏俄的影响时，我们还必须考虑到一个因素，就是孙中山的革命需要一定的外国援助，而当时只有苏俄愿意提供援助。而这种援助不是天上掉下的馅饼，是有一定条件的，这也对孙中山的行动造成一定的影响。

但是，孙中山在接受苏俄影响的时候，还是有保留的，如生产资料全部公有，如对现存社会秩序尤其是乡村社会秩序的彻底改变等。而这恐怕是孙中山革命与苏俄革命以及中国共产党革命最本质的区别。

由本节的介绍不免使人感到，辛亥革命时的孙中山与20年代的孙中山，简直判若两个人。笔者无意得出这样的结论。笔者认为追求一个民主、富强的中国，应是孙中山终生的奋斗目标，但是他前后两期的确有非常大的不同，这是读者需要注意和思考的。还有，读者可以看出，孙中山民族主义的目标、党治理论、学习苏俄，与他的民主理想、现代化目标之间存在一定的矛盾。由于篇幅限制，这里就不展开了。

五、孙中山的特质和孙中山的历史地位

1. 孙中山的特质

这里的特质指的是性格、行为方式和政治风格的综合。政治家都有不同的特质，这种特质某种程度上决定了其事业的成败。也可以说

是笔者心中的孙中山。

第一，孙中山是位手不释卷的书生。

孙中山一生都在努力读书，特别是阅读大量英文著作。在近代中国的政治家中，像他那样直接阅读西文著作，并从中汲取营养的，实在是凤毛麟角。20世纪最有影响的政治人物，袁世凯、蒋介石、毛泽东、周恩来、邓小平，只有周恩来英文水准比较高，但恐怕也不会像孙中山那样大量阅读西方著作。曾专门研究孙中山藏书和读书情况的复旦大学姜义华教授指出："孙中山读书异常勤奋，而所购的、所读的西文书籍，无论是政治方面的、经济方面的、社会方面的、历史方面的、哲学方面的，都有相当高的水准……纵观整个20世纪的中国，大概还找不出第二个人像孙中山那样以那么丰富的西文名著来构筑自己的知识基础，而又能融汇贯通，形成自己的观点，并以浅显明白的语言表述出来。"[1]

没有理想的政治人物只是政客，政客可以左右逢源，甚至可以拥有很大的权力，但是很难推动社会的进步。可以说，是读书、思考成就了孙中山这样一个有理想的政治家。

第二，孙中山是愈挫愈奋的革命斗士。

孙中山一生的事业，可说是失败多，成功少。但是，每一次失败，他都是毫不气馁，然后鼓足勇气，从头再来。1895年，兴中会第一

1 姜义华:《大道之行——孙中山思想发微》序，广东人民出版社1996年版，第2页。姜先生的话，应该加一点限制，即在著名政治家或政治领袖中，因为直接在西方留学的人还是不少的。

次起义失败，国内都骂他们是大逆不道，甚至海外华侨华人大多也不愿接近他们，但是孙中山流亡后立即重新部署，发展组织，并公开以革命党自居。1911 年黄花岗起义失败，同盟会损失许多精英，使不少人灰心，革命的信念虽没有动摇，但是对革命能否成功则已经缺少信心。黄花岗起义的组织者之一赵声抑郁病逝，甚至黄兴、汪精卫都表示要从事暗杀工作，牺牲自己以报起义中死难的烈士。孙中山则仍然继续努力，毫不气馁。二次革命失败后，他很快组织中华革命党，准备再战。一直到孙中山去世，他对自己的事业仍然是充满信心。

坚定的信仰，百折不挠的勇气，只要认定自己的追求是正确的，不论多难多险，也要向前去做，并且相信自己一定能成功。这是一个政治家的基本素质，孙中山正是具备了这样的素质。

第三，孙中山是中国的华盛顿。

许多人都说，美国有华盛顿，华盛顿不搞专制，不当终身总统，奠定了现代美国的基础，可惜中国没有华盛顿。其实，笔者认为中国有华盛顿，可惜中国没有美国的精英阶层和民众。笔者是指 1912 年孙中山辞去临时大总统,把这个职位让给袁世凯。从政治上，这可能是孙中山和革命阵营的失策，但是从另一方面恰恰体现了孙中山的现代意识。他不把总统的位置看成他谋取权力的工具，不看成个人家产，而是看成人民公仆，如果他觉得别人比他更适合这个工作，便毅然让位，这充分体现了民主的精神。孙中山是中国的华盛顿。可惜中国不是美国，孙中山辞职了，但是中国大多数人依然习惯专制，所以会有袁世凯的独裁，所以，中国有华盛顿却成就不了华盛顿的事业。

第四，孙中山是个不善权术的政治家。

前面说过，孙中山是书生，书生有理想，但很不善权术，很不了解传统中国官场那一套。1912年8月，孙中山到北京。在此之前，因为袁世凯破坏《临时约法》、推行独裁的行为，同盟会——国民党领导人对其充满了怀疑。但孙中山很快被袁世凯的权术迷惑。孙中山讲什么，袁世凯都赞同，甚至当时人最不理解的民生主义都赞同。所以以后孙中山便一再称赞袁世凯，直到袁世凯刺杀宋教仁。是孙中山愚笨吗？显然不是。孙中山的本色是书生，袁世凯的本色是官僚，书生有理想而单纯，官僚有权术而少理想。

第五，孙中山是个比较专断的人。

孙中山有人格魅力，许多人在听到他的一席话后，便决定终生跟随他奋斗，虽死不悔。但是孙中山比较专断，他会要求他的党的同志完全听命于他，不可以有其他意见。比如二次革命失败，他便认为是他的党的同志没有听他的话，所以招致失败。其实二次革命的失败原因很复杂，某种意义上说是必然的。以后成立中华革命党，他就要求入党同志宣誓绝对服从他，又要按指印，所以不少国民党人认为背离了民主原则，没有加入中华革命党。

这一切，构成了孙中山的特质，影响了他的行为方式，影响了他的政治风格，一定程度上也造就了他的事业的成功和失败。

2. 孙中山的历史地位

讲到这里，让我们对孙中山做一个总结。

20世纪的中国，是一个从传统社会向现代国家转型的世纪，笔者认为20世纪的中国经历了破坏、统一、建设三个阶段。所谓破坏，就是破坏旧的、传统的皇权专制政治体制；统一，就是在旧的体制垮台以后重新统一中国；建设，就是让中国进入迅速发展的轨道，以便在将来完成20世纪有志之士追求的强国富民的目标。相应地，有三位政治家代表了这三个阶段，分别是孙中山、毛泽东、邓小平。孙中山的事业，或者说孙中山时代的事业，是破坏中国旧的体制；毛泽东的事业，或毛泽东时代的事业，是重新统一中国；而邓小平的事业，是让中国进入真正快速发展的轨道，使中国有可能在将来成为发达国家的一员。

当孙中山的时代，传统的专制帝制面对“数千年来未有之变局”（李鸿章语），应对一再失误，致使中国一再遭受屈辱、挨打甚至面临被瓜分的境地。之所以出现这种局面，是因为传统的帝制求的是现存统治的稳固，而不是社会的发展；求的是上下相安无事，君君臣臣父父子子的秩序，而不是在世界上竞争；求的是守成，而不是进步；整个社会非常松散，缺乏社会动员能力。中国如果不想灭亡，如果要在世界上自存，就必须改变这种体制，就像日本开关后必须改变对世界应对失宜的幕藩体制一样。或者实行君主立宪，或者建立共和，在这个基础上建立一个能够进行广泛社会动员的机制。本来，清政府也有机会来改变这种状况，但是清政府对改革的一再延误，使其最终失去了机会，历史把机会留给了孙中山。不管清政府灭亡的过程有多么复杂，但都必须承认，孙中山在推翻清政府的革命中起到了最重要的作用，他是革命的第一功臣。但是，在统一和建设方面，历史没有给他足够的时间。传统社会崩溃之后，建成新的国家需要社会精英乃至全社会的认同，这需要一定的时间，不是一下子就可以做到的。但是，孙中山 1925 年就去世了，去世时还不到六十岁，他没能完成统一国家和建设的大业。这些事情留给了毛泽东和邓小平。

陈天华

追求民族主义的新知识人

因为庚子事变的冲击，清政府不得不推行新政。但是新政引发了清廷始料不及的社会变化，其中之一就是新知识人的产生。从这一讲开始，笔者要介绍两位新知识人——陈天华与宋教仁。读者从笔者的叙述可以感到，他们不同于曾国藩、李鸿章、张之洞那样的官员加传统知识人，也不同于梁启超、张謇那样的半传统半现代的知识人，不同于孙中山那样异域求学最初却不被传统士大夫认可的边缘知识人。他们伴随晚清新政产生和形成，一出现就演出了一场动人心魄的大戏——反清、革命、建共和。然而，晚清新知识人的真正追求却是民族主义——反对列强侵略，反对帝国主义，争取建立强大的现代民族国家。陈天华可说是他们中最有代表性的一位。

一、寒门学子

陈天华在辛亥革命时期有非常大的影响，一般介绍辛亥革命的宣传家，都会提到两个名字——陈天华与邹容。但是由于陈天华去世较早（当然邹容去世时年龄更小），留下的资料很有限，要完整描述他的生平并不容易。

我们先考察陈天华的求学经历，借以观察这一代新知识人的成长历程。

陈天华，字星台，号思黄，又号过庭，湖南新化人，生于1875年。新化当时属宝庆府（今邵阳市），今新化属娄底市，位于湖南中部，但境内多山，交通并不方便。

陈天华的父亲陈善是乡村塾师，陈天华五岁就入乡塾随其父读书。陈天华家境贫寒，十岁丧母后，家中更为贫困，他只得做些小生意来补助家庭。无钱进正式学塾，便努力自行修读。乡间偏僻，书籍难求，家贫又无力购买，所以陈天华幼时所读，多民间流传的传奇、小说、弹词、唱本之类，这使他后来非常善于写作通俗易懂的宣传品。

直到约二十岁时，也就是甲午战争前后，因族人资助，陈天华才得以到新化县城的资江书院学习，他在此努力研读史书，并探究历代王朝兴亡成败原因。

甲午战败后，湖南官员士绅颇思改革。在巡抚陈宝箴的领导下，并得到士绅的支持，湖南是维新运动中最有生气的一省。1898年，新化士绅于当地设了一个新式学堂——实学堂，陈天华入实学堂学习，这应该是他接触新知识、新思想之始。维新运动中湖南曾成立不缠足会，号召停止女性缠足陋习，新化也设不缠足分会。陈天华曾与多名新化士绅、学生联名上书新化县令，请明令严禁缠足[1]，这是陈天华初次参与政治活动，也表明当时他的思想已倾向维新。

1900年春，陈天华得友人资助，入省城岳麓书院学习，不料这年夏天其父突然病故，陈天华星夜奔丧归里，忧伤过度，大病几死，

1　见《湘报》第一四九号，《新化县士绅等公恳示禁幼女缠足禀并批谕》。

岳麓书院的学习也就此中断。

1901 年，陈天华又进省城求实书院学习，求实书院即维新运动时的时务学堂。此时清政府实行新政，命各省广设学堂，1902 年，湖南巡抚俞廉三将求实书院改为省城大学堂。年底省城大学堂考核，陈天华列“超等十名”中的第一名。[1]

笔者多年搜求陈天华的资料，没有发现他参加科举考试的记载。如果陈天华确没有参加当时大多数知识人都要参加的科考，那一可能因为家贫，二可能因为陈天华不感兴趣。而清末新政的推行，很快就给了陈天华这样求知欲旺盛的青年另一种机会。

1903 年 1 月，陈天华再考入省城师范馆，但师范馆尚未开学，陈天华便被增选为官派留日学生。

二、留日生涯

1903 年 3 月 27 日，陈天华抵达日本东京。与陈天华一同赴日的湖南学生共五十人，其中三十一人是官费生，十九人是自费生。当中有后来成为著名学者和毛泽东老师、岳父的杨昌济，湖南官方对这批学生非常重视，官方办的《湖南官报》详细报道了他们的行程。[2]

到日本后，陈天华先于 1903 年 4 月入东京的弘文学院，同时入学的，还有杨昌济等多人。弘文学院为嘉纳治五郎先生创办，后来为

1 《湖南官报》第二四八号，壬寅(1902 年)十一月廿九日，第 40 页。

2 见《湖南官报》第三三六号，第 34 页。

避乾隆皇帝（名弘历）名讳，改名为“宏文学院”。嘉纳治五郎是日本著名教育家，又是体育（柔道）专家。该校专为中国留学生进行初级语言（日语）及各学科教育，相当于大学预科，毕业后可升入日本的大学或专门学校。近代中国名人黄兴、鲁迅、杨度、胡汉民等都曾在该校学习。

1904年，陈天华进入法政大学所办“清国留学生法政速成科”学习。法政速成科授课，由日本教师以日语讲授，而由专人口译为汉语，所以不通日语者也可听课。宋教仁、汪精卫、胡汉民、朱执信、沈钧儒、汤化龙、居正都曾在速成科学习。担任当场口译的是较早赴日留学的学生，后来成为著名教育家的范源濂，五四运动时曾受冲击的曹汝霖也担任过翻译。

陈天华一面学习，一面参加各种活动。约1903年，陈天华在东京创办东新译社。东新译社类似出版机构，出版的著作有当时留日学生曾鲲化所撰（署名“横阳翼天氏”）《中国历史》上下卷，此为中国较早的中国历史教科书之一；翻译著作则多出于日文，今尚存有早稻田大学教授浮田和民的《史学原论》、白河次郎等的《支那文明史》（改名《中国文明发达史》）。

陈天华到日本那一年，正好发生拒俄运动，陈天华参加了这个运动并成为积极分子。

拒俄运动的兴起，是因为沙俄占我东三省。1900年，沙俄趁八国联军侵华之际，单独出兵占我东北三省铁路交通线和重要城市。按其后中俄协议，俄国应陆续撤兵。1903年为俄第二次撤兵之期，但届时俄国不但拒不撤兵，反倒提出七项无理要求，等于赖在我东北不走，企图长期霸占。面对祖国神圣领土被分割的危机，学生们已无法平静地学习。陈天华一面撰文宣传，反对俄国侵略，一面参加留日学生的拒俄运动。陈天华患有口吃，很难直接演说宣传，他就把精力放在撰写文字上。他在《苏报》发表公开信《敬告湖南人》，号召湖南同乡奋起抗争。1903 年 5 月，留日学生组织拒俄义勇队，随后改为学生军，预备与俄决战，陈天华参加了学生军，并负责学生军本部事务。稍后，学生军改为军国民教育会，其中激进会员已决心反清以救国，陈天华与黄兴都是秘密回国活动的“运动员”。11 月，又传日俄将和平协商，瓜分中国，陈天华焦虑难平，作血书数通，邮回国内，号召国人死战，其给湖南省师范馆的血书为:“分裂在即,各宜死战！”[1] 开明的官员湖南巡抚赵尔巽亦为之感动，亲临各学堂演说，将陈天华血书宣布，并在《湖南官报》刊登。[2]

陈天华认为，救亡图存，必须国人全体奋战，方可避免列强瓜分。为此，1903 年夏秋之际，陈天华撰著《猛回头》及《警世钟》两本小册子。两书痛陈瓜分形势，已迫在眉睫，国人须立即动员，与列强死战；对清政府，陈天华既指其为异族篡居中国，又直斥其为“洋人的朝廷”；但“排外”定要“文明排外”，不可“野蛮排外”，凡列强优点，须一一学习。两书文字浅显，凡稍识字者皆可诵读，而全文慷慨激昂，如歌如泣，读者莫不受其感染。当时人便称，排满革命之宣传，

1　抄本《皮锡瑞日记》，癸卯年十月廿八日，湖南省社会科学院藏。

2　见《俄事警闻》，1904 年 1 月 6 日。

“就中最有功于革命者为四川邹容、湖南之陈天华两人”[1]。所以，两本小册子出版后，陈天华已是名满天下了。

三、新知识人

从陈天华求学和初步参加政治活动的历程，我们可以清楚地看到：（一）陈天华是新一代知识人，他不同于走科举考试专攻儒家经典的旧式士人，是中国第一代现代知识人；（二）这一代知识人是在新政这个背景下成长起来的，新政使陈天华能进入新学堂学习，新政使陈天华能够赴日留学；（三）这一代知识人的主要思想特点是民族主义。

我们以陈天华为个案，介绍晚清时代新知识人的兴起。

前面我们介绍了曾国藩、张之洞、梁启超等人，他们有的虽任政府高官，但都可以视为知识精英的代表。曾国藩、张之洞基本上是由传统向现代转换的精英，但基调是传统的。梁启超可算是一只脚传统一只脚跨入现代门槛的过渡型精英。前面也介绍晚清新绅士或新名流立宪派的成长及其在晚清民初的政治活动，张謇、汤寿潜等是他们的代表。张謇、汤寿潜思想的传统成分可能比梁启超浓厚一些，但基本属一类人物。而晚清民初更加引人注目的是年轻一代新知识人的崛起和成长，他们将成为社会中坚，传统的绅士也即精英阶层将会逐渐没落。新知识人还可以列一个长长的名单：黄兴、宋教仁、邹容、杨毓麟、

1 《神州日报》1908 年 5 月 19 日。

杨度、蔡锷、胡汉民、陈独秀、鲁迅等。这一代新知识人的显著特点有：

第一，他们是在民族危机与清末新政双重背景下成长起来的。

庚子事变使更多中国人明白，我们的的确确面临“数千年未有之变局”，中国真的不能再维持老样子了，中国要改变。从清廷高官到社会精英，大都达成了这一共识。就是在这种背景下，1901 年清政府开始推行新政，主要内容之一是推广新式教育。

正是新学堂的设立和留学运动，产生了一个在晚清和民国初期极为活跃的社会阶层，他们中的代表就是陈天华这样的新学堂学生和留学生。有的学者估计，到清亡之际，新学生的总数当超过三百万人。[1]而中国留学生在日本最多，前后至少万人以上。

就知识结构而言，他们与后来的知识人不同。他们大多曾受过相当不错的传统教育，其中不少人是秀才，如黄兴、宋教仁；少数人甚至取得了举人的功名，如胡汉民、于右任，但总的趋势是研习新的知识和学问。当时一般称为声光电化的自然科学课程，以及西方各国政治、地理、历史，他们已开始系统学习，但大多不够深入，真能读到大学本科毕业的人很少。进入 20 世纪初，在清政府致力新政、列强的侵略咄咄逼人的形势下，他们猛然抛弃了旧科举学问，而从事新知识的学习。他们受传统教育的影响很大，但正在背离传统。

第二，民族主义是他们的基本意识。

随着科举制度的废除，新教育终于战胜了传统教育，新知识人

1　桑兵:《晚清学堂学生与社会变迁》,学林出版社 1995 年版,第 2 页。

也将取代旧式士人。新政和新教育本就是在庚子事变外患的刺激下发轫的，而在晚清最后的十年里，民族危机并没有和缓，尤其俄、日对东北的进逼，反而步步加深，这严酷的环境和形势深深影响了新知识人。

这批新知识人的思想核心和奋斗目标是民族主义，这与传统知识人的追求修齐治平、纲常礼教截然不同。他们的民族主义是双重的：反帝反满。也就是反对帝国主义侵略，希望中国摆脱落后和受欺辱的地位，同时其中一些人进而反对以至试图推翻清朝的统治。[1] 在他们的心目中，推翻了清王朝，由汉族人来领导国家，中国才能够转弱为强。其中一部分人认为，建立共和制国家是中国的唯一选择。

他们大多是二十岁上下的年轻人。人数虽然不多，却是中国最活跃的群体。他们活跃、敏感，容易激动，容易接受新思想和新观念，他们掌握的新知识在中国社会的各种人群中是最多的。

就在 1903 年到 1905 年这几年，他们的思想发生了急剧的变化。

拒俄运动是一场声势浩大而又具有历史转折性的大事件。在拒俄运动中，因为感受到清廷的压迫，也感受清廷的无能，愤怒的学生们日益倾向革命。在留日学生中，在上海学生中，情况都是如此。这说明排满风潮的兴起与反抗列强侵略的斗争有密切的关系。在这以前，

1　应该承认，新知识人中，也有不少人不反对清王朝，他们加入立宪派的行列，有些人甚至到清政府中任职。但是不能否认，他们的主流是民族主义，即反帝反满的双重民族主义。又，反对帝国主义和反满（也即反对现存统治）的关系，是尚未充分研究的问题。笔者认为，反满相当大程度来自反帝。也可以说，反帝强国是所有新知识人的强烈愿望，而反满则是其中大部分人的追求。

学生们大多是主张和平改革的梁启超的信徒，之后，倾向革命的越来越多。

黄兴、陈天华、宋教仁、胡汉民等，基本上都是这时期转向反清革命的新知识人，反帝反满也就是民族主义始终是他们的最主要特征。但他们反帝不同于义和团，故称新民族主义。他们的成长，代表了中国民族主义兴起的一个阶段，他们是中国人民族意识兴起的载体，他们成了革命的主动者。从整个近代中国看，中国人的民族意识，甲午战争以前还处于低级的或萌生的阶段，维新变法和辛亥革命时期是兴起阶段，北伐及国民革命时代为成长阶段，抗日战争时期为高涨阶段。晚清新政及辛亥革命时期，是民族意识兴起的关键。

第三，他们正从社会边缘走向社会中心。

1901 年以后成长起来的新民族主义知识人由新教育而产生，是新政造就的新人。他们是新的社会精英。在 1901 年以前，新知识是不被认同的，在传统知识人看来，西方的知识不是知识，只有中国的传统经典才算知识。因此，1900 年以前具备新知识的人的社会地位大多不高，属于边缘阶层。如孙中山就曾被人误为不识字；严复留学归来，有丰富的西学知识，但写文章时要尽量古奥一些，以便让人觉得他有（传统）学问。但是 1901 年以后清政府全面举办新政，同时社会观念也发生了巨大的变化，新知识人的社会地位空前提高。随着新教育的持续发展，新知识人的数量也在不断增长。而随着科举制度的废除，传统的士人数量会不断地减少，他们赖以高人一等的传统知识也不再那么重要。因此，新知识人即将取代传统绅士阶级，成为新的社会精英。他们正从社会边缘走向中心，但他们暂时还无力主导（领导）社会，在这方面，新绅士（立宪派）比他们更有影响力和号召力。

第四，他们不是资产阶级。

新民族主义知识人不是资产阶级，与实业家们也没有多少联系。把黄兴、陈天华、宋教仁、胡汉民、邹容、杨毓麟、章士钊等活跃的新知识人与上海有影响的企业家祝大椿、朱志尧、虞洽卿、严信厚、孙多森、王一亭、朱葆三、徐润、曾铸、沈缦云等相比，两者缺少共同点。[1]

新知识人走上革命道路，不全是思想意识的原因。他们的反满，与他们自身的处境、利益有一定关系，但不是与资产阶级的共同利益。他们具备了社会精英的学识和能力，但他们大多没有绅士的资格，不能进入上流社会。由于科举制的废除，政府也已不能通过给他们一个可能的仕宦前途的办法笼络他们或使他们为政府所用[2]。另一方面，晚清最后十年新式教育和留学发展极为迅速，但整个经济文化特别是现代经济部分的发展却没有给他们提供更多合适的工作和谋生的岗位。这一切，使新知识人阶层很容易变成反现存体制的力量。

---

1 沈缦云、王一亭在辛亥革命前夕加入同盟会并有所作为，但很难代表这整个阶层的动向。

2 学部、商部等新机构成立后，有部分新知识人进入这些部任职。

我们再看上海。1903 年以后，上海同日本一样，成了革命者的大本营。这是因为，上海是新学堂及新民族主义知识人的聚集之地。上海当然也是新兴实业家集中的地方，而且上海商会也领导了 1905 年的抵制美货运动，但如前所说，显然新兴实业家与新知识人有着非常大的差别，实业家们愿意抵制帝国主义的侵略，但大都不愿意反满，不希望社会动荡，不想看到革命的发生，至少在 1910 年以前也就是国会请愿运动失败以前是这样。他们的政治信念更接近立宪派。换句话说，国内革命活动的中心从广东转移到上海，除了租界提供的可以逃避清政府的迫害（香港也可以）的客观条件外，主要因为上海是新知识人的聚集之地。

四、革命党骨干

1903 年 11 月 4 日，黄兴等在长沙组织反清革命团体华兴会，陈天华是华兴会的重要成员。这年旧历十一月，陈天华回国参加华兴会的活动，他先到江西，再回湖南，深入到基层民众中宣传革命。他在湖南盘亘数月，遭地方官忌恨，只得于次年农历三月再到日本。1904 年春，黄兴等联络湖南哥老会首领马福益，计划当年农历十月十日发动起义。1904 年农历六月，陈天华再次回国，准备参加起义。因消息走漏，官方大肆搜捕，起义未发而败。陈天华只得再东渡日本。

华兴会起义失败后，陈天华一度与主张和平改革的梁启超、徐佛苏等建立联系，希望联合救国。在他的内心深处，为了救国，革命也好，迅速改革也好，都是可以接受的选项。1904年年底，日本报纸传言，在各国商业统计表中，中国领土已不列长城以北，也就是承认长城以北为沙皇俄国范围，说这是瓜分中国的前兆。焦虑不安的陈天华为此撰写并散发《要求救亡意见书》。要求清政府做到七条，其中对外是：

一曰勿以土地割让于外人也，而矿山铁路航权，必竭死力以保之。二曰勿以人民委弃于外人也，而人民之生命产业利权，丝毫不可容外人之侵犯。三曰勿以主权倒授于外人也，而外人之驻兵于内地，以及用人行政之权，尤必力杜其渐。

对内是：

四曰当实行变法。五曰当早定国是。六曰当予地方以自治之权。七曰当许人民以自由著述、言论、集会之权。[1]

陈天华又计划赴北京向清廷请愿，但被黄兴、宋教仁等好友劝止。

1905年7月，孙中山抵日本，他已经注意到在日留学生数量众多，并有很多人倾向革命，因此随即开始组织统一革命团体活动，首先与

1 日本外务省档案馆藏《外务省记录》3—10—5—3—6杂之部，《在本邦清国留学生关系杂纂》第一卷。

黄兴见面。

随后，1905年7月28日，陈天华、宋教仁等又与孙中山在《二十世纪之支那》社见面。孙中山“纵谈现今大势及革命方法，大概不外联络人才一义，言中国现在不必忧各国之瓜分，但忧自己之内讧。此一省欲起事，彼一省亦欲起事，不相联络，各自号召，终必成秦末二十余国之争，元末朱、陈、张、明之乱，此时各国乘而干涉之，则中国必亡无疑矣。故现今之主义，总以互相联络为要”。孙中山主张联合革命志士为一大党，并约30日开会。第二天，华兴会骨干聚集黄兴寓所讨论成立革命团体问题，陈天华支持孙中山组成大党的号召，主张华兴会与孙中山联合，华兴会骨干亦多愿与孙中山联合。[1]后来华兴会员都拥戴孙中山并大都加入同盟会。

1905年7月30日，在东京的中国志士召开革命团体筹备会，陈天华与孙中山、黄兴、宋教仁等七十余人参加，议定团体名为中国同盟会。陈天华与黄兴、汪精卫、马君武等八人被举为章程起草员。8月13日，东京中国留日学生举行欢迎孙中山大会，陈天华记录孙中山演讲内容，并撰写《纪东京留学生欢迎孙君逸仙事》。热情洋溢的陈天华，赞扬孙中山为屡败屡战的“英雄”，又断言孙中山“决不可以本族限之，实为世界之大人物……是吾四万万人之代表也，是中国英雄中之英雄也”，又说孙中山的眼光不止在中国，“欲于全球之政界上、社会上开一新纪元，放一大异彩”。[2]8月20日，同盟会正式成立，

1 均见《宋教仁日记》，湖南人民出版社1980年版，第90—91页。

2 载《民报》第一号。

以《民报》为机关报，陈天华任撰述员。陈天华发挥他的长处，不到半年时间,就撰写多篇文章宣传革命。我们现在还能看到他在《民报》发表的文章，有《狮子吼》《丑哉金邦平》《论中国宜改创民主政体》《中国革命史论》等。

同盟会的成立，意味着黄兴、陈天华、宋教仁等新知识人与革命先行者孙中山的结合，从此革命形势迅速发展。

五、蹈海英雄[1]

同盟会成立后，革命运动迅速发展，而革命党的骨干，又主要是在日本的中国留学生。这使风雨飘摇中的清政府十分恐惧，便一再要求日本政府压制中国学生的革命运动。1905 年 11 月，日本文部省颁布《关于准许清国人入学之公私立学校之规程》，即一般所说之“取缔规则”。“取缔”系日语,大意为管束、监督、管理,不是中文“取缔”之意。留学生既不愿受苛刻规章管束，更担心革命活动受压制，故群起抵制。最初留学生只欲抵制其第九条、第十条，后日渐激烈，提出取消全部“取缔规则”。12 月 6 日，数千中国留学生罢课抗议。最初陈天华并未积极参与反对取缔规则的活动及学生全体罢课，陈天华亦颇受鼓舞。而当时的日本报纸对中国留学生行动颇多攻击，“诋为乌合之众，或嘲或讽，不可言喻。如《朝日新闻》等，则直诋为‘放纵卑劣’，其轻我不遗余地”。中国留学生中，也确有少数人并不认真学

1　此处系借用周恩来的诗句。诗见后面的叙述。

习，而是纵情游乐，因而受人轻视。陈天华既受日本报刊刺激，又为激励学生“坚忍奉公，力学爱国”[1]，1905年12月8日，于东京大森海蹈海自尽。年仅三十岁。

十二年后的1917年，周恩来在赴日本学习时写下“大江歌罢掉头东，邃密群科济世穷。面壁十年图破壁，难酬蹈海亦英雄”[2]的著名诗句，最后一句指的便是陈天华，表达了青年周恩来追随前贤寻找救国真理的抱负。

陈天华之死，各方极为关注，最引人注目的，为湖南公葬陈天华风潮。湖南学界闻天华死讯，即开追悼会，并派人赴日迎回陈天华灵柩。其时恰逢另一位湖南学生姚宏业因创办公学不成愤而自杀，1906年5月23日，陈天华、姚宏业灵柩运抵长沙。同盟会会员、湖南教育会会长、长沙商会会董禹之谟倡议举行公葬。5月29日，长沙各界公葬陈、姚于岳麓山，湖南省官方的学务处担心学生发起风潮，事先出示禁止，结果反倒激起学生公愤，全省学堂停课。[3]公葬时，“学生制服行丧礼，万人整队送之山陵”[4]，“白衣冠会葬者满山”[5]，实为对当局的大示威。

---

1 均见陈天华:《绝命辞》,载刘晴波、彭国兴编《陈天华集》,湖南人民出版社1982年版,第235页。

2 金冲及:《周恩来传》,人民出版社、中央文献出版社1989年版,第22页。

3 1906年6月18日《津报》,第六版。

4 曹亚伯:《禹之谟之死难》,载《禹之谟史料》,湖南人民出版社1981年版,第10页。

5 长沙岳麓山陈天华墓碑,曾继梧撰文,迟云飞抄录。

六、陈天华的民族主义与国家认同

以往的中国近代史研究者，尤其是20世纪的研究者，主要关注陈天华的反帝思想，并作为辛亥革命时期反帝观念的代表。但其实陈天华的民族主义有更丰富、多面向的内容。陈天华是晚清新知识人的代表之一，我们可以从他的思想观察新知识人的国家民族观念以及他们的追求。

1. 我是中国人——国家认同

何为国家？何为民族？这是十分复杂的问题，这里以陈天华（还有宋教仁）为例，分析清末新知识人国家民族观念的产生及其认知特点。

晚清时代，一个极为重要的现象，就是现代国家观念的兴起。“我是中国人，我爱自己的国家”，这在今天是再简单不过的一句话和观念，却是陈天华那一代人也即晚清新知识人开始才真正有的。在陈天华的作品中，“中国”是用得最多的一个关键词，是他情感的寄托，是他愿意效力直至牺牲生命捍卫的对象。国家认同，是陈天华那个时代才有的现象。

在晚清以前，中国人的家、家族以及乡土观念比较发达。家、家族、宗族，是血缘；本乡、本府，是地缘或地域。再往大了说，则是某某一家一姓的朝代。历代贤臣良将，“尽忠报国”忠的是他的朝廷，报的是他那个朝代。诸葛亮为之“鞠躬尽瘁，死而后已”的是蜀汉刘家；岳飞“收拾旧山河，朝天阙”是赵宋家；林则徐“苟利国家生死以”的“国家”，说到底还是大清朝，或大清朝与“中国”不做区分。

另一个角度观察，则有笼统的“天下”的概念。在大清朝，清政府有效统治的地域为“天朝”，天朝周边有藩属，再往外，都是“蛮夷戎狄”，即未开化的地域。乾隆朝英国马戛尔尼使团来华，嘉庆朝阿美士德使团来华，都被视为化外之人来朝拜天朝的“天子”。

梁启超曾说，西方人来到中国以前，中国人有一个“天下”概念，但没有国家的概念，也不知道此国与彼国的区别，当然也不会有主权观念：

> 泰西人之论中国者，辄曰：彼其人无爱国之性质，故其势涣散，其心耎懦……我支那人非无爱国之性质也。其不知爱国者，由不自知其为国也。中国自古一统，环列皆小蛮夷，无有文物，无有政体，不成其为国……吾民之称禹域也，谓之为天下，而不谓之为国。既无国矣，何爱之可云……甲午以前，吾国之士夫，忧国难、谈国事者，几绝焉。自中东一役，我师败绩，割地偿款，创巨痛深，于是慷慨爱国之士渐起，谋保国之策者，所在多有。非今优于昔也，昔者不知其为国，今见败于他国，乃始自知其为国也。[1]

1 梁启超：《爱国论》，载林志钧编《饮冰室合集·文集之三》，中华书局1989年影印本，第65–66页。

是列强的侵略、欺压，是列强逼迫中国签订的众多不平等条约，让中国人有了国家的概念，有了主权的意识，有了民族共同体的意识。而中国人睁开眼睛看世界，看到了世界国家林立，有的国家欺辱别国，有的国家像中国一样被欺辱，而有的更被西方的列强灭亡。1904 年，陈独秀曾谈他从甲午战败到庚子事变后思想的变化：

> 我十年以前……那知道国家是什么东西，和我有什么关系呢？到了甲午年，才听见人说有个什么日本国，把我们打败了。到了庚子年，又有什么英国、俄国、法国、德国、意国、美国、奥国、日本八国的联合军，把中国打败了。此时我才晓得，世界上的人原来是分做一国一国的，此疆彼界，各不相下。我们中国也是世界万国中之一国，我也是中国之一人。一国的盛衰荣辱，全国的人都是一样的消受，我一个人如何能逃脱得出呢……我生长二十多岁，才知道有个国家，才知道国家乃是全国人的大家，才知道人人有应当尽力于这大家的大义。[1]

陈独秀的文章非常准确地说明了新知识人民族主义和国家认同是如何产生的。正是：甲午一败，士人知国。应该说，国家、民族是不同的东西，但确互有关联，而在晚清时期，中国新知识人心中的这些意识是互相联系着成熟的。清末新政以前，新知识人的数量还少，1901 年以后，由于新教育和留学运动，新知识人的数量大大增加，

1 陈独秀：《说国家》，《安徽俗话报》1904 年 6 月 14 日。

而他们，就是现代民族主义的载体。

为什么要抵抗列强的瓜分？从逻辑上说，陈天华和大多晚清新知识人都已经明白我们是一个国，一个有别于西方、日本的国，有别于他们的民族。就像陈独秀国家意识的产生一样，在他们的心中，所有中国人的命运甚至生命都和我们的国、我们民族的命运紧密联系在一起。如果不能保我们的国，那么我们个人也不会有真正的前途和幸福。前面说过，这种意识正是列强的东来及其对中国的冲击和压迫促生的。

每个人的命运都与国家的命运紧紧相连，陈天华指出：

> 国家是人人有份的，万不可丝毫不管，随他怎样的。中国的人最可耻的，是不晓得国家与身家有密切的关系，以为国是国，我是我，国家有难，与我何干？只要我的身家可保，管什么国家好不好？不知身家都在国家之内，国家不保，身家怎么能保呢？[1]

这一代知识人不止有了明确的国家观念，而且认为国家的主体是人民，不是“普天之下莫非王土，率土之滨莫非王臣”，国家是人民的国家，不是皇帝的国家。陈天华这样比喻人民、国家与政府的关系：

1 《警世钟》，刘晴波、彭国兴编《陈天华集》，湖南人民出版社 1982 年版，第 82 页。

> 国家譬如一只船，皇帝是一个舵工，官府是船上的水手，百姓是出资本的东家……倘若舵工水手不能办事，东家一定要把这些舵工水手换了，另用一班人，才是道理，断没有袖手旁观，不管那船的好坏，任那舵工、水手胡乱行驶的道理。既我是这个国的国民，怎么可以不管国家的好歹，任那皇帝、官府胡乱行为呢？皇帝、官府尽心为国，我一定要帮他的忙，皇帝、官府败坏国家，我一定不答应他，这方算做东家的职分。古来的陋儒，不说忠国，只说忠君，那做皇帝的，也就把国度据为他一人的私产，逼那人民忠他一人……这国家断断是公共的产业，断断不是他做皇帝的一家的产业。有人侵占我的国家，即是侵占我的产业；有人盗卖我的国家，即是盗卖我的产业。[1]

也就是说，国民是国家的主人，皇帝也好，官员也好，都是替主人办事的。陈天华关于舵工、水手、东家的比喻，学理的阐释虽然不足，但根本否定了中国传统的君主与人民关系的观点。

他进一步阐述，大家要忠的，是大家的国，而不是君主或某位掌握最高权力之人：

> 以国为主，统君臣民都在内，只言忠国，不言忠君。[2]

1 《警世钟》，《陈天华集》，湖南人民出版社 1982 年版，第 82–83 页。

2 《狮子吼》，《陈天华集》，湖南人民出版社 1982 年版，第 127 页。

他认为，清朝政府不过是我们这个国家一段时期的统治政权，国家常有，但统治者做得不好，完全可以更换。由此，君主统治的合法性、神圣性，都要经受严峻的考验。

1912 年中华民国建立，不但是共和国的建立，也意味着中国名称的确立。这是晚清几十年特别是最后十年国家认同趋势的结局。

2.“中国”认知的复杂性

那么，何为中国？陈天华是如何理解的？现有资料表明，就地域范围来说，陈天华以及当时的新知识人对此的认识是相当矛盾的。

对于清政府官方和立宪派人士来说，中国的范围自然包括了清政府直接统治的范围，内地十八行省，已经改为行省的新疆、东三省（1907 年改为行省），以及西藏、青海、内外蒙古。当然，在清官方人士的眼里，中国就是大清，大清就是中国。而对革命党人来说，中国与大清朝是不同的。有时他们认为清朝只是中国历史上一个朝代而已，大清没了，中国仍存；有的人直指清朝是蛮族征服了华夏。某种意义上，为了中国，可以不要大清。

但是，关于中国的范围，一些革命党人，也就是准备推翻清政府的那些人的表达，又是十分矛盾的。宋教仁清楚地表明中国的范围，就是现今清政府统治的范围，与上面清政府及立宪派的认识完全一致。而有些革命党人，觉得他们要建立的新中国，就是内地十八行省，大致是明朝统治范围，不包括今东三省、蒙古、新疆、西藏等地。所谓“驱除鞑虏”，就是把满族皇帝赶回东三省。

而陈天华的表达也是矛盾的。

在《猛回头》的开篇“地理述略”，其中说十八行省为“中国本部”：“中国是亚细亚洲一个顶大的国，内地有十八省，称为中国本部。”十八省之外，满洲、蒙古、新疆、西藏等地，“于今都是大清国”，并说这些地方“同做了满洲的奴隶”[1]。这样，中国既同于大清国，似又有别于大清国，关键在于如何看满洲，也即清朝的发祥地。多数时候他又把东三省、内外蒙古、新疆、西藏，都算作“大清国”也即中国的一部分，这样，中国又包括了清政府统治的所有土地：

> 列位！你看这个情形，中国还保得住吗？到了今年，俄国就要把东三省实归他有了；法国也要这广西省。中国若准了他两国，这英国少不得就要长江七省，德国少不得就要山东、河南，日本少不得就要福建、浙江。还有那一块是我们的？我想这政府是送土地送熟了的，不久就是拱手奉纳。[2]
>
> 于今俄国占了东三省，请问中国有几块与东三省一样宽的地方？[3]
>
> 俄国占了中国的东三省。[4]

在介绍俄罗斯的时候，陈天华写道：“中国与他连界二万余里，

1 《猛回头·地理述略》，《陈天华集》，湖南人民出版社 1982 年版，第 26 页。
2 《猛回头·猛回头》，《陈天华集》，湖南人民出版社 1982 年版，第 31 页。
3 《警世钟》，1903 年版，《陈天华集》非此版本。
4 《警世钟》，《陈天华集》，湖南人民出版社 1982 年版，第 66 页。

国土有清国二倍之大，但人口只有中国三分之一。”[1] 与沙俄连界二万余里，自然是北方的新疆、蒙古、东三省与俄国的交界，这些地方当然是中国的一部分。

还必须指出的是，与革命运动兴起有密切关系的拒俄运动，就是为了捍卫东三省主权。显然，在组织以及参与运动者看来，东三省自然是中国的一部分。

武昌起义爆发后，孙中山正式总结提出“五族共和”，并为社会广泛接受。[2] 南京临时政府颁布的《中华民国临时约法》第三条规定：“中华民国领土为二十二行省、内外蒙古、西藏、青海。”[3] 可以说是晚清不同理解的最后结论。

3. 中华之始祖：黄帝

维新运动时，康有为等人倡议用孔子纪年，被保守派人士攻击，认为康有为等人不用清朝纪年，意在否定清朝正统，也就是否定大清朝的统治。庚子事变以后，有反清倾向的新知识人几乎不约而同地把黄帝作为汉族的始祖，甚至用黄帝纪年而不用清朝纪年。1903年，上海东大陆图书译印局出版一本宣传革命的文集，书名即《黄帝魂》，该书直署“撰述者黄帝子孙之多数人”，“编辑者黄帝子孙之一个人”（编者实为黄藻），“发行者黄帝子孙之为发行者”，“印刷者黄帝子孙之为发行者”，并用黄帝纪年。书首页刊登黄帝肖像，并题“世

---

1 《猛回头》，《陈天华集》，湖南人民出版社 1982 年版，第 27 页。

2 新的共和国容纳所有族群的想法并非起源于孙中山，但最有影响的表述应该还是孙中山的。

3 当时新疆为行省之一。

界第一之民族主义大伟人黄帝，中国民族开国之始祖”。该书曾一再刊印，影响极大。

陈天华的《猛回头》开篇，就写“黄帝肖像后题”：

> 哭一声我的始祖公公！叫一声我的始祖公公！想当初大刀阔斧，奠定中原，好不威风。到如今，飘残了，好似那雨打梨花，风吹萍叶，莫定西东。[1]
>
> 五千年，俺汉人，开基始祖，名黄帝，自西北，一统中央。[2]

在小说《狮子吼》中，陈天华描述小说中人物梦中见到黄帝，已是神仙一类，“半空之中，一派音乐，云端坐着一神人……只见那神人言道：‘吾乃汉人始祖，轩辕黄帝是也’”[3]。

黄帝只是历史上的一个传说人物，《史记》虽以黄帝开篇，但他的许多事迹都扑朔迷离，不是十分清楚。晚清新知识人把我们先祖披荆斩棘、开创中华最初文明的功绩都加到黄帝身上。显然，黄帝不是一个个人，也不是一个神，而是一个符号，一个民族的符号。如果说康有为的尊孔是文化符号的话，新知识人的尊黄帝则更多具有民族或种族的意义。从尊孔到尊黄，意味着反清革命的兴起。而经过晚清新知识人的阐扬和认同，黄帝就是中国人的人文始祖，是汉族共同历史

1 《猛回头·黄帝肖像后题》，《陈天华集》，湖南人民出版社 1982 年版，第 25 页。

2 《猛回头》，《陈天华集》，湖南人民出版社 1982 年版，第 32 页。

3 《狮子吼》，《陈天华集》，湖南人民出版社 1982 年版，第 101 页。

和文化记忆的象征。从那时起，我们就自称“黄帝子孙”。当然，晚清“尊黄”思潮也表露出一定的大汉族主义趋向[1]，而其主流还是民族意识和国家民族认同的表现。

4. 反对瓜分与“文明排外”

陈天华以及新知识人反列强侵略主要关注哪些方面？以今人的理解，鸦片战争以后列强侵略中国是多方面的，有边疆的蚕食割占，如沙俄强占黑龙江以北、乌苏里江以东、新疆以西大片土地，计有一百五十多万平方公里；如台湾被日本割占；有传统藩属如越南、朝鲜、琉球等的剥离；有今人常说的不平等条约或条款，如协定关税、片面最惠国待遇、领事裁判权；有城市中的租界与沿海租借地；有列强对势力范围的划分，等等。

事实上同为抵制列强，义和团最反对的是传教，庚子年载漪、徐桐、刚毅等最痛恨的是列强干预他们的废立。而与义和团、载漪集团完全不同，主张“文明排外”的陈天华最关注的是瓜分。

他的表达直观形象、语言流畅、充满激情。他描述中国面临被瓜分的形势：

> 俄罗斯，自北方，包我三面；英吉利，假通商，毒计中藏；法兰西，占广州，窥伺黔桂；德意志，胶州领，虎视东方；新日本，取台湾，再图福建；美利坚，也想要，割土分疆。这中国，哪一点，

1　梁景和：《清末“尊黄”思潮与民族主义》，载郑大华、邹小站主编《中国近代史上的民族主义》，社会科学文献出版社2007年版。

我还有分[1]？

陈天华描述了印度、波兰、非洲被瓜分后的惨状。他认为如果中国被瓜分，不会是历史上的改朝换代，或北方落后的少数民族征服，而是“灭种”:“须知这瓜分之祸，不但是亡国罢了，一定还要灭种。”[2]亡国之后，大家“都是那洋人畜圈里的牛羊，锅子里的鱼肉，由他要杀就杀，要煮就煮，不能走动半分……我们同胞的后代，将永远断绝……大好江山，变做了犬羊的世界；神明贵种，沦落为最下的奴才”[3]。所谓“灭种”，按陈天华的理解，是中国人永远被奴役，中国的文化也将灭绝，甚至生物学意义上的种族也可能消失。

那么，如何抵抗侵略，如何对抗瓜分？作为一个落后国家，陈天华的对策是全民动员，那时当然没有“全民动员”或“社会动员”的概念，但陈天华就是此意：

> 洋兵不来便罢，洋兵若来，奉劝各人把胆子放大，全不要怕他。读书的放了笔，耕田的放了犁耙，做生意的放了职事，做手艺的放了器具，齐把刀子磨快，子药上足，同饮一杯血酒，呼的呼，喊的喊，万众直前，杀那洋鬼子，杀投降那洋鬼子的二毛子[4]。

1 《猛回头》，《陈天华集》，湖南人民出版社 1982 年版，第 35–36 页。
2 《警世钟》，《陈天华集》，湖南人民出版社 1982 年版，第 73 页。
3 《警世钟》，《陈天华集》，湖南人民出版社 1982 年版，第 60–61 页。
4 《警世钟》，《陈天华集》，湖南人民出版社 1982 年版，第 71 页。

但是另一方面，陈天华坚决反对盲目排外，与义和团完全不同。陈天华曾多次批评义和团：

> 这义和团心思是很好的，却有几件大大的不好处。不操切实本领，靠着那邪术……兼且不分别好丑，把各国一齐都得罪了，不知各国内也有与我们有仇的，也有与我们无仇的，不分别出来，我们一国那里敌得许多国住！我们……断不能无故挑衅。说到那围攻公使馆，烧毁天主堂，尤为无识。自古道："两国相争，不斩来使。"我无故杀他的使臣，这是使他有话说了……义和团不懂这个道理，所以弄出天大的祸来，把我们中国害得上不上，下不下，义和团真真是我们中国的罪人了！[1]
>
> 断不能无故自己挑衅，学那义和团的举动。[2]

今天看来，义和团是中国民族主义兴起的初级阶段，是中华民族通往现代化过程中的一出悲剧。但是，义和团又意味着中国的普通民众，已经感觉到列强的东来是一件大事，足以影响他们命运的大事，面对这一大事，他们要做些事情；此外，他们也明显感觉到这些漂洋过海来的洋人，与中国人是多么的不同。如果说义和团是初级的、野蛮排外的"民族主义"，那么，陈天华等新知识人是自觉的现代民族

1 《猛回头》，《陈天华集》，湖南人民出版社 1982 年版，第 29—30 页。

2 《警世钟》，《陈天华集》，湖南人民出版社 1982 年版，第 70 页。

主义，陈天华称作“文明排外”。文明排外，不但是反对义和团那种盲动意识，而且对列强的长处，一定要努力学习，要使自己变成文明国家、发达国家。“要拒外人，须要先学外人的长处”，陈天华曾一一列举西人的长处：

> 他们最大的长处，大约是人人有学问（把没有学问的不当人），有公德（待同种却有公德，待外种却全无公德），知爱国（爱自己的国，决不爱他人的国），一切陆军、海军（各国的将官，都在学堂读书二三十年，天文、地理、兵法、武艺无一不精，军人亦很有学问）、政治、工艺，无不美益求美，精益求精。这些事体，中国那一项不应该学呢？……越恨他，越要学他。[1]

陈天华的结论是:“必定用文明排外，不可用野蛮排外。”[2] 何谓野蛮排外？“野蛮排外的办法，全没有规矩宗旨，忽然聚集数千百人，焚毁几座教堂，杀几个教士教民以及游历的洋员、通商的洋商，就算能事尽了；洋兵一到，一哄走了，割地赔款，一概不管。”“若是有爱国的心肠，这野蛮排外，断断不可行的。”[3]

---

1 《警世钟》,《陈天华集》,湖南人民出版社 1982 年版,第 83–84 页。括号内均系原文。

2 《警世钟》,《陈天华集》,湖南人民出版社 1982 年版,第 85 页。

3 《警世钟》,《陈天华集》,湖南人民出版社 1982 年版,第 86 页。

文明排外的办法，平日待各国的人，外面极其平和，所有教堂、教士、商人，尽要保护，内里却刻刻提防他。如他要占我的权利，一丝儿不能（如他要在我的地方修铁路、买矿山，及驻扎洋兵、设立洋官等事，要侵我的权利的，都不许可）。与他开起战来……洋兵以外的洋人，一概不伤他。洋兵若是降了擒了，也不杀害[1]。

不仅要文明排外，陈天华还主张，收回利权之后，可以“吸收外国资本，以开发中国文明，如日本今日之输进之外资可也”[2]。

陈天华的梦，是一个统一的、强大的、再不受列强欺辱的中国。另一方面，陈天华思想中或潜意识里，仍有天朝上国意识。

漫长的古代史上，中国曾是东亚文化、政治、经济的中心，天朝上国意识影响极深。即使是陈天华这样的具有近代意识新知识人，仍要受到历史文化传统的影响。

一朝把国势弄得蒸蒸日上起来，使他一班势利鬼不敢轻视，倒要恭维起来。见了中国的国旗，莫不肃然起敬。中国讲一句话，各国就奉为金科玉律。无论什么国，都要赞叹我中国，畏服我中国，岂非可快到极处吗？[3]

---

1 《警世钟》，《陈天华集》，湖南人民出版社 1982 年版，第 85–86 页。

2 《绝命辞》，《陈天华集》，湖南人民出版社 1982 年版，第 237 页。

3 《警世钟》，《陈天华集》，湖南人民出版社 1982 年版，第 73 页。

这段话的前半段，基本是正常的，是一个正常国家和民族的尊严所应有的，但是后半段就显示了天朝上国意识的影响。

5. 反清革命与和平改革的纠结与徘徊

要救亡，就要反清，这是大多清末民族主义知识人也是陈天华现实政治的取向。陈天华是华兴会的发起者，也是同盟会的发起者。他为何要反清，有三重逻辑。

一是推翻征服者，恢复中华。

晚清许多革命党人认为，清朝入主中原，是异族灭了汉人的国，同盟会的《军政府宣言》就声称："今之满洲，本塞外东胡。昔在明朝，屡为边患。后乘中国多事，长驱入关，灭我中国，据我政府。"[1] 陈天华一再说"那满洲乘着明末的乱，占了我们中国，改号大清国"[2]"俺家中华灭后二百余年一个亡国民是也"[3]。

> 中国从前的亡国，算不得亡国，只算得换朝（夏、商、周、秦、唐、宋、明都是朝号，不是国号，因为是中国的人），自己争斗。只有元朝由蒙古（就是古时的匈奴国），清朝由满洲（就是宋朝时候的金国）打进中国，这中国就算亡过二次。[4]

1 《军政府宣言》，《孙中山全集》第一卷，中华书局 1981 年版，第 296—297 页。

2 《猛回头·地理述略》，《陈天华集》，湖南人民出版社 1982 年版，第 26 页。

3 《猛回头》，《陈天华集》，湖南人民出版社 1982 年版，第 29 页。

4 均见《警世钟》，《陈天华集》，湖南人民出版社 1982 年版，第 73—74 页。括号内为原文。

但是陈天华也意识到，满族人也深深汉化，用我们今天的语言描述，就是满族正逐渐融入中华民族的大家庭中：

蒙古、满洲的人数少得很，只有武力胜过汉人，其余一概当不得汉人，过了几代连武力都没有了，没有一事不将就汉人，名为他做国主，其实已被汉人所化了。[1]

不过在陈天华眼里，清王朝毕竟是征服者，所以要推翻清政府，恢复中华。“这满洲灭了我中国，难道说我们这些人就不想恢复了吗？”[2]“他强占了我们的国，我们自己想恢复起来，是正正堂堂的道理。”[3]

二是恨清廷不肯改革，导致落后挨打。

恨呀！恨呀！恨呀！恨的是满洲政府不早变法。你看洋人这么样强，这么样富，难道生来就是这么样吗？他们都是从近二百年来做出来的。莫讲欧美各国，如今单说那日本国，三十年前，没一事不和中国一样，自从明治初年变法以来，那国势就蒸蒸日上起来了。到了如今，不但没有瓜分之祸，并且还要来瓜分我中国哩！论他的土地人口，不及中国十分之一。他因

1 《猛回头》，《陈天华集》，湖南人民出版社 1982 年版，第 34 页。

2 《猛回头》，《陈天华集》，湖南人民出版社 1982 年版，第 34 页。

3 《猛回头》，《陈天华集》，湖南人民出版社 1982 年版，第 34 页。

为能够变法，尚能如此强雄。倘若中国也和日本一样变起法来，莫说是小小日本不足道，就是那英、俄、美、德各大国恐怕也要推中国做盟主了。可恨满洲政府抱定一个“汉人强，满人亡”的宗旨，死死不肯变法。到了戊戌年才有新机，又把新政推翻，把那些维新的志士杀的杀，逐的逐，只要保全他满人的势力，全不管汉人的死活。[1]

只有推翻清政府才能救中国，这是当时很多革命者的逻辑。

至于清廷的腐败，就更是令人痛恨不已。比如庚子事变，真正是创巨痛深，本该卧薪尝胆、励精图治，但是慈禧太后和光绪帝“自西安回銮，沿途供帐十分充足，竟比那康熙、乾隆朝之南巡盛典更加热闹。自西安到京城，开销经费二千三百余万。重修颐和园，比从前越发华美……正是‘亡家败国君休问，终日笙歌如耳来’”[2]。陈天华所指绝非虚言。据当时任直隶总督的袁世凯的奏报，回銮过程中，仅直隶即耗费白银一百五十一万两[3]。直隶如此，回銮路上，尚经过陕西、河南、山西，还有终点的北京，花费又不知多少！

三是清政府已是“洋人的朝廷”。

陈天华认为，当时的清政府，事事听命列强，已成了列强在中

1 《警世钟》，《陈天华集》，湖南人民出版社 1982 年版，第 61 页。

2 《狮子吼》，《陈天华集》，湖南人民出版社 1982 年版，第 121 页。

3 袁世凯：《报销回銮用款片》，1902 年 6 月，见骆宝善、刘路生主编《袁世凯全集》第十卷，河南大学出版社 2013 年版，第 304 页；《报销回銮支用各款折》，1902 年 7 月，《袁世凯全集》第十卷，河南大学出版社 2013 年版，第 340—342 页。

国利益的代理人，故可称他们叫“洋人的朝廷”：“列位，你道现在的朝廷，仍是满洲的吗？多久是洋人的了。列位！若还不信，请看近来朝廷所做的事，那一件不是奉洋人的号令……朝廷固然是不可违拒，难道说这洋人的朝廷，也不该违拒么？”[1]“列位，你道今日中国还是满洲政府的吗？早已是各国的了！那些财政权、铁道权、用人权，一概拱手送与洋人。”[2]

在这样的逻辑下，要抵御列强侵略，自然要将“洋人的朝廷”一起推翻。“故我们要想拒洋人，只有讲革命独立，不能讲勤王。”[3]

与“文明排外”相类,陈天华还主张“文明革命”:“欲使中国不亡，惟有一刀两断，代满洲执政柄而卵育之。彼若果知天命者，则待之以德川氏可也。满洲民族，许为同等之国民，以现世之文明，断无有仇杀之事。”[4]这里说的是日本最后一位幕府将军德川庆喜，倒幕运动开始后，在形势不利的情况下，德川庆喜退位并奉还大政于天皇，之后德川庆喜得到善待，一直活到1913年。巧的是，武昌起义后，清廷的处境也与幕府相似，于1912年2月12日宣布退位，清帝及皇室享受优待条件。南北协商清帝退位的举措，避免了大规模战争的持续和流血。其中固然有各种各样的因素，但革命党人文明革命的意识也起了重要作用。再往后，中华人民共和国成立，溥仪及满族人民都成为光荣的公民。

1 《猛回头》,《陈天华集》,湖南人民出版社1982年版,第36页。

2 《警世钟》,《陈天华集》,湖南人民出版社1982年版,第76页。

3 《警世钟》,《陈天华集》,湖南人民出版社1982年版,第76页。

4 《绝命辞》,《陈天华集》,湖南人民出版社1982年版,第236页。

另一方面，与一些革命党人不同，陈天华并不完全排斥和平改革。他认为：

从前只有守旧、求新二党，到了晚近，即求新一党又分出许多党来：有主张革命的，有主张勤王的；有主张急进的，有主张和平的……比那从前两大党的争竞，还激烈一些。不晓得都没有平心去想，革命固是要紧，但那勤王的只是一时见不到，久后一定要变。除非是两军阵前，总不可挟持意气，只可将真理慢慢的讲明。今日的时势，急进是万不可无，然没有和平一派，一败之后，遂没有人继起了[1]。

倘若满洲政府从此励精求治，维新变法，破除满汉的意见……我也很愿把从前的意见丢了，身家性命都不要了，同政府抵抗那各国[2]。

为了更大的民族主义目标，可以忍受清朝的统治，如果统治者锐意改革，甚至可以“破除满汉的意见”。说明陈天华的内心，对抗列强侵略才是更重要的。正是在此种心态驱使下，才会有《要求救亡意见书》以及赴北京请愿的策划。这在前面已经介绍，不赘述。

陈天华的思想，很大程度代表了庚子事变以后兴起的新知识人的

1 《猛回头》，《陈天华集》，湖南人民出版社 1982 年版，第 44 页。

2 《警世钟》，《陈天华集》，湖南人民出版社 1982 年版，第 76–77 页。

思想观念，即民族主义是他们思想的核心和最主要的追求，他们是民族主义的主要载体。

宋教仁

划破夜空的政治流星

我们绝大多数人都看过流星。流星划过夜空，虽然短暂，但非常灿烂，它的亮度常常会远远超过其他星星。在中国近代历史上，宋教仁便是一颗流星。在民国初年，只有三十岁的宋教仁带领国民党和中国，进行了一次与中国历史上截然不同的政治试验，也就是民主政治。宋教仁的试验失败了，他自己也付出了生命的代价，就像一颗灿烂的流星划过夜空，令后人赞叹、惋惜。他的一生、他的思想和他的试验，也总是吸引历史学家甚至历史学以外的人士关注、探索、发掘。

与陈天华一样，宋教仁也是新知识人的代表，宋教仁和陈天华又是挚友、同志。宋教仁的活动，有两个最大的特征：第一，与陈天华一样，有极为强烈的爱国情感和民族主义；第二，坚决推进民主政治，直到付出自己的生命。

一、书生革命

宋教仁，号敦初（也作钝初、遯初、遁初），别号渔父。1882 年 4 月 5 日生于湖南省常德府桃源县，据说就是东晋大诗人陶渊明《桃花源记》描写的桃花源的所在地。

宋氏是个大家族。据宋教仁家族所编的《宋氏族谱》，宋教仁的祖先原居江西，明嘉靖年间迁居湖南桃源，到宋教仁已经是第十五代。

宋家迁到桃源后，勤勉经营，家庭渐趋富裕，人口也迅速增加，并留下了一个读书习文的传统。

宋氏家族自己办有宋氏家塾，宋教仁六岁就入塾读书。1899年，十七岁的宋教仁入桃源县城漳江书院学习，这是该县的最高学府。在此之前，发生了甲午战争和维新运动。甲午战败大大震动了湖南知识人，湘军出征后本来保守的湖南一下子变得开放，所以维新运动中，湖南是最活跃的一省。在湖南巡抚陈宝箴和几位有新思想的官员以及湖南当地绅士的倡导下，省城长沙办起了时务学堂、南学会，还有报纸、新式企业等，管辖桃源的常德府城也设立了明达学会。宋教仁入漳江书院的时候，维新运动已经失败，但是新思潮的影响不会完全消失。宋教仁本不喜科举考试的八股文，他原来就对地理、历史有非常浓厚的兴趣，这时得到了进一步的发展。宋教仁被刺去世后，他的老师瞿方梅回忆他当时“专力地理，上下沿革，尤所注意，形势塞阨”[1]。

在漳江书院期间，有一次老师也是山长（类似今天的校长）的黄彝寿先生从长沙运一船书到桃源，途中不小心弄湿了书，黄先生请了几个学生帮助晒捡，其中就有宋教仁。宋教仁边晒书边看书，工作一完，就马上请教黄先生书中的疑义，可见宋教仁对读书的执着。

1903年，宋教仁考入湖北武昌文普通中学堂学习。这所新学堂是湖广总督张之洞创办的，湖广总督兼管湖北湖南两省，所以文普通中学堂也招湖南学生。武汉号称“九省通衢”，经济文化发达，城市繁荣，晚清时仅次于上海。在武昌，宋教仁不仅开阔了眼界，思想也

1 《民立报》1913年4月28日瞿方梅祭宋教仁文。

发生了重大变化，那就是由对清政府的统治不满转为决心革命。就在这一年，由于沙俄拒绝按期撤出其强占中国东北的军队，中国以学生和教师为主开展了拒俄运动，而学生们在这次运动中迅速转向革命。宣传革命的邹容的《革命军》和陈天华的《猛回头》已在新学堂学生中流传。武汉地区也有革命者活动，性情活跃、善于交际的宋教仁很快参加了革命活动。

1903年8月，在日本留学的黄兴回国发动革命，由于黄兴曾在武昌两湖书院读书，所以他先到武昌。黄兴一面公开抨击清政府的统治，散发《革命军》和《猛回头》，一面暗中联络志同道合的朋友。黄、宋二人一见如故，从此成为生死不渝的挚友。随后，他们和一帮年轻同志在长沙组织了革命团体——华兴会。华兴会外，宋教仁还参加了1904年成立的湖北革命团体科学补习所，并且也是其中的骨干。

华兴会计划乘1904年农历十月十日慈禧太后七十大寿之机发动起义，但还没有发动就被清政府侦破，当局大肆搜捕，宋教仁只好亡命日本。在日本，他很快利用这意外的机会成为留学生的一员。在补习一段日语之后，他先到日本法政大学为中国留学生专办的法政速成科学习，后来又入早稻田大学留学生部预科学习。但因为严重的神经衰弱，没能升入早稻田大学本科。1907年以后，没有看到他再入学校的记录，但他一直坚持自学。他翻译的《比较财政学》是一本长达六十多万字的专著，作者为日本小林丑三郎博士。翻译如此篇幅的著作需要时间，更需要相应的知识和功力。宋教仁还撰著《间岛问题》。此外，他留下了一部从1904年10月华兴会起义失败到1907年4月的日记，记述了他读书、交友以及革命活动的经历，既是个人活动的记录，也是珍贵的史料，比如同盟会成立日期，幸亏有他的日记才能完全确定。

刻苦读书的同时，宋教仁念念不忘的还是革命。1905 年，宋教仁与朋友创办了《二十世纪之支那》杂志，宣传革命。在此以前，留日学生创办的杂志多以省命名，如《江苏》《浙江潮》《湖北学生界》等。宋教仁用“二十世纪之支那”的名字[1]，一方面有联合全国志士的意图，一方面也是其民族意识的体现。

1905 年 7 月，孙中山到日本，由支持中国革命的日本友人宫崎寅藏介绍，黄兴、陈天华、宋教仁等人先后与孙中山见面。他们决定成立一个统一的革命团体。1905 年 8 月 13 日，东京中国留学生召开欢迎孙中山大会，盛况空前，从组织开会到主持会议，都是宋教仁一手操办的。1905 年 8 月 20 日，同盟会正式成立，宋教仁被推举为司法部检事长。从此，宋教仁又从华兴会骨干成为同盟会的骨干。

这就是一个书生成为革命家的简单历程。

同盟会的骨干，也多为书生。

宋教仁出生于书香之家，幼入家塾，长入书院，在清末新政时期又入文普通中学堂。流亡日本后，还是一边读书，一边革命。他一生酷爱读书，有浓厚的书生气。如果不是生在那个严酷的时代，他可能以著书、教读终老。可以说，是中华民族面临的危机，把他从平静的书斋逼上了风云险恶的政治舞台。书生革命，是辛亥革命那个时代的

1　那时的“支那”，还没有贬低或污蔑中国的意思，有些不承认清政府统治的革命者，还自称“支那人”。

特点，我们看当时的主要革命家，孙中山、黄兴、章太炎、蔡元培、陈天华、胡汉民、于右任等，皆为书生、学者。古昔的造反者陈胜、吴广、刘邦、张角、黄巢、朱元璋、李自成等，大多为农民、小吏、宗教领袖，或为游民、流寇、兵勇，所谓乱世英雄起四方。辛亥那一代革命家与此截然不同，他们是书生革命。而这些书生，又基本是清末新政中成长起来的新知识人。

作为书生，宋教仁有自己的特点。孙中山学医出身，对自然科学曾系统学习，对西方的情况和各种政治经济理论有比较广泛的了解；黄兴诗词堪称一绝，比专门诗人毫不逊色；章太炎为学术大家，一代宗师。而宋教仁在学术和读书思考上，以下几个方面比较突出：

一是边疆史地研究。宋教仁自幼及壮，一直对边疆史地感兴趣。《间岛问题》是宋教仁研究边疆史地的代表作。与前辈边疆史地学者不同的是，《间岛问题》除了引用丰富的中文资料外，还引用了很多日韩两国资料，并运用了国际法、语音学等多方面的知识，既显示了他的学术功力，也体现了新一代学人的特色。从各种情况看，他对东北、西北、西南边疆史地都相当了解，可谓继承了嘉庆、道光年间研究边疆史地的经世学者的事业。

二是对王阳明学说的研究，宋教仁阅读哲学、心理学以及励志的名人名言之类的著作。章太炎在日本开设国学讲座，曾拟请宋教仁讲授王阳明，宋教仁虽未敢承担，但由此可知宋教仁的学问在章太炎心中的分量。

三是宪政制度的研究。这一点后面再详细讲。

此外，他还研究财政学，翻译的《比较财政学》一书在中国至少印过四次，可见其影响。

说这些特点，读者可能印象未必深刻，但我们只要稍作比较，就可看出宋教仁的兴趣所在。与宋教仁同龄又同为湖南人的蔡锷，到日本后，请其师梁启超安排进军校学习，并发誓做优秀军人。宋教仁的挚友、同志兼兄长黄兴，虽也书生出身，但对军事抱有浓厚兴趣，同盟会发动的历次起义，黄兴几乎每次都亲临指挥，后来南京临时政府成立，黄兴担任陆军部总长。也是湖南人，比宋教仁小一岁的范旭东毕业于日本京都帝国大学化工专业，后来成为中国化学工业的奠基人之一。范旭东之兄范源濂，是较早的留日学生，回国后一生致力教育，是一位贡献卓著的教育家。宋教仁到日本后，虽为革命活动曾一度报名体育会学习兵操，但没有坚持多久，显示宋教仁对军事实无大兴趣。

因为是书生，有时不免多愁善感，又曾一度患严重神经衰弱。笔者年轻时阅读宋教仁的日记曾很不理解：作为一个革命家，其性格似乎应该坚毅刚强，不应该有这种事，否则不会冒着杀头甚至灭族的危险去干革命。但作为书生，却完全可以理解。

书生从政，也与官僚政客不同。政客可以左右逢源，不问是非；官僚则富于经验，善弄手段。但这两种人都缺少远见和理想，难以把国家引向进步。书生则只凭自己的良心和理想去做，不计成败利钝，不问得失；不会玩弄手段，只问是非曲直。我们看民国元年孙中山和黄兴入京时，几乎被袁世凯玩弄于股掌之中，是孙、黄二人愚蠢吗？显然不是，其原因就在于孙、黄二人的本色是书生，袁世凯的本色是官僚。书生单纯，官僚狡黠。

二、强烈的民族主义

提到晚清的民族主义，只要稍有历史知识的，都会知道陈天华。但是说起宋教仁，人们多是知道他改组同盟会为国民党，以及为民主政治的实现与袁世凯的冲突和斗争，往往忽略了宋教仁的另一面，即他有强烈的民族主义，也可以叫爱国精神。这也可以理解：为宪法流血的光芒掩盖了宋教仁其他方面的追求和思想。因此，笔者要强调：国家的统一和强盛，摆脱列强的欺辱，或民族主义的目标，是贯穿宋教仁一生的不懈追求。

宋教仁展开革命活动的背景，就是新政和严酷的民族危机，而他自己，就属于晚清新政中产生的新知识人，这一代人的基本特质就是民族主义。宋教仁与陈天华既是革命同志，又是湖南同乡、挚友，他们的思想、情趣有很多共同的地方。陈天华的早逝使宋教仁十分悲伤，他写了《陈星台先生〈绝命书〉跋》和《烈士陈星台小传》发表在《民报》上。陈天华死后一个月，宋教仁酒中想起好友，还“倒卧于席上，仰天歌陈星台《猛回头》曲，一时百感交集，歌已，不觉凄然泪下，几失声”[1]。《猛回头》曲子词几乎贯穿《猛回头》始终，其中歌颂中华先民筚路蓝缕创建文明：“我中华，原是个，有名大国……五千年，我

1 《宋教仁日记》1906 年 1 月 4 日，湖南人民出版社 1980 年版，第 114 页。

汉人，开基始祖，名黄帝，自西北，一统中央。”[1] 历数中国面临的危险“怕只怕，做印度，广土不保；怕只怕，做安南，中兴无望。怕只怕，做波兰，飘零异域；怕只怕，做犹太，没有家乡！”[2] 宋教仁酒中借《猛回头》曲表达他内心的痛，并能背诵，说明他们思想共鸣的程度。

陈天华死后，宋教仁发扬了他的民族思想。当然他们各有自己的特点，如果说激情澎湃的《警世钟》《猛回头》是适合大众阅读的较为通俗的宣传品，那么宋教仁的作品特别是 1908 年以后的反帝反侵略宣传，则多理论上的分析。

与陈天华一样，宋教仁以及他这一代人，有了较为成熟的国家、民族意识。

从鸦片战争直到甲午战争，中国传统读书人大多是麻木的，而 1901 年以后新知识人的敏锐、敏感，与以前的读书人成了鲜明的对照。在宋教仁等晚清新知识人的心目中，国家、民族，具有和个人生命同样的重要性，甚至超越了自己的生命。古代中国人不乏舍生取义、杀身成仁的观念，到晚清，就变成为了国家可以舍弃自己生命的理想和观念。他们不能容忍任何列强对中国主权和领土完整的破坏行为，容不得任何列强对中国民族尊严的践踏和对中国的欺凌。

强烈的感情促使宋教仁努力维护民族的尊严。

1905 年 7 月 9 日，宋教仁与朋友去看电影，当他们购票将入场的时候，忽闻人声鼎沸，原来是电影院上演丑化中国女性的影片，令

1 《猛回头》，载刘晴波、彭国兴编《陈天华集》，湖南人民出版社 1982 年版，第 31–38 页。

2 《猛回头》，载刘晴波、彭国兴编《陈天华集》，湖南人民出版社 1982 年版，第 31–38 页。

中国留学生们大哗，群起散去。宋教仁本来也想走，但是他想大家都走了，电影院里还是会放映丑化中国人的影片，因此，他和朋友站在电影院门口，凡有中国人来看电影，都说明缘故，请中国人莫入。随后，又写了一个长长的字条张贴于门口，让来的中国人人人皆知。电影院的老板不许，无论是花言巧语还是强硬威胁，宋教仁等不为所动。最后终于将字条贴好。宋教仁虽然不能禁止电影院放映侮辱中国的电影，但劝止中国留学生观看也是一种严正的抗议。宋教仁的感触是当时留学生心态的真实写照。

鲁迅也有类似的经历。鲁迅少年时父亲亡故，因此到日本留学时便选择了西医，希望将来能够救治父亲那样的病人。但是，一次他看到电影描写日俄战争中据说是做俄军侦探的中国人被日军砍头示众，而周围却是麻木的看热闹的中国人。鲁迅感到，“凡是愚弱的国民，即使体格如何健全，如何茁壮，也只能做毫无意义的示众的材料和看客”[1]。尽管以后鲁迅还是摸索了很长的时间，但是这件事给他的刺激极其深刻，以致多年以后他还清楚记得。鲁迅之所以走上文学道路，就是希望唤起麻木的中国人，可以说和陈天华号召全民动员抵抗瓜分的作品立意相近。

为了张扬民族精神，宋教仁写了《汉族侵略史》，这是他第一篇公开发表的文章。文中罗列自黄帝至朱明以武力开疆拓土的事迹，他的描述虽然未必合乎历史事实，但生动地反映了一代人振兴中华的迫切愿望。他称颂中华民族“集合四百五十余兆神明聪强之血族，盘踞

1　鲁迅:《呐喊·自序》,《呐喊》单行本卷首,人民文学出版社 1998 年版。

四百六十余万方哩肥美膏腴之地壳，操用五千余年单纯孤立之语言，流传一万四千余形完富美备之文字……不独于亚细亚系统人民占第一等位置，即于世界亦在最优之列”。他鼓动中国人的尚武精神，说“二十世纪之中国，将赖汝为还魂返魄之国，迎汝为自由独立之尊神，汝老者壮者少者幼者，其勉乎哉”[1]。

对黄帝的认同，宋教仁也几乎与陈天华一样。1905年1月26日，宋教仁偶然看到陈天华的小册子《警世钟》上印有黄帝肖像，宋教仁立即取一册，准备把黄帝肖像印在《二十世纪之支那》第一期的首页。同时在背面题辞："呜呼！起昆仑之顶兮，繁殖于黄河之浒。藉大刀与阔斧兮，以奠定乎九有。使吾世世子孙有啖饭之所兮，皆赖帝之栉风而沐雨。嗟我四万万同胞兮，尚无数典而忘其祖。”末尾署名“第十姓子孙之一个人宋教仁敬题”。宋教仁又主张用黄帝纪年，并把中国纪年之始定在黄帝即位元年。宋教仁对纪年问题非常重视，他计划撰写长文《新中国纪年》，又与《国粹学报》编辑、学者诗人黄节书信讨论考证黄帝即位为哪一年的问题。[2] 对黄帝的重视，用黄帝纪年，一方面是民族国家认同，一方面是对清朝统治的坚决否定。

与陈天华特别关注、警惕列强对中国的瓜分略有区别，宋教仁更关注列强对中国边疆的蚕食。当然，这也可能与他对边疆史地的强烈兴趣有关。宋教仁尤其警惕日本和沙俄对中国的侵略。他揭露沙俄“惯

1 陈旭麓主编：《宋教仁集》，中华书局1981年版，第2–6页。

2 《宋教仁日记》，湖南人民出版社1980年版，第73–74页。

以贪狠狡狯之手段侵占人土地”[1]，尤其关注沙俄在新疆和外蒙的侵略动向。

新兴的日本野心勃勃，包括宋教仁在内的不少留日学生率先注意到日本的侵略动向。

1907 年，宋教仁冒险深入东北，本想在清廷发源之地发动起义，以置清廷之死命。起义虽然不成，宋教仁却意外发现了日本向中国东北极力渗透的情况，尤其是企图侵吞“间岛”（现吉林省延吉市境内）的阴谋。为了捍卫国家的领土，宋教仁放下其他工作，深入各图书馆查找资料，以六万多字的长篇《间岛问题》，证实所谓“间岛”完全是中国领土。书成之后，有日本人企图高价购买，使其不能流传，宋教仁坚决拒绝。他一面设法将《间岛问题》交给清政府作为交涉的参考，一面将书公开印行，让世人皆知此地为中国领土。《间岛问题》确实在交涉中发挥了作用，当时主持清政府外务部的袁世凯命驻日公使送给宋教仁酬金两千元。宋教仁的挚友于右任后来回忆说，宋教仁最初不肯接受酬金，驻日公使一定要给他，宋教仁随即将这些钱给了经济比较困难的中国留日学生，而且说：“吾著此书，为中国一块土，非为个人之赚几文钱也。”[2]

在近代中国，民族主义目标与民主的追求时常会发生冲突和矛盾。但在宋教仁那里，却能得到很好的统一。宋教仁坚信，民主政治是所有国家都要实行的制度，是世界的潮流，中国也必须走这条道路。而

1 《西方第二之满洲问题》，《宋教仁集》，中华书局 1981 年版，第 15 页。

2 骚心：《宋先生遗事》，载徐血儿等编《宋渔父》，上海《民立报》馆 1913 年印行。

通过这条道路，中国能够实现国家强盛和民族复兴。

三、策划中部革命

华兴会成立的时候，宋教仁就是骨干，甚至有人回忆说他是副会长，其实华兴会没有副会长，之所以有这种回忆，还是因为宋教仁在华兴会的影响。宋教仁很善于交际，他与各色人都有联系，因此，到日本不久，他就有了相当大的知名度，再加上《二十世纪之支那》的创办，他有了相当的影响。同盟会成立时，宋教仁是发起人和骨干。组织留学生欢迎孙中山大会的时候，宋教仁到日本只有八个月，可见他的组织和活动能力之强。

同盟会成立以后，宋教仁一手创办的《二十世纪之支那》成为同盟会的机关报，后来改名《民报》。《民报》的编辑最初是胡汉民，宋教仁担任《民报》的庶务，就是社长兼发行的工作。同时也为《民报》撰稿。

当时，由于日本政府不许孙中山在日本停留，黄兴也经常不在日本，所以同盟会本部的事务比较多地由宋教仁负责，并一度担任执行部庶务，这个职务类似总干事，负责处理同盟会的日常事务。

“革命三策”的提出

同盟会成立后，一面创刊《民报》进行宣传，一面努力扩大组织，但是主要力量特别是作为同盟会核心的孙中山、黄兴二人的主要精力是放在发动起义上，而起义地点又基本上是采用孙中山的意见，因而同盟会发动的历次起义基本上集中在以广东为中心的南部省份。这种方案最初得到了其他革命党人的赞同。但这些起义无一例外地都失败了。究其原因，都是在缺乏周密的部署和准备的情况下发动的，可以说都是单纯的军事冒险。

开始，宋教仁对这一战略并没有意见，同盟会成立时，他只有二十三岁，太年轻，缺少革命经验。但是随着年龄的增长，随着思考的深入和多次起义的失败，宋教仁提出了新的战略。1910 年前后，宋教仁在同盟会的会议上阐述了"革命三策"："上策为中央革命，联络北方军队，以东三省为后援，一举而占北京，然后号令全国……此策之最善者也；中策在长江流域各省同时大举，设立政府，然后北伐，此策之次者也；下策在边隅之地，设秘密机关于外国领地，进据边隅，以为根据，然后徐图进取，其地则或东三省、或云南、或两广，此策之又次者也。"宋教仁的革命党同志们多认为"上策运动稍难，下策已行之而败，且足引起干涉，酿分裂之祸，故决采用中策"[1]。所谓中策，就是在长江流域准备起义。按照宋教仁的想法，是不再做单纯的军事冒险，不再随便发动起义，一定要周密准备，要一省起义，其他省迅速响应，一举推翻清政府，让战争在最短的时间内结束。

1910 年年底，宋教仁离日本回国准备筹集革命经费，恰好于右任刚刚创办《民立报》，宋、于二人一见如故，于右任便请宋教仁留下来担任《民立报》主笔（撰稿人），宋教仁便在上海租界住了下来。

1911 年，同盟会又一次在广州发动起义，就是大家所熟知的黄

1　徐血儿：《宋先生教仁传略》，载《宋渔父》，上海《民立报》馆 1913 年印行。

花岗起义，这次起义集中了革命党的很多精英，然而还是失败了，牺牲极为惨重。有些革命党人对前途失望，不再做艰苦细致的革命工作，而是从事暗杀，希望牺牲自己，报答死难同志，完成革命使命。汪精卫就是如此，他到北京想暗杀清摄政王载沣，但是暗杀没有成功，自己反倒被捕入狱。在这种情况下，宋教仁和在上海的一些革命党人，组织了同盟会中部总会，实施长江革命的计划。同盟会中部总会在长江各省都设了负责人或联络人，进行革命的发动工作。他们希望湖南或者湖北率先发动起义，无论哪一省先动，另一省必须迅速响应，随后各省响应。1911 年 10 月 10 日武昌起义，湖南十二天后响应，是按宋教仁的设想进行的。但是宋教仁后来认为，准备还是不够周密，没有全国所有地区响应，以致政权落到袁世凯手里，是个遗憾。

1911 年中，武昌的革命形势已接近成熟，但武昌的革命组织，主要的并不是同盟会，而是文学社和共进会。这两个革命团体与同盟会有很深的渊源，但并不是同盟会的下属或分支机构，他们承认同盟会是革命的中心，但与同盟会没有直接的领导被领导的关系，甚至两个团体也是平行发展，互不统属。在此情况下，宋教仁的挚友，年过半百的老革命党人，也是中部同盟会发起人的谭人凤风尘仆仆，来往于湖北、湖南等地，联络革命党人。在谭人凤等人的努力下，两个团体在武昌起义前夕达成合作，一起准备起义，并组成了联合机构。但是，两个团体没有一个公认的威望、资格、能力都足够大的人做起义总的领导人，他们心目中最合适的人是黄兴，希望黄兴到武昌直接指挥起义。如果黄兴不能到武昌，他们希望宋教仁能去。当时黄兴在香港，一时难以到达，宋教仁在上海则比较容易。但是宋教仁不相信武昌起义的条件已经成熟，再加上武昌狱中他的好友、桃源同乡革命党人胡瑛来信说武昌还没有准备好，就迟迟没有动身，甚至谭人凤都没劝动。后来武昌革命士兵起义成功了，却没有合适的领导人，于是推举黎元洪做湖北革命军的大都督。黎元洪本是新军军官，驻武汉第二十一混成协的统领，他虽然表现开明，但并没有革命思想，与同盟会也没有任何关系，甚至起义前夕还杀害过革命党人。黎元洪做湖北革命军大都督，给革命前途带来了重要的影响。湖北这个最先爆发起义的地方，反倒脱离革命党的领导，在同盟会—国民党与袁世凯的对抗中，公开支持袁世凯。谭人凤后来还为此批评宋教仁，所谓合九州之铁，不能铸此一错。

这里对同盟会的几位领导人做一个比较。同盟会主要人物，历来有孙黄章宋，或孙黄宋章的说法。

孙中山率先吹起反清的号角，并且经磨历劫、百折不回，最终成为众望所归的革命领袖。黄兴务实，忠厚笃诚，同盟会成立以后的历次起义，多是黄兴直接指挥的，他冲锋陷阵，出生入死，是革命党中卓越的军事领导人，民国初曾有“孙文理想，黄兴实行”的说法。章太炎对传统学问造诣极深，堪称一代宗师。宋教仁虽曾一度研读阳明心学，但终于没有成为思辨家；他虽对边疆史地有独到的研究，但还是没有做学问家；他虽在《民立报》发表了多篇有分量的文章，但宣传家仍不是他最突出的，他最突出的特点是卓越的组织能力，他是一个天才的组织家。

在1905年初的留日学界，宋教仁的资格最浅、学历最低，年龄也不大，并且是刚到日本，可他能把《二十世纪之支那》办起来，并颇有影响，以致成为同盟会的机关报，这件事已初步显示出他的组织能力。

当黄花岗起义惨败，革命党痛失大批精英，许多革命领导人彷徨无计，不知道下一步如何进行时，他与谭人凤等人组织起同盟会中部总会，重新部署在长江流域发难，终于推动了武昌起义的爆发。

中华民国成立以后，旧立宪派与袁世凯结盟，政争中同盟会处于不利地位。宋教仁成功地组织起国民党，并赢得竞选的胜利，表明宋教仁的组织才干已经十分成熟。

宋教仁很善于与各种各样的人交际，他的一部日记，也可以说是与各色人物交往的实录，这可能是他的组织能力的一种条件和基础。孙中山也有很强的组织能力。孙中山有一种独特的人格力量和魅力，不少人在初次见到孙中山，听到他一席话后，便决定终生追随他一道奋斗。但孙中山的特点是：他组织起来的人第一必须服从他的领导，第二要全面接受他的主义和纲领。同盟会成立时，孙中山一再强调和坚持许多人不懂或不理解的平均地权就是例子。宋教仁与孙中山不同，他很善于协调各种意见，只使一个最要紧的目标为大家接受。为了争取各方面的支持，有时他会降低自己的纲领，会做出妥协。如在组织国民党时，他的目标只是一个，近期是赢得选举，组织国民党内阁，长远是巩固共和，为了这个目标，其他的如男女平权、民生主义等理想都可以淡化甚至暂时取消。

四、民主共和思想

如果说宋教仁的民族主义在晚清民初革命党及新知识人中具有代表性的话，那么民主政治思想则是宋教仁思想中极具特色的部分，在晚清及民国初年的政坛及思想界，即使不是独树一帜，也显得非常突出。他为实现此理想而奋斗，直至贡献了自己年轻的生命。

宋教仁的民主政治思想有一个发展过程。参加组织华兴会的时候，他已经接触了一些民主共和的思想和宣传，甚至准备接受，但肯定不够成熟。

到日本后，眼界扩大了，宋教仁有更多的机会接受新思想和新事物。1905 年 2 月，在创办《二十世纪之支那》时，他曾“购得华盛顿肖像一张，将为插入《二十世纪之支那》之用也”，并亲自把肖像送到印刷厂。[1] 在宋教仁的心目中，华盛顿可能是个意义深刻的双重英雄：既是反英独立战争的伟大的领导者，又是美国民主共和制度的奠基者和开创者。这双重意义上的英雄，是许多中国革命党人学习的榜样。

1905 年同盟会成立，并以“驱除鞑虏，恢复中华，创立民国，平均地权”十六字作为纲领，是宋教仁完全接受民主共和的标志，因为他自己就是同盟会的发起者之一。当然，这当中会有孙中山的影响。“建立民国”，或孙中山后来解释的“民权主义”，是同盟会的纲领之一，

1 《宋教仁日记》1905 年 2 月 6 日，湖南人民出版社 1980 年版，第 35 页。后出版的《二十世纪之支那》未见此肖像。

但很多人当时对共和、民主、民权这些东西并没有多少了解。而宋教仁是个特例，他曾对宪政、民主、各国宪法做过不少研究，终生主张实行民主宪政。

日俄战争后，立宪运动兴起，清政府也逐步推进预备立宪。而宋教仁对宪法宪政问题更加关注。

在同盟会成立前后所作的《清太后之宪政谈》一文中，宋教仁已娴熟地运用西方民主政治原理批评清政府的立宪活动。如"立宪国民，其义务必平等，其最普通者，则纳国税是也"；"立宪国民，其权利必平等，其最普通者，则人人有被选举之权利是也"；"立宪国民，有监督财政之权"[1]。这以后，宋教仁翻译过日本、英国、俄国、美国、奥匈、德国等国的宪法和政治制度资料。我们有理由相信，1908年到1910年，宋教仁的民主共和思想甚至未来共和国的具体方案已经成熟。

宋教仁的民主政治思想有下面几个要点：

1. 必须实行民主政治，保证人民的参政权与自由权

为什么实行宪政？按照西方思想家的观念，一是防止滥用权力，以保证人民自由。三权分立就是为制约权力而设计出来的。一是保证人民的参政权（主权在民，政府的权力系由主权者委托）。

不信任政府是近代以来西方人根深蒂固的观念，因为政府是由人组成的，而人是有缺陷的，如果不对政府的权力进行限制，政府就有可能滥用权力，危害人民的自由。而中国人传统的观念则一般认为政府（君主）是好的，是代表天来统治的。有时候政府不好，不是君主

1 《宋教仁集》上册，中华书局1981年版，第16–18页。

不好，而是因为大臣不好，蒙蔽了君主。因此，君主的权力用不着进行限制。又由于中国长期的人治传统，更不会制定具体的条文，对政府的权力做出规范。无论是给政府什么权力，还是不给政府什么权力，都没有个规章（宪法）做个规范。所以中国历史上有许多奇怪的现象，就是当君主大权在握的时候，它可以为所欲为；但是当大权旁落的时候，君主可能像个阶下囚，甚至不如阶下囚，光绪帝就是如此。

中国多数人的宪政理念与欧洲、美国很不一样。前面说过，立宪运动的高涨是在 1904 年至 1905 年日俄战争之后。当时的日本形式上有了宪法，有了内阁，实行了所谓立宪，俄国却没有。中国许多人就认为，小小日本之所以能战胜强俄，就是因为日本实行了立宪政治，是立宪战胜专制。所以，主张立宪的人士多把宪政与强国御侮联系起来，认为实行君主立宪就可以强国，把宪政当成一种工具。换句话说，如果别的办法能强国，就可以不要宪政制度。

把宪政当成强国的工具，是完全可以理解的。因为近代中国最紧迫的任务，就是强国御侮，中国人必须找到能够迅速强国的办法。自强新政的“师夷长技”，维新运动的改革政治体制，直到清末新政的较全面仿效西方，其目的都是强国。

比较而言，宋教仁最独特的是把实现宪政和民主看成是人类社会的发展方向，而不是带强国等功利性的目的，他不像立宪派人士那样看重立宪与救亡的关系。在他看来，共和立宪本来就该实行，民主本身就是目的。这在清末民初思想界中是独特的，即使在革命党人中也是少有的。

1913年3月宋教仁被刺后，生命之火将熄，他在致袁世凯的电文中仍念念不忘宪政：

> 今国基未固，民福不增，遽尔撒手，死有余恨。伏冀大总统开诚心，布公道，竭力保障民权，俾国会得确定不拔之宪法，则虽死之日，犹生之年。[1]

由此可见宋教仁对宪政的执着。在宋教仁的理念中，民主宪政是必须实行的。不仅如此，宋教仁认为，必须用宪政保证人民的自由和参政权。

对保证人民自由，宋教仁曾做过不少论述。在1911年7月发表的《希望立宪者其失望矣》中，他反问清政府是否保证了"臣民言论、著作、出版、集会、结社"的自由，是否遵守"臣民非按照法律不加以逮捕监禁处罚"和"臣民之财产居住无故不加侵扰"的规定[2]。宋教仁起草的同盟会中部总会章程中，规定"会员得于法律范围内，保持身体、财产、职业、居住、信仰之自由"，同盟会中部总会章程不是宪法，写进这些规定也许有些不伦不类，但它显示了宋教仁对这一问题的重视。而后，在宋教仁起草的《中华民国鄂州临时约法草案》和《中华民国临时组织法草案》中，都规定了人民的言论、著作刊行、集会结社、通讯、信教、居住迁徙、保有财产等自由权利，并且为南京临

1 原载《民立报》，见《宋教仁集》下册，中华书局1981年版，第496页。

2 《宋教仁集》上册，中华书局1981年版，第254页。

时政府颁布的《临时约法》所继承。

宋教仁更重视西方思想家所说的宪政的第二个目的，即人民的参政权。

传统的专制政治，无所谓人民的参政权。孔子说："民可使由之，不可使知之。"用现代语言诠释，就是说，老百姓只要让他们听话就行了，甚至让他们知道国事都不必要，更不用说什么参政权了。中国历代统治者正是这样做的。另外，中国传统缺少主权的观念，如果说有的话，那就是"普天之下，莫非王土；率土之滨，莫非王臣"。就是说，国家的主权在于君。君既是国家的象征，同时又拥有生杀予夺的所有权力。这种观念在清末受到了挑战。而在共和主义的信奉者那里完全翻了过来。

宋教仁认为，人民是国家的主体，是主人翁，也就是《临时约法》上表述的"主权在民"的思想。人民既是国家的主体，那么必须保证人民的参政权，这既是人民的权利，也是责任。宋教仁多次表达过这一观点。他说："国民为国家政治之主体，运用政治之作用，此共和之真谛也。故国民既为国家之主体，则即宜整理政治上之作用，天赋人权，无可避也。"[1]就是说，国民不但是国家的主体，还要发挥政治上的作用，这是公民生来就有的权利。

在《国民党宣言》中，他写道："共和立宪国者，法律上国家之主权，在国民全体，事实上统治国家之机关，均由国民之意思构成之。国民为国家之主人翁，固不得不起而负此维持国家之责，间接以维持国民

1 《国民党沪交通部欢迎会演说辞》，《宋教仁集》下册，中华书局1981年版，第459页。

自身之安宁幸福也。”在这一点上，君主专制国和共和立宪国有根本的不同，在君主专制国，“左右统治权力者，常为阀族，为官僚”，在共和立宪国，左右统治权力的，则是多数国民。[1]

观察宋教仁对同为君主国的日本和英国的评论，也可以了解宋教仁的政治理念。对一般中国人来说，日本与英国都是君主制的强国，尤其日本还是由弱国迅速发展为强国，值得中国效仿。但宋教仁不这样看，从自己对宪政的理解出发，宋教仁对当时日本的政治多所批评。如在对 1911 年 8 月日本内阁更迭的评论中，宋教仁指出，立宪政治以代表国民公意为准则，但是日本的行政大权，总是控制在对倒幕维新有功的藩阀武人手中，成为藩阀政治，不是行国民公意的政治，因此，日本政治不是真正的立宪政治，日本充其量只能算半立宪国[2]。相反，宋教仁对英国政治及国会变动则赞誉备至。1911 年 8 月，英国议会通过“国会议案”，该项法案大大削弱上院（贵族院）的权力，是英国政治制度史上的重要事件。不过二十天，宋教仁就在《民立报》上发表了《英国之国会革命》的评论。宋教仁认为，“贵族者，国家之特别少数阶级，以少数阶级而统揽统治权，其不符于民主的精神，莫此为甚”。而英国国会法案的通过，反映了历史发展潮流，即贵族阶级无可挽回的衰落，民主政治则更广泛地普及。宋教仁指出，“英国国体号为君主制，而其实际则兼有民主的精神”，经过此次“国会革命”，

1 《宋教仁集》下册，中华书局 1981 年版，第 747 页。

2 《日本内阁更迭感言》，《宋教仁集》上册，中华书局 1981 年版，第 305—307 页。

英国与民主国体实已无大差异[1]。从对日本的批评和对英国的赞誉中，可以看到在宋教仁的心里，宪政的真正精神是保证人民参政权、保证对统治者（无论君主还是贵族）权力的限制，君主还是共和倒还在其次。

2. 议会与政党

民主政治，应该有具体的操作和形式。宋教仁非常重视具体的操作和形式。

在宋教仁看来，虽然人民都有参政权，但是人类的思想、知识、能力并不相等，有寻常一般的，有优秀特出的。所以，在事实上，就要由这些少数的、优秀特出的人集合为政党，以领导全部国民；而在法律上，则由此少数优秀特出者组织为议会与政府，以代表全部国民。[2]

宋教仁认定，"共和之制，国民为国主体"[3]。但是，人民如何来行使主权或参政权呢？宋教仁认为，这主要靠议会。议会不但拥有立法权等广泛权力，还是防范专制独裁的重要阵地。在晚清民初的革命党人中，宋教仁最重视议会的作用。

宋教仁认为："世界上的民主国家，政治的权威是集中于国会的。"[4]在他起草的《中华民国鄂州临时约法草案》和《中华民国临时组织法草案》中，都规定了议会的选举办法、议会的权限等内容。如后者规定参议院有议定法律案、预算案、条约及国库有负担之契约、公债募集、赋税征收、审理决算等权力，可以弹劾内阁阁员。民国初年，宋

1 《宋教仁集》上册，中华书局 1981 年版，第 298—302 页。

2 《国民党宣言》，《宋教仁集》下册，中华书局 1981 年版，第 747 页。

3 《国民党宣言》，《宋教仁集》下册，中华书局 1981 年版，第 749 页。

4 《国民党鄂支部欢迎会演说辞》，《宋教仁集》下册，中华书局 1981 年版，第 456 页。

教仁的活动很大程度上就是建立大党，争取议会的多数，以便掌握政权。就如他在国民党鄂支部欢迎会的演说中所讲的：

在国会里头，占得大多数议席的党，才是有政治权威的党，所以我们此时要致力于选举运动。我们要停止一切运动，来专注于选举运动。……我们要在国会里头。获得过半数以上的议席，进而在朝，就可以组成一党的责任内阁；退而在野，也可以严密的监督政府，使它有所惮而不敢妄为，应该为的，也使它有所惮而不敢不为。那么，我们的主义和政纲，就可以求其贯彻了。[1]

与议会紧密相连的，是政党。凡是实行民主政治的国家，都要有政党，并由竞选中胜出的政党组织政府。

那么什么是政党呢？宋教仁认为，政党有两个必要条件，一是有“巩固庞大之结合力”，一是要有“有系统有条理真确不破之政见”。“苟具有巩固庞大之结合力与有系统有条理真确不破之政见，壁垒既坚，旗帜亦明，自足以运用其国之政治，而贯彻国利民福之蕲向”[2]。用现在的语言解释，就是政党要有组织体系和政见。这与梁启超当时对政党的解释大体相同，梁氏认为：“政党者，人类之任意的、继续的、相对的结合团体，以公共利害为基础，有一贯之意见，用光明之手段，

1 《国民党鄂支部欢迎会演说辞》，《宋教仁集》下册，中华书局 1981 年版，第 456 页。

2 《国民党宣言》，《宋教仁集》下册，中华书局 1981 年版，第 748 页。

为协同之活动，以求占优势于政界者也。”[1]不过，宋教仁又把政党看成是社会精英分子的组织。他认为，国家是国民合成心力而成。在君主专制国，国民合成心力趋重于一阶级、一部分，所以左右统治权力的常为阀族和官僚。共和立宪国，国民合成心力普遍于全部，所以左右统治权力的是多数国民。但是人类的思想、知识、能力并不相等，有寻常一般的，有优秀特出的，而优秀特出的总是少数。所以，在事实上，就要由这些少数的、优秀特出的人集合为政党，以领导全部国民；而在法律上，“则由此少数优秀特出者组织为议会与政府，以代表全部之国民”。

宋教仁非常强调政党的作用，他说法律上的议会与政府，可以看做是按法律行事的器械，而议会和政府的灵魂仍然是政党。“是故政党在共和立宪国实可谓为直接发动其合成心力作用之主体，亦可谓为实际左右其统治权力之机关”[2]。

总的说来，宋教仁的议会和政党理念是一种精英政治，即承认人民的参政权，但具体的政治运作要由社会的精英——议会和政党来进行。但是宋教仁的精英政治与传统科举制下的精英政治有本质的不同。传统精英政治的授权者是皇权。因为传统精英大都是获得政府主持的科举考试头衔的绅士，在这种精英政治中，精英和皇权要达到一定的妥协或合作关系。而议会和政党的精英政治的授权者是人民，即操控政治的精英至少要获得人民的支持。当然，在实际的政治生活中，投

1 《敬告政党及政党员》，载《饮冰室合集·文集之三十一》，中华书局 1989 年影印本。

2 均见《国民党宣言》，《宋教仁集》下册，中华书局 1981 年版，第 748 页。

票选举可能是人民表达意愿的唯一方式，选举结束后，人民的政治参与也就结束了——直到下次选举来到之时。

从宋教仁的政治实践来看，宋教仁的所谓政党，有两个要点与中国 20 世纪 20 年代以后的国民党和共产党都有较大的区别：一是这个党没有十分严密的组织，加入政党也不需要什么特殊的条件，只是拥护党纲、在选举中支持本党就可以了。二是这个党可以竞争政权，但不能垄断政权，要允许其他的党竞争政权，不具有排他性。宋教仁主张中国应该组成两个大党，以政见相竞争，轮流执政。执政的前提就是获得多数选票，也就是获得民意支持。所以，他的主张与欧美国家的政治运作状况基本相和。

3. 主张英国模式——责任内阁与政党内阁

与当时一般人心目中共和制就是美国式的体制——总统制不同，宋教仁认为，中国的政府组织，一定要实行责任内阁制。由议会中的多数党组织内阁，负责政府的行政运作。就像当时的英国那样，只不过英国是君主制，民国初年的中国是共和制。不少人以为宋教仁主张的是当时法国式的内阁制，其实不是，当时的法国虽是内阁制，但并不完全，总统仍有很大的权力。他主张的是当时英国式的内阁制，只不过国王变成了有任期限制且不能世袭的总统。宋教仁主张的体制，与现在德国、印度、以色列等国的体制最相近，而当时实行共和制的主要国家，还没有宋教仁理想中的内阁制。

为什么不实行总统制而实行内阁制？宋教仁解释说：“关于总统及国务院制度，有主张总统制者，有主张内阁制者，而吾人则主张内阁制，以期造成议院政治者也。盖内阁不善而可以更迭之，总统不善则无术变易之，如必欲变易之，必致动摇国本，此吾人所以不取总统制，而取内阁制也。”内阁又由议会中的多数党来组织，所以他又说：“欲取内阁制，则舍建立政党内阁无他途，故吾人第一主张，即在内阁制也。”[1] 其实有些想法宋教仁没有明确说出来，那就是在具有深厚专制传统的中国，实行总统制，权力比较集中，无论是革命党领袖当总统，还是袁世凯当总统，都容易导致专制独裁。内阁制则牵制较多，而且内阁随时进退，实行独裁较难。为了内阁制的主张，辛亥革命中组织南京临时政府时，宋教仁甚至与主张实行总统制的孙中山发生争论，虽然南京临时政府实行了总统制，宋教仁甚至被误解为想当内阁总理，但他始终没有放弃自己的主张。

与内阁制相应，宋教仁主张两党制。如《国民党宣言》中就宣称：“一国政党之兴，只宜二大对峙，不宜小群分立”，成立国民党，目的就是“藉以引起一国只宜二大对峙之观念”[2]。约 1912 年 9 月的《致北京各报馆书》中，宋教仁又说：“吾人改组国民党时，宣言政党宜二大对峙，希望自党发达，同时并希望反对党亦发达，能至旗鼓相当而后已。”[3]

这里我们需要指出的是，宋教仁有思想，而且他的思想有相当的影响，但他不是一个大思想家。1913 年他被刺去世的时候，还不满

1 《国民党沪交通部欢迎会演说辞》，1913 年 2 月 19 日，《宋教仁集》下册，中华书局 1981 年版，第 460 页。

2 《宋教仁集》下册，中华书局 1981 年版，第 749 页。

3 《宋教仁集》下册，中华书局 1981 年版，421 页。

三十一周岁。不仅如此，他的政治生涯之中，除了为革命的事业奔走努力外，他还要为自己的吃饭和生存而费尽心力。他来不及构筑完整的思想体系。所以，他的民主宪政思想虽然十分突出，并且在民国初年做了悲壮的斗争，但还是不够系统，不够深入。其实不仅宋教仁的思想如此，近代大多政治家或者能够称为思想家的人物，他们的思想都是急就章，都带有不系统、不完整、缺乏严密逻辑论证的特点。像卢梭的人民主权、孟德斯鸠的权力分立、英国的自由主义那样的系统严密论证，在中国是少见或没有的。

五、为宪法流血

1911 年 10 月 10 日，武昌起义爆发。10 月底，宋教仁和黄兴一道到武昌，但这时候黎元洪已经坐稳了都督。黄兴到后负责指挥军事，与北洋军战斗。而战阵指挥非宋教仁所长，他在湖北期间起草了《中华民国鄂州临时约法草案》，这是中国历史上第一个带有共和宪法性质的文件。

1912 年 1 月 1 日，中华民国南京临时政府成立。这是东方的第一个共和国，即使放眼世界，那时实行共和制的国家也并不多。宋教仁担任了法制局局长。但是在列强虎视眈眈，袁世凯拥兵北方的复杂情况下，南北和谈，决定清帝和平退位，南方革命阵营同意推举袁世凯为临时大总统。南方革命阵营在孙中山辞职时，公布了《中华民国临时约法》，这是一个宪法性的文件，其中规定民国中央政府的组织取责任内阁制，这一规定是革命党人担心袁世凯独裁而采取的限制措施，以后国内的斗争多是围绕责任内阁制展开。

1912 年 3 月 10 日，袁世凯在北京宣誓就任临时大总统，随后由内阁总理唐绍仪组织内阁，同盟会员蔡元培为教育总长、陈其美为工商总长、王宠惠为司法总长、宋教仁为农林总长。1912 年 4 月 20 日，宋教仁到北京，从此开始了与袁世凯的直接摩擦和冲突。不久，就因为抗议袁世凯的独裁和破坏《临时约法》的行为辞职。

民国初年的局势是同盟会、立宪派、袁世凯北洋派三足鼎立。推翻清政府，可以说是这三派合作的结果。宋教仁参加内阁的这一届政府，也是北洋系、立宪派、革命党妥协和合作的产物，某种意义上也可以说是一个联合政府。但是，如何建立一个新的中国，三派人的想法很不同。第一届内阁也很快就不欢而散。

晚清最后十年，袁世凯是改革的推进者，但他绝对不是民主政治的信奉者。民国初年，他走的实际是慈禧太后的老路，唯权是信，唯权是夺，极力推行专制独裁，与共和民主的精神完全背道而驰。立宪派希望社会稳定，发展经济，他们希望有个“强有力人物”建设“强有力政府”，能够保证中国的统一和稳定。而这个人物，在他们心中就是袁世凯，因此，立宪派支持袁世凯。另外，晚清时期，立宪派与革命党曾有过是革命还是推动清政府立宪的争论，虽然在推翻清政府的过程中两派合作了，但一旦清廷退位，两派还是有些格格不入，因而立宪派与革命党形成对抗和竞争关系。

宋教仁坚持限制袁世凯的专制独裁，坚持责任内阁、政党内阁，也就是坚持民主政治。在三足鼎立的政治格局中，同盟会在竞争中处于不利的境地。而且在未来的国会选举中，以同盟会的规模和组织形式，并不适应。因此，宋教仁希望有一个大党。

在宋教仁组织下，同盟会联合统一共和党等几个小党成立国民党，后来的国民党的名称就来源于此，只是在前面又加上“中国”二字。1912 年 8 月 25 日，国民党的成立大会在北京的湖广会馆举行，孙中山刚好于前一天来到北京，他出席了国民党的成立大会并发表演说。湖广会馆今已作为戏曲博物馆和历史纪念地。国民党选举孙中山、黄兴、宋教仁等九人为理事，孙中山为理事长。孙中山当时致力于修铁路，黄兴也打算致力实业，还有孙、黄都是革命党的党魁，既然都已辞去公职（临时大总统和陆军总长），不便直接领导新的党，因此，孙中山命宋教仁代理理事长。这样，只有三十岁的宋教仁成为新生的国民党事实上的领导者。

宋教仁组织国民党的目的，就是造成国内第一大党，争取国会选举的胜利，组成由国民党人担任的政党责任内阁，就像现在的英国、德国、印度等国一样。同时，也要用这个办法抵制袁世凯的专制和独裁，把中国引向民主和法制的轨道。此时的宋教仁，年轻、热诚、激情四射又不乏理性，对中国的未来充满了憧憬。

1912 年底到 1913 年初，举行正式国会的选举。在宋教仁的组织领导下，国民党获得了选举的胜利。按照《临时约法》的规定，内阁的提名必须得到国会的同意，也就是势将组成国民党内阁。但是，袁世凯绝不允许别人与他分享权力。不仅如此，袁世凯最担心的，是国民党占多数的国会在选举正式总统时另选他人，将其拉下总统宝座。袁世凯曾想收买宋教仁，给他几十万元的支票，又说给他介绍年轻貌美的夫人，都被宋教仁拒绝了。随着国民党选举的胜利，袁世凯派亲信内务部秘书洪述祖到南方，收买各色江湖人物，对付宋教仁及孙中山、黄兴。宋教仁是正大光明地进行政治竞争，袁世凯方面不擅长也不懂现代文明的政治应该公开竞争，但使阴招却高出宋教仁和国民党不止一筹。

1913 年 3 月 20 日，宋教仁在上海火车站被刺，3 月 22 日去世。之后各方展开侦缉工作，逮捕凶犯武士英和指使者应桂馨，租界当局在应桂馨家里搜出大量证据，再详查上海电报局应桂馨来往密电电底，结果发现应与袁世凯的亲信内务部秘书洪述祖、国务总理赵秉钧来往函电多件，并且直接牵涉袁世凯。一时舆论哗然，矛头直指赵秉钧和袁世凯。

关于宋教仁被杀事件，社会上有很多解释和争论，有些人认为是陈其美指使杀害宋教仁。笔者认为这绝无可能。袁世凯命洪述祖对付宋教仁及国民党主要领导人，是宋教仁暗杀事件的直接起因，宋教仁暗杀事件是国民党与北洋派、民主共和与专制独裁的斗争，应无问题。但袁是否直接指使暗杀宋教仁，学界也有不同见解。笔者认为，袁世凯直接下暗杀令不好说，但某种暗示极有可能，或对宋教仁表示强烈不满，导致洪述祖和应桂馨布置暗杀。假若袁世凯明令洪述祖不准杀害宋教仁，洪述祖应不敢擅自行动。但现在缺少完整的、确切的证据，故宜存疑。相关的研究和考证，见北京大学尚小明教授的《宋案重审》。[1]

宋教仁死后，国民党和袁世凯的矛盾迅速激化，北洋军大军逼近国民党占优势地位的省份，国民党只好发动了反袁的二次革命，但得不到各方支持，国民党孤军奋战，很快就失败了。宋教仁民主宪政的试验，也宣告失败。他的民主宪政的试验，即便从 1911 年 10 月 10 日武昌起义开始算，到宋教仁被刺，也不到一年半时间。所以，他的生命和他的试验，就像是天上的流星，光芒耀眼而时间短暂。他是一位孤独的先驱者。

但是，他的生命及其试验的意义，仍有着不可磨灭的意义，就像天上的流星，刺破专制独裁黑暗的夜空。没有先驱者，就永远不会有后来者。

孙中山送宋教仁的挽联："作民权保障，谁非后死者；为宪法流血，公真第一人！"道出了宋教仁的试验和他生命的意义。

宋教仁死后，国民党及上海各界举行了隆重的葬礼。之后，在好友和同志谭人凤的主持下，宋教仁被葬于上海闸北，取名宋公园（今闸北公园）。墓前为宋教仁坐立塑像。塑像之宋教仁以手作枕，似思似哀。像下之碑，正面为章太炎先生所书"渔父"二大字，背面为宋教仁挚友于右任先生所写哀辞：

> 先生之死，天下惜之；先生之行，天下知之。吾又何记？为直笔乎，直笔人戮；为曲笔乎，曲笔天诛。於虖！九原之泪，天

1　尚小明：《宋案重审》，社会科学文献出版社 2018 年版。

下之血；老友之笔，贼人之铁；勒之空山，期之良史；铭诸心肝，质诸天地！

悲愤之情，溢于言表，读来感人至深。

如果说袁世凯是个优点很多的独裁者，那么，宋教仁是位有缺点的民主斗士。宋教仁绝对不是完人，但他是为宪法流血的第一人！他用一生的努力和生命的代价，希望推动中国跟着人类文明的潮流前进。

纵横百家丛书书单

01《我的父亲顾颉刚》　顾潮著　88.00 元

02《沈尹默传》　郦千明著　88.00 元

03《梁启超和他的儿女们》（修订本）　吴荔明著　88.00 元

04《但有温情在世间：爸爸丰子恺》　丰一吟著　98.00 元

05《九十年沧桑：我的文学之路》　乐黛云著　79.00 元

06《字字有文化》　张闻玉著　69.00 元

07《一个教书人的心史：宁宗一九十口述》　宁宗一口述、陈鑫采访整理　99.00 元

08《乾隆帝：盛世光环下的多面人生》　郭成康著　118.00

09《但愿世界会更好：我的父亲梁漱溟》　梁培恕著　88.00 元

10《中国的人文信仰》　楼宇烈著　68.00 元

11《“李”解故宫之美》　李文儒撰文、李少白摄影　88.00 元

12《法律、立法与自由》　[英]弗里德里希·奥古斯特·冯·哈耶克著　258.00 元

13《戴逸看清史 1：破解三百年历史谜团》　戴逸著　59.00 元

14《戴逸看清史 2：看清历史走向与细节》　戴逸著　59.00 元

15《太和充满：郑欣淼说故宫》　郑欣淼著　108.00 元

16《变局之下：晚清十大风云人物启示录》　迟云飞著　88.00 元